Мојот ЖИВОТ, Мојата Вера (I)

„Ги сакам оние што Ме сакаат; и оние кои што трудољубиво Ме бараат, ќе Ме најдат“
(Соломонови изреки 8:17).

Мојот ЖИВОТ, Мојата Вера (I)

Д-р Џерок Ли

 URIM BOOKS

Мојот Живот, Мојата Вера (I) од Д-р Церок Ли

Објавена од Urim Books (Претставник: Сеонгкеон Вин)
361-66, Шиндаебанг Донг, Донгјак Гу, Сеул, Кореа
www.urimbooks.com

Освен ако не е наведено поинаку, сите цитати од Библијата се преземени од Светото Писмо, NEW AMERICAN STANDARD BIBLE, ®, Copyright © 1960, 1962, 1963, 1968, 1971, 1972, 1973, 1975, 1977, 1995 од Фондацијата Локман. Користени со дозвола.

Copyright © 2013 од Д-р Церок Ли
ISBN: 978-89-7557-747-5, ISBN: 978-89-7557-746-8(set)
Translation Copyright © 2007 од Д-р Естер К. Чунг. Користени со дозвола.

Претходно објавено на Корејски од Христијански Печат во 2006

За Прв пат објавена во мај 2013

Уредено од Еунми Ли
Дизајнирано од Уредничкото Биро на Urim Books
Печатено од Yewon Printing Company
За повеќе информации, контактирајте на urimbook@hotmail.com.

Длабока Духовна Арома

Кажано е дека можеме да го добиеме најмирнзливиот парфем од роза, од розите на Балканските Планини. Сепак, не можеме да го добиеме од било која роза во Балканските Планини. За да го добиеме парфемот со највисок квалитет, ние треба да го издвоиме екстрактот од роза што е собрана во два часот наутро, што е најстуденото и најмрачното време од ноќта.

Мојот Живот, Мојата Вера (I) & (II), дводелната автобиографија на Д-р Церок Ли, исто така ја обезбедува најмирнзливата духовна арома за читателите. Тоа е така бидејќи неговиот живот е издвоен од љубовта кон Бога што ги има искусено темните бранови, ладното поробување и најдлабокиот очај.

Зошто Д-р Ли не можел да го поминува времето како другите млади луѓе, во сонување за јасен и блескав живот?

Порано постоеа моменти за него кога тој се стремеше еден ден да стане дипломец од добар колец, да студира во странство и да стане признат и голем човек. Но како спротивност на неговите соништа, неговиот живот започна со спуштање во долината на очајот. Неговото тело беше прекриено со рани предизвикани од болест. Наместо да стекнува слава, тој беше напуштен и презрен од луѓето што му беа најблиски. Тој согледа во целата длабочина и потполност колку безначајна е љубовта на овој свет. Тој го сфати значењето на сиромаштијата и колку предизвикува болка чувството да се биде беспомошен како глава на семејството. Тој дури и два пати се обиде да изврши самоубиство.

Додека се наоѓаше во долината на очајот каде што не можеше дури ни да дише го сретна Бога. До тогаш, тој се бореше самиот со неговиот измачувачки живот. Но семоќниот Господ кој е полн со љубов дојде до него, го запозна и почна да оди со него. Господ го извлече од очајот и го исполни со надеж за небесното царство! 'Како можам да се оддолжам за оваа неверојатна милост на Бога?' стана сé во животот на Д-р Ли. Тој го „направи" она што требаше да се направи како што заповеда Господ. Тој не го направи она што Бог го забрани. Тој тргна кога Господ рече, 'Оди'. Тој стана заробеник на Господовата голема и силна љубов и неговата крајна цел во овој живот стана да му се служи на Бога Отецот.

Признанието на длабоката љубов на апостолот Павле како што е забележана во Римјани 8:35-39 е исто така признание на пречесниот Д-р Ли: „*Кој ќе не одвои од љубовта Христова? Тага ли, неволја ли, или гонење, глад ли, или голотија, опасност ли или меч? Како што е напишано, 'Заради Тебе секогаш не убиваат; не сметаат како овци за колење'. Но во сето ова победуваме преку Оној кој не возљуби. Оти сигурно знам дека ни смртта, ни животот, ни ангелите, ни властите, ни сегашнината, ни иднината, ни силата, ни височината, ни длабочината, ниту пак, некоја друга твар ќе може да не оддели од љубовта Божја, во Христа Исуса, нашиот Господ*".

Како што е кажано во Мудрите Соломонови изреки 8:17, „*Ги сакам оние што Ме сакаат; и оние кои што трудољубиво Ме бараат ќе Ме најдат*", ако тоа беше волјата Господова, Д-р Ли одговараше само со 'Да' и 'Амин' со сето негово срце во секаква ситуација. Господ го зави со Неговата моќ и го постави над светот. Неговата црква Манмин (Сé Создание) Јонг-анг (Централна) Црква која се моли за луѓето од сите нации што и го претставува името 'Манмин'. Таа ги исполнува дадените визии од Бога една по една и стана централно место на јавување на возвишените дејствија на Светиот Дух.

Бидејќи пречесниот Д-р Ли и самиот страдаше од толку многу видови на болести, тој ја разбира болката на оние кои што се болни. Бидејќи тој самиот беше презрен и исмејуван, тој го разбира срцето на оние кои страдаат. Бидејќи тој ја имаше доживеано голема сиромаштија, го разбира срцето на оние кои што страдаа од тешкиот товар на сиромаштијата. Поради тоа илјадници од членовите на неговата црква се собираат околу него само за да го видат него, лице во лице.

Животот на пречесниот Д-р Ли претставува еден од најдраматичните случаи во кои нечиј живот може толку многу да се промени пред и по спознавањето на Бога. Неговиот живот ни покажува како животот на целосното следење на Бога и целосната посветеност, може да дадат изобилство на плодови, како духовно така и материјално.

Текот на неговиот живот силно ни укажува дека тајната на сите овие благослови е да се направите себеси толку свети и чисти како кристал, исто како што Господ Отецот е свет, понекогаш како лав што рика, а друг пат како меките и нежните раце на мајката.

Како што животот на Д-р Ли ни оддава длабок пријатен мирис, се надевам дека сите читатели на оваа книга исто така ќе бидат во можност да оддадат пријатни мириси кои што се подлабоки од парфемот што се добива од розите од Балканските Планини.

10 декември, 2006
Пречесна Д-р Естер К. Чунг

Поранешен Претседател на Женскиот Универзитет во Сеул, Кореја,
Претседател на Меѓународната Богословија на Манмин, Сеул, Кореја
Почесен профессор на Universidad Nacional de San Antonio Abad del Cusco, Перу

Жестоки Искушенија и Моќ

Мојот Живот, Мојата Вера (I) & (II) ни дава јасен одговор на прашањето, „Како треба да водиме христијански живот?" И поради тоа, тоа е книга за сите оние што го прифатиле Исуса Христа и веруваат во Неговата крв што ја пролеал на крстот.

Искрено говорејќи, Д-р Церок Ли, Главниот Свештеник во Централната Манмин Црква е личност која што не ја познавав многу добро. Еден ден еден од моите колеги ми ја даде неговата автобиографија *Мојот Живот, Мојата Вера (I) & (II)* и како што ги читав двата дела од оваа книга, не можев да си помогнам себеси освен да почнам да плачам. Ја отварав оваа книга кога не можев да заспијам доцна навечер и таа целосно ме обзеде.

Не можев да читам без солзи за неговите страдања од сите видови на болести, сиромаштија и семејни проблеми, што може да се споредат со страдањата на Јов. Исто така тоа беше вид на единствено и корејско чувство на тага. Неговите болести беа толку сериозни што тој дури започна и да ги пие соковите на отпадоците што ги произведува човековото тело, и два пати се обидел да изврши самоубиство во два издвоени случаја. И јас исто така поминав преку многу страдања во животот, но беше навистина болно за мене да престанам да леам солзи.

Многу од Корејците кои што поминале низ времето кога имавме скромни услови за живеење, во педесетите и шеесетите на дваесетиот век, минале низ многу страдања. Но дури и денес, постојат луѓе кои што не можат да си приуштат да имаат греење во зима или да ги имаат сите три оброка на ден. Исто така има многу што имаат заболувања, но кои што не можат да си дозволат лекување во болница. Исто така има такви кои страдаат во привремени сместувалишта откако им се случиле поплави и други видови на катастрофи. Ние Корејците сеуште не сме целосно ослободени од сиромаштијата и страдањата.

Но, пречесниот Д-р Церок Ли започна да живее потполно различен живот откако ги надмина сите овие страдања и болки, а оваа книга го опишува секој од неговите чекори на еден длабоко емотивен начин. Но тоа не значи дека оваа книга е напишана со модерни и накитени зборови и со литературна арома. Сепак искрените и едноставните реченици во голема мерка го допреа моето срце.

Треба ли да кажам 'Аромата на искреност'? Неговата исповест што ја содржи вистината на Божјото спасение и давањето на славата единствено на Исуса Христа може да предизвика кај читателите да ја почувствуваат истата благословеност од Бога.

Можеби тоа беше бидејќи не можев да дојдам во допир со некакви 'навистина добри книги', но како и да е, причината зошто оваа книга толку влијаеше на мене беше дека неговиот живот на покајување за сите негови гревови по среќавањето на Исус, почитувањето на повикот на Бога и одењето на Теолошкиот Факултет за да стане свештеник, и неговото обидување да спаси 'дури еден брикет дрвен јаглен', беше вид на симбол за мојот живот и за животот на нашите соседи, деца што се глави на нивните семејства и оние кои што се борат против онеспособеноста на нивните тела. По читањето на оваа книга, морав да го сменам текот на мојот Христијански живот во голема мера.

Верувам дека животот на Пречесниот Д-р Церок Ли може да биде школски пример за нашиот Христијански живот. Ние веруваме дека сме осветени кога ги слушаме проповедите во Црква, но кога ќе се вратиме во вистинскиот свет ние се компромитираме и повторно продолжуваме со правење гревови. Ова е магичниот круг на нашиот живот во верата.

Така, *Мојот Живот, Мојата Вера (I) & (II)* ни дава јасен одговор на прашањето, велејќи, „Како ние треба да го водиме нашиот христијански живот?" Пречесниот Д-р Церок Ли не упатува низ оваа книга како да извикуваме во молитвата. 'Моли се за да станеш осветен и да бидеш корисен за Божјата цел', 'Моли се за да ја добиеш силата на Бога', 'Моли се да добиеш различни дарови на Светиот Дух', 'Моли се за твојата црква, твојот свештеник и другите слуги на Бога', 'Моли се за кралството и праведноста на Бога', и 'Моли се за духовна љубов'. Неговата исповест на верата што произлегува од неговите искуства, ги допира нашите животи.

Чудата кои што се случуваа непосредно откако ја отвори црквата вклучувајќи ги чудата на толку многу оздравувања, оживување на оние кои што умираа и дури и оживувањето на оние кои што веќе беа мртви може да ги направи другите свештеници љубоморни на него. Тој студираше во ортодоксната света богословија и беше посветен од истата, па тогаш зошто таа деноминација го екскомуницираше? Неправедниот процес што деноминацијата го следеше е исто така детално објаснет.

Може да го видиме вистинскиот ентитет кога ќе погледнеме на плодот. Денеска, огнот на Светиот Дух гори секоја недела во Централната Манмин Црква, и толку многу болни луѓе со неизлечиви болести тука примаат излекување. Големи крстоносни походи се одржуваа во Соединетите Држави, Русија, Африка, Блискиот Исток, Европа, и Латинска Америка и многу луѓе насекаде низ светот ги гледаа знаците и чудата кои што се случуваа. Сега, Кореа станува 'Мисионерски Центар' на светот!

Дури откако тој ја подигна Манмин Централната Црква како една од најголемите во светот, тој продолжи да живее само од молитвите во планините и од испосничките молитви. Дури и кога неговите ќерки беа во живото-загрозувачки состојби и дури и кога тој беше на прагот на смртта како резултат од крварењето во текот на многу денови, што се должело на преголемата исцрпеност која се наталожила во големо количество, ги надмина сите тие искушенија само со вера. Сепак, тој никогаш не се пофали со самиот себе за било кое од овие нешта. Неговата вера е она што ние треба да го следиме.

Само по себе е мистерија кога Исус ја претворил водата во вино на свадбената веселба, ги излекувал луѓето со крваречки рани и лепрозните, и го воскреснал мртвиот Лазар. Тогаш, зошто постојат некои луѓе кои што ги критикуваат излекувањата и моќта на Бога што се изразува преку пречесниот Д-р Церок Ли? Дали можеме да зборуваме за 100-те години на Христијанството во Кореја без да зборуваме за излекувањата?

Кореа има најголем број на црковни крстови во светот. Тоа е земја каде што ние може да видиме луѓе како гласно заедно се молат, нивните тела се тресат во молитвата и дури и танцуваат кога изразуваат пофалби; канцери се излекувани во сесиите за молитва во 'Планината за Молитви' и луѓе што се на умирање се оживуваат. Кореа има одредено голем број на мисионери во денешно време. Читајќи ја книгата на пречесниот Д-р Церок Ли, повторно можев да почувствувам дека Кореа е така благословена земја.

Сега, пречесниот Д-р Церок Ли проповеда за 'Рајот', и ние не знаеме кога тоа ќе заврши. Ако некој зборува за оваа тема, тој не ќе има за што повеќе да зборува по пренесувањето на пораката за неколку недели. Но, пречесниот Д-р Церок Ли зборува за тоа поживописно и со се повеќе детали како што изминуваат деновите. Јас мислам дека тоа е така бидејќи тој го примил дарот за пророкување и многу други дарови, така што овие проповеди постојано течат како што и свилата постојано се добива од кожурците на свилената буба.

Како што Кралот Соломон ја кажал метафората во Мудрите Соломонови Изреки, пораките на Пречесниот Д-р Церок Ли тивко се изговараат и лесно се разбираат, пророкувајќи го Зборот на Господа како златните јаболка во сребрената кошничка (Книга Соломонови Изреки 25:11). Тој ја манифестира силата на чудата откако поминал низ жестоки искушенија.

Февруари 2007

Јорим Хан (ТВ писател)

СОДРЖИНА

Глава 3
Мојот Повик

Глава 4
Божјиот Повик

СОДРЖИНА

Глава 5
Почетокот на Црквата

Глава 6
Растот на Црквата и Искушенијата

Глава 7
Господ Ги Прошири Границите На Служењето

Глава 1

Мислењето Дека е Родено Немо Бебе

Моите Родители Ме Научија на Добрина и Исправност

„Ц, ц, ц... немо бебе се роди. Зошто не може да заплаче?" Бидејќи не заплакав кога се родив, моите родители беа загрижени и ме потчукнаа. Дури и тогаш, јас сеуште не плачев, туку до некаде се смеев. Членовите на моето семејство беа многу тажни, мислејќи дека сум нем.

По искусувањето на милоста на Бога, јас еднаш се запрашав зошто не сум плачел како бебе. Можеби тоа беше бидејќи мојот дух знаеше дека ќе водам благословен живот како Божји слуга, водејќи бројни души кон спасението. На 20 април, 1943, (според Лунарниот Календар) јас бев последното родено дете (од три сина и три ќерки) на татко ми, Чабеом Ли и мајка ми Гамјанг Чо. Моето место на раѓање е малото село во Хаеје Миеон, Муан Гун, Покраина Јеоннам. Мојот татко имаше стекнато образование со Кинеските класици и уживаше во еленганција и музика. Во текот на Јапонското владеење со Кореа, тој многу пати ја посети

Јапонија поради бизнис, но откако Кореа стана независна, тој го стокми својот бизнис и почна да бара мирно место за живеење. Кога имав три години, моето семејство се пресели во Чангсунг, што беше село на Бун-хјанг Ри, Нам Миеон, Чангсунг Гун. Тоа беше едно ексклузивно село. Луѓето велеа дека само 'Чун' семејство може да се смести таму, но моето семејство некако се смести таму прилично лесно.

Мојот татко – како што се сеќавам на него од моето детство – беше личност која ги загубила сите контакти со светот и која читаше многу книги дома. Дури и тогаш, се сеќавам дека имавме прилично малку гости во нашиот дом. Кога татко ми имаше посетители, тој имаше обичај да пие со нив и да рецитира стари поеми, или да се натпреруваат во нивните кинески класици.

Татко ми секогаш сакаше да ме одгледа да станам голем човек

Така тој имаше обичај да ми каже, „Церок, човек мора да има вера. Ти би требало да станеш голем човек во овој свет еден ден". Сите родители најверојатно сакаат нивните деца да пораснат на прав начин и да бидат успешни во она што го работат. Но јас се сеќавам дека додека раснев, татко ми особено напорно се обидуваше цврсто да ми всади добра смисла на вредности, а мајка ми секогаш служеше и се жртвуваше за семејството.

Татко ми почна да ме учи на 'Илјада Кинески Букви' кога имав само пет години. Исто така, тој ми раскажа многу приказни за славни херои. Кога ги слушав приказните од *Романсата за Трите Кралства* за Гуан Ју, Жанг Феи и Зао Јун, кои ги ризикувале нивните животи во битката за да го заштитат нивниот господар Лиу Беи, или приказната за Жу Ге Лиан, кој што направил ветрот да дува, се чувствував толку возбудено што рацете ми се прекрија со пот. Татко ми имаше обичај да ми раскажува за подучувањата на мудрите луѓе како Конфучиј и Менциус, или за интегритетот на големите луѓе. Приказната за Монѓу Јунг кој што и служел на Корио династијата (иако било судено да биде уништена) до самиот крај знаејќи дека ќе биде убиен, и приказната за Адмиралот Сооншин Ли кој ја спасил земјата кога била на прагот на пропаста, тие беа приказните што секогаш го тераа моето срце да чука посилно, без разлика колку многу пати ги имав слушнато. Приказните за големите луѓе кои што ги зачувале нивните позиции и верноста – дури и во живото-загрозувачки ситуации – беа запишани во срцето на тоа младо момче. Слушајќи ги овие приказни, имав на ум дека морам да ги почитувам моите родители, да одам по правиот пат и да возвратам за секоја милост што сум ја добил, во текот на остатокот на мојот живот без да се сменам одејќи по тој пат.

Сонувањето да станам Конгресмен

Тргнав во основно училиште и сонував да станам конгресмен, а татко ми ме носеше на многу говори во изборните кампањи. Пешачевме и по 10 или 15 километри до местото за изборната кампања. Ме носеше да ги видам изборите за покраинско собрание, општите избори и претседателските избори. Сакаше да ме воспита како политичар кој ќе направи добри дела за земјата.

Во тоа време, Партијата на Слободата беше на власт, и имаше многу луѓе кои што присуствуваа на говорите. Говорниците ми беа прекрасни и ми изгледаа како големи луѓе. Јас си мислев, „И јас ќе станам како еден од нив кога ќе пораснам...“ Слушајќи ги говорите на кандидатите, јас секој ден сонував да станам член на конгресот. Продолжив да го сонувам овој сон се додека не тргнав во вишите одделенија и во средно училиште. Одев сам на говорите и ги слушав кандидатите.

Пред да тргнам во основно училиште, веќе ја знаев таблицата за множење и Хангул (корејското писмо) од моите браќа и сестри, па така да училиштето не ми беше многу интересно. Повеќе уживав во игрите со моите пријатели по завршувањето на училиштето. Уживав да играм донекаде насилни игри, како што се играње војници, борење и удирање. Бев релативно посилен од моите пријатели во мојата возрасна група и секогаш сакав да победувам во сите игри. Бев прилично тврдоглав и многу горд. Секогаш морав да продолжам со играње се додека не победам. Бев здрав. Дури и со финансиски тешкотии, мајка ми сеуште ми даваше витамински билни лекарства, кои што беа прилично скапи. Беше многу необично на село во тоа време, да се земаат такви лекарства. Љубовта на мојата мајка за нејзиниот најмал син беше многу голема. Кога излегував надвор фатен за рака со мајка ми, постарите луѓе во селото обично велеа нешта како, „Ова момче изгледа многу умно... Тој ќе биде нешто во иднина...Од неговото лице можам да кажам дека ќе биде голем човек во иднината... Добро грижи се за него!“

Кога мајка ми ќе ги слушнеше ваквите забелешки, можев да забележам дека и беше многу мило. Пораснав гледајќи ја нејзината повремена посета на Будистичкиот Храм со понуди од ориз и молитви за благослов на семејството.

Мајка Ми се Молеше Искрено

Навечер, мајка ми ќе се истушираше, ќе облечеше бел Ханбок (традиционален корејски фустан), ќе излезеше надвор, ќе сместеше бокал со чиста вода на подлогата, и ќе се молеше на ѕвездите. Како најмлад, се обидував да останам буден додека таа да се врати. Некои ноќи, кога се задржуваше подолго од вообичаеното, ја гледав преку малата дупка во нашиот хартиен прозорец се додека не заспиев.

Еднаш ја прашав, „Мајко, зошто се поклонуваш и се молиш толку многу?" а таа ми одговори, „Бидејќи кога и се молев на Големата Мечка (Ursa Major), твојот постар брат безбедно се врати од Корејската Војна, и причината зошто вие деца сте толку здрави и убаво раснете, е бидејќи јас многу се молам". Но подоцна во мојот живот, кога се разболев и бев болен во текот на многу години, таа им се молеше на ѕвездите за моето здравје, но нејзините молитви не помагаа повеќе. Но, штом таа слушна дека сум оздравел потполно одеднаш од силата на Бога, таа почна да оди во Црква по нејзина сопствена волја. „Јас им нудев многу молитви на ѕвездите и на Буда веќе долго време, но Буда и Големата Мечка не можеа да го оздрават мојот син. Но штом мојот син беше излечен во црквата, и јас ќе одам во црква". Откако го кажа тоа, таа ги исфрли сите нејзини идоли и стана посветен верник кој што му служи само на Бога.

Силната Насоченост на Моите Родители кон Образованието

Како најмлад, јас настојував да бидам на страната на послушните, така да јас бев сакан на посебен начин од страна на моите родители. Моите родители беа многу строги во врска со образованието и дисциплината низ сите случувања во животот. Тие ги научија моите браќа и сестри и мене не само на основите на човечките односи, туку и на општествените правила и на љубезноста, правилните начини на чекорењето, зборувањето, облекувањето, јадењето на маса, држењето на лажицата, спиењето и будењето. Тие исто така нагласуваа дека кога зборуваме, не смееме да го подигаме нашиот глас; дека ние не треба да почнеме да зборуваме додека другата личност не заврши со зборување; дека не треба директно да гледаме во очите на постарите кога тие зборуваат со нас; дека ние не треба да ги вознемируваме нашите соседи кога ги посетуваме; и без разлика колку сиромашни да сме, ако сме посетени од питач, да не го пуштаме да оди со празни раце, итн. Тие исто така не воспитаа да дејствуваме со добрина и стрпливост. Јас мислам бидејќи моите родители ме воспитаа на овој начин, дури и пред да го сознаам Бога, дека бев способен да бидам воден од мојата свест и луѓето имаа обичај да посочат на мене како на ʼчовекот на кого не му се потребни законски нормиʻ. Откако го прифатив Господа, мислам дека тоа беше благодарение на строгите воспитни методи на моите родители, што можев лесно да кажам „Амин“ и да дејствувам соодветно на секоја наредба што доаѓаше од Словото Божјо.

Како ученик на класичниот кинески, татко ми учел физиогномија, што претставува проценување на карактерот преку физичките карактеристики и читањето од дланка. Тој имаше обичај точно да предвидува важни настани што ќе се случат на национално ниво и разни нешта што ќе се случат во селото. Тој ќе ми кажеше, „Церок, ти ќе станеш голем човек. Се изгледа добро, но твојата линија на животот е малку кратка и испрекината на средината, па тебе ти е судено да умреш рано. Но, постои прилично тенка поврзувачка линија веднаш до твојата линија на животот, така што ако успееш да доживееш 30 години, ти ќе станеш благослов за многу луѓе“.

Татко ми беше многу среќен откако ќе ја прочиташе мојата физиогномија и дланките. Тој рече дека јас може да умрам како млад, но ако успеам да поминам 30 години, јас ќе патувам низ многу делови на светот и ќе заслужам почит од многу луѓе. Кога имав 30 години, зачекорив во болеста. Се најдов себеси на прагот на смртта во многу прилики. Многу пати, дури и не знаев дали ќе преживеам до следниот ден. Живеејќи во таква состојба, јас не ни сонував дека ќе станам голем човек некој ден. Татко ми ме сожалуваше бидејќи мислеше дека може да умрам рано, така што тој максимално се трудеше да ме поучи и да ми обезбеди добри нешта. Мајка ми исто така живееше многу трудољубив и верен живот за мене и за целото семејство.

Несреќата во Основното Училиште

Кога бев дете, бев многу здрав. Бидејќи бев нејзиното

најмало дете, мајка ми многу ме сакаше и ме хранеше со мед и со сите видови на природни билни додатоци и екстракти. Така, јас обично бев појак од другите деца во мојата возрасна група. Иако бев млад, секогаш ги собирав сите медали во корејското борење, и луѓето ме викаа „Силниот Човек". Многу деца ме следеа наоколу и ме сметаа за нивен водач.

Бидејќи децата беа под влијанието на Корејската Војна, моите пријатели и јас многу често игравме до некаде насилни игри. Уживавме играјќи војна, мечување, удирање, борење и играње на игра која се викаше 'Саби', а која вклучуваше обид да се задуши противникот сé додека не се предаде. Во борењето, кога децата се бореа еден со друг, тие ќе ги подигнеа нивните раце како знак за предавање штом ќе беа фатени во зафат со давење. Јас еднаш се онесвестив бидејќи одбив да се предадам. Каква и да беше конкуренцијата, јас секогаш се натпреварував додека не победев, бидејќи бев горд и многу тврдоглав. Еден ден, кога бев во четврто одделение, играв со пријател кој беше во вишите одделенија и повредив едно од моите ребра. Во тоа време не можевме да си дозволиме да одиме во болница, па моите родители само ме нахранија со лекарство од билки и потоа само чекаа повредата да заздрави. Но секое лето повредата продолжуваше да ме боли. Јас имав прободувачка болка во мојата слабина, имав тешкотии при дишењето и не можев да трчам. Бидејќи немаше конкретен лек, татко ми стави две отровни змии во 'Соју' алкохол и ме натера да го пијам овој напиток секој ден наутро и навечер. Така научив да пијам на толку млада возраст.

Друг пат, кога бев во четврто одделение, имаше еден учител во моето училиште. Тој го имаше прекарот 'Лудиот учител'. Ја играв боречката игра 'Саби' во училишниот двор со моите пријатели и овој учител помислил дека се тепаме меѓу себе. Не повика во наставничката канцеларија. Не прекори и почна да не шамара. Тогаш, не натера да се шамараме еден со друг по дваесет пати секој. Бев шамаран не само од учителот туку и од мојот пријател исто така. Како резултат на тоа, моето лице ми отече и ми пукна едно од моите ушни тапанчиња. Имав исцедок кој што ми излегуваше од увото и се разви во оштетување на слухот. Учителот подоцна беше отпуштен од училиштето, но јас продолжив да страдам како резултат на тој инцидент.

Мојата Адолесценција

Бев повлечен и срамежлив. Во 1959, завршив со вишите одделенија во градот Квангју Сити и заминав во Сеул во средно училиште. Живеев со мојата постара сестра во Шинданг Донг, Сеонгдонг Гу, Сеул, Кореја. Еднаш во текот на завршната година, пропуштив повеќе од 40 дена од училиштето бидејќи бев болен, и додека лежев во креветот, некој кого што никогаш порано го немав видено влезе во куќата да ме евангелизира и да ми овозможи да го примам Христа. Си помислив „Колку ли луда личност е овој! Каде е овој Бог за кој што ми зборува? Јас не би поверувал во Исус секако, но доколку поверував, како би бил во можност да одам наоколу и да го проповедам евангелието на тој начин. Би бил премногу срамежлив да го правам тоа“.

Ги сожалував луѓето кои одеа наоколу и им раскажуваа на другите луѓе за Исус. Бидејќи бев атеист и срамежлив и повлечен по природа, си помислив, „Сега имам друга

Во вишите оделенија

Во средно училиште

причина зошто не сакам да верувам во Бога – бидејќи не сакам да одам наоколу и да ги евангелизирам луѓето на овој начин“. Татко ми, кој исто така беше ученик на Кинеските Класици, ми рече, „Ти си роден со таква природа што не би можел да побараш на заем дури ни неколку грама сол“. Иако луѓето беа сиромашни на село во тоа време, солта се уште беше достапна за сите. Она што тој се обидуваше да ми го каже беше дека јас имам таква личност која што не ми дозволува да ги молам или да ги вознемирувам другите.

Во основното училиште, кога го добивав известувањето за плаќањето на училишната школарина, јас не можев да се натерам себе си да им го покажам тоа на моите родители. Секогаш ја пропуштав крајната дата и мојот наставник секогаш грубо ме прекоруваше и ми велеше да ги викнам моите родители – единствено тогаш јас го покажував известувањето на мојата мајка. Штом ќе го видеше известувањето, мајка ми веднаш ми ги даваше парите. Јас знаев дека таа ќе ми ги даде парите но мене ми беше многу тешко да барам пари од неа. Ова само кажува колку повлечен и срамежлив бев јас. Оваа моја личност се одрази подоцна и на мојата парохија исто така.

Обидот за Самоубиство по Губењето на Моето Помнење

Не можев многу добро да учам во средното училиште бидејќи изгубив многу денови поради моето слабо здравје. Си поставив за цел да полагам приемен испит за колеџ и да се запишам на Инжинерското Училиште на Националниот Универзитет во Сеул. Секој ден земав таблети за стимулација за да ме одржуваат буден и за да можам да учам повеќе. Но како што поминуваше времето, станував отпорен на таблетите и морав да го зголемувам бројот на таблети кои што ги земав. Подоцна, покажував симптоми на зависност, и морав постојано да ги земам. Без нив, станував летаргичен и не можев да се концентрирам. Спиев по четири часа на ден и учев секој ден во Националната Библиотека што се наоѓаше таму каде што денес е Стоковната куќа 'Лоте'. По ваквото учење во текот на една година, стекнав доверба дека можам да го положам испитот за Инжинерското Училиште на Националниот Универзитет во Сеул.

Во ноември 1962, како што се наближуваше испитот, открив дека го изгубив помнењето. Читав весник во текот на паузата и наеднаш не можев да се сетам на името на кореанскиот претседател во тоа време, Д-р Сунман Ре. Исто така, не можев да се сетам на некои зборови на англиски и математички формули кои што напорно ги учев за да ги запомнам. Не можев да се сетам на ништо. Ова не беше нешто привремено. Се обидував да се сетам на нештата кои што напорно сум ги учел за да ги научам, но не можев да се сетам дури ни на основните нешта. За кратко се чувствував како да паѓам во јама без дно. Не се надевав на иднината и бев на работ на длабока депресија. Со таков повлечен и срамежлив карактер, јас поминав уште една година плус само за да учам за приемниот испит, и сега го имав загубено помнењето.

Како можев да се соочам со моите родители по сета нивна поддршка и по сите тешкотии низ кои што поминаа поради мене? Бев премногу засрамен за да продолжам да живеам. Одлучив да се самоубијам и почнав да собирам американски таблети за спиење од неколку аптеки. Луѓето ми велеа дека се најсилни и најефективни. Во тоа време изнајмував соба веднаш до куќата на сестра ми за да учам, а се хранев во куќата на сестра ми.

И реков, „Сестро, ќе одам кај еден другар да учиме заедно оваа вечер. Затоа нема да вечерам овде. Те молам немој да ме чекаш".

Сестра ми не беше свесна за мојот план и се согласи. Откако ги спакував моите нешта и го напишав последното писмо до моите родители, сестри и браќа, ја заклучив вратата од внатрешната страна. Послав ќебе во собата, зедов многу таблети и легнав. По некое време, бев сосема свесен, но во миг ја загубив свеста. Но, има поговорка која вели дека „Смртта во овој живот е само почеток на следниот".

Брат ми и зет ми држеа продавница за постелнина на пазарот Донгдаемон. Тие обично ја затвораа продавницата во 22,00, средуваа некои други работи и си доаѓаа дома околу полноќ. Но за чудо, тој ден брат ми и зет ми сакале да дојдат дома порано од вообичаеното.

Брат ми му рекол на постариот зет, „Брате, мислам дека треба да ја затвориме продавницава и да се вратиме дома порано вечерва".

„Навистина? И јас сакав да се вратиме порано исто така", му одговорил тој.

Тој ден, брат ми ја затворил продавницата порано. Обично кога пристигнуваше во куќата на сестра ми, никогаш не ме посетуваше во мојата соба за да не ме одвлекува од учењето, но тогаш, посакал да ме види поради некоја причина.

„Каде е Церок?" прашал. „Рече дека ќе оди кај неговиот пријател за да учат таму", сестра ми му одговорила. Сепак, брат ми дошол во мојата соба. Видел дека вратата беше заклучена и почувствувал дека нешто лошо се случува. Тој насилно влегол во собата и видел дека јас веќе сум бил студен како труп. Брат ми му рекол на зет ми, „Можеби ќе преживее ако го однесеме во болница и му го исперат стомакот". Брат ми и зет ми брзо ме однеле во болница, но бидејќи сум зел премногу таблети, докторот рекол дека има мала надеж да преживеам. Но, по неколку дена, ми се поврати свеста. Сепак, како резултат на обидот за самоубиство, ја изгубив и онаа мала моќ за помнење што ја имав зачувано. Дури и по една година, мојата моќ за помнење не закрепна целосно. Но сепак, по напорно учење уште еднаш, го положив приемниот испит и во март 1964, се запишав во Училиштето за Инжинери на Ханјанг Универзитетот.

Мојот Брак и Мојата Вера

Додека бев на колеџот, бев регрутиран и стапив во армија на 29 октомври, 1964. Пред крајот на мојата служба, еден од моите роднини ме запозна со дописен пријател, со онаа која ќе ми стане сопруга.

Ги Изгубив Сите Пари од Наследството

Во мај 1967, ја завршив воената должност и бев ослободен од армијата. Но нешто неочекувано ме чекаше. Пред да стапам во армијата, ја примив школарината за вториот семестар однапред од моите родители. Му ги позајмив овие пари на еден од моите роднини со ветување дека ќе ми ги врати со камата кога ќе завршам со воената должност. Но, семејството на роднината имаше проблеми и не ја добив назад ниту главнината. Брат ми и зет ми дознаа за ова и ми дадоа пари за школарината. По военната должност, ја запознав мојата дописна пријателка, која што сега ми е сопруга и сосема се вљубив во неа. Си ветивме дека ќе се земеме.

Таа беше дама со големи, јасни очи како езеро. Таа дозна дека ја добив школарината и ме замоли да и ја позајмам за кратко. Ја позајми, но не можеше да ја врати како што вети. Поради тоа, јас не можев да се запишам во вториот семестар и морав да чекам неколку месеци. Така конечно решив да се вратам во мојот роден град. Им кажав на моите родители, „Мајко, татко, јас наскоро ќе се женам, затоа ве молам дајте ми ги парите од моето наследство порано. Тогаш, ќе потрошам дел од нив за мојот брак, и бидејќи мојата вереница е фризерка, ние ќе отвориме салон за убавина за да заработуваме за живот. Ќе го вложам остатокот од парите во банка и ќе заштедам камата. Ќе студирам со некои стипендии. Исто така, кога ќе дипломирам, ќе одам во Соединетите Држави и ќе се вратам со титула доктор“. Им го објаснив мојот план за иднината како да им покажувам нацрт и ги убедував моите родители. Тие не можеа да помогнат но го слушаа својот син и со мало негодување ми ги дадоа парите од наследството. Се вратив во Сеул сонувајќи за светла иднина со големата сума од моето наследство. Но нештата почнаа да одат лошо. Мојата свршеница и јас требаше да се сретнеме на станицата во Сеул, но таа не се појави. Не можев да стапам во контакт со неа цела недела.

Сестра ми ми се јави и ми рече, „Брате, слушнав дека си ги добил парите од наследството! Па, колку камата ќе земеш од банката? Една од моите најдобри пријателки води трговска компанија и доколку инвестираш со неа, ќе добиеш многу пари назад. Јас ти гарантирам, исто така, па ти не треба да се грижиш за тоа“. Бев наивен, ја послушав сестра ми. И бидејќи немаше вести од мојата свршеница, изнајмив куќа и и го дадов остатокот од парите на сестра ми.

По неколку дена, мојата свршеница се појави. Членовите на нејзиното семејство не се согласувале со тоа таа да се мажи за мене, па сето ова време таа се обидувала да ги убеди. Најпосле, таа исто така се обидела да изврши самоубиство со таблети за спиење. Била пренесена во болница и едвај преживеала. Сега само што ја беа пуштиле од болницата.

Тогаш, сестра ми ми даде камата за два месеци од парите што и ги дадов, а потоа немаше вести од неа. И се јавив и и реков, „Сестро, морам да ја платам школарината за новиот семестар, па те молам врати ми ги парите“. Таа не ми одговори. По Нова Година отидов кај сестра ми и ја прашав за парите за да продолжам со моите студии. Можев да забележам дека беше вознемирена. Ми рече, „Брате, јас мислев дека мојата пријателка на која и ги позајмив парите ќе води трговска компанија, но испадна дека таа била шверцер. Ја фатиле, и сега е во затвор. Јас не можам да ги добијам парите назад“. Бев обесхрабрен. Си помислив, „Колку ужасно! А јас дури не ни дипломирав на колеџот сеуште! Каква ли катастрофа е ова сега?“ Бидејќи сестра ми не можеше да ми ги врати парите, јас ги изгубив сите пари од наследството, одеднаш, во еден единствен момент. Решив да се вработам, да заработам пари и да одам во вечерно училиште. Добив работа како новинар во весник, и во јануари 1968, мојата драга свршеница и јас се зедовме.

Бев Сигурен во Себе во Врска со Пиењето

Во времето кога работел како репортер во весник

Откако се оженив, во март 1968, правевме забава за вселувањето во недела. Подготвувајќи се за забавата, купивме 40 шишиња виски од Донгдаемон, а моите пријатели исто така донесоа многу пијалоци. Утрото се сретнав со моите колеги, и на пладне се сретнав со моите пријатели во Сеул а вечерта се сретнав со пријателите од мојот роден град. Уживав во забавата до доцна во ноќта. Бев сигуен дека имам силна толеранција за алкохол, па не одбив ниеден од пијалоците кои ми ги нудеа моите пријатели, дури и рано наутро другиот ден. Мора да сум испил најмалку седум шишиња со виски само јас. Бидејќи испив толку многу силен алкохол, имав сериозни проблеми со стомакот. Откако ги испратив сите мои гости доцна во ноќта, легнав в кревет со чувство на задоволство дека бев домаќин на успешна забава.

Одеднаш, таванот во собата почна да се врти. Светилките

почнаа да ми се вртат и се почна да ми се врти. Тогаш почнав да повраќам. Повраќав толку многу што почувствував дека моите внатрешни органи ми доаѓаат во грлото. Жена ми ми даде некои лекови од аптеката, но јас ги повратив и нив пред да успеам целосно да ги проголтам. Не можев дури ни вода да се напијам. Имав силни болки. Од тој ден, не можев да земам ни храна нормално. Поради проблемите се стомакот, не можев да ја сварам храната. Пробав сé, вклучувајќи и билни лекови. Но ништо не ми помагаше. Жена ми и јас мислевме дека сé ќе биде добро. Но како што поминуваше времето, мене само ми стануваше полошо, и моето тело почна да излегува од контрола.

Обидувајќи се да Оздравам

Престанав да одам на работа. Ги пробав сите видови на лекови и одев во бројни болници за да добијам точна дијагноза. Но друго освен чир на желудник, немаше како посебна дијагноза. Но јас продолжував да губам тежина и имав многу компликации. По три до четири години, тешко да некој дел од моето тело беше здрав. Бев како „подвижна продавница на болести". Ги пробав сите лекови за кои се велеше дека се добри. Страдав од чешање поради атлетското стапало во лето и поради премрзнатост во зима. Имав екзем по целото тело и секое утро сите воспаленија создаваа исцедок од гној, а истекувањето се затврднуваше. Поради ринитисот, главата секогаш ми беше тешка. Носот ми беше секогаш затнат и моќта за помнење стануваше се полоша и полоша.

Исто така имав проблеми и со лимфните јазли. На

почетокот, тоа беше како мало топче на мојот врат, но растеше поголемо и поголемо и достигна големина на грозје. Поради воспалението на лимфните јазли не можев добро да го вртам вратот. Докторот по ориентална медицина рече дека не може да ми даде посебни лекови за воспалението на лимфните јазли бидејќи земав многу други лекови. Не само што страдав од воспаление на лимфните јазли, туку јас исто така страдав од нервен слом, несоница, екзем, анемија, инфекција на средното уво и внатрешните органи, вклучувајќи го стомакот, тенкото и дебелото црево, од кои сите беа со нарушена функција.

Дури и се Обидов да си го Сменам Името

Жена ми отиде да ми ги донесе сите видови лекови и проба со народни лекови да ги излечи моите болести. Но кога нејзините напори се покажаа како бескорисни дури и по неколку години, таа стана суеверна. Некои луѓе и рекле, „Тој може да биде излечен. Ти треба да повикаш егзорцист и да пробаш егзорцизам“. Некој и рекол, „Ќе успее доколку повикате Будистички калуѓер и го истерате демонот“. Мојата жена одеше кај познати калуѓери и исто така проба егзорцизам како што и кажа калуѓерот. На крајот, ние дури и си го сменивме името.

Некои луѓе ни рекоа дека ако си ги смениме нашите имиња, нашата судбина исто така ќе се смени. Помисливме дека можеби тоа и има смисла. Во тоа време, веднаш до централниот комплекс на владата, имаше многу канцеларии за смислување имиња. Рано наутро, отидовме во Канцеларијата за имиња на Бонгсу Ким. Моравме да чекаме од сабајлето сé до пладне за да се сретнеме со него. „Вашите имиња се лоши. Зошто не си ги смените имињата?" Од тогаш, ние почнавме да ги употребуваме имињата кои тој ни ги даде, но немаше корист.

Страдањето на Болниот Татко

Бидејќи бев многу повлечена личност, се обидов да ја скријам мојата влошена физичка состојба – дури и од мојата жена. И како што моето семејство влегуваше се подлабоко и подлабоко во долгови, не можев само да седам и да гледам. Така одев од место во мести, барајќи работа. Но поради проблемите со моите уши не можев да слушам што доведуваше до тоа јас да не можам да најдам работа. Мојот слух стана многу лош такашто не можев да користам телефон а тоа ме правеше несоодветен за работа.

Морав да побарам понезависна професија. Поради тоа, почнав да продавам мали маси. Излегов надвор на улиците за да ги продавам, но поради мојата срамежливост, не можев да викам, „Маси! Маси за продавање!" По неуспешното работење од неколку дена, полека почнав да стекнувам сигурност и почнав да ги продавам.

Еден ден во 1972, тргнав да продавам маси. Наеднаш, почнав да чувствувам парализа која почна во моите стапала, а моето чекорење стана неиздрживо болно. Ги оставив моите маси на најблиското место и се вратив дома со автобус. Од тогаш наваму, јас станав врзан за кревет. Излезе дека имам ревматичен артритис. Чувствував сериозни болки секогаш кога чекорев, и наскоро зависев од стап. Сепак, поголема од физичката беше менталната болка. Бев многу тажен поради фактот дека не можам да слушам. Веќе имав дупнато ушно тапанче во едното уво, поради несреќата во основното училиште која претходно ја споменав. Но поради силните лекови кои ги земав околу пет до шест години, моето друго уво стануваше полошо. Без разлика колку и да се трудев да читам од усните на луѓето, доколку околината беше бучна, не можев да разберам што тие ми зборуваа. Не можев дури ни на членовите на моето семејство да им кажам дека оглувувам. Се плашев дека ќе ме викаат 'хендикепиран'. Кога други ми зборуваа, јас погрешно им одговарав бидејќи не можев да ги слушнам, или пак воопшто не можев да им одговорам, и поцрвенував во лицето бидејќи ми беше срам и се чувствував инфериорно.

На жена ми и беше тешко да се грижи за мене и да се обидува да ја отплати само каматата од нашиот долг. Бидејќи изнајмувавме од најевтините места за живеење, ние често се селевме. Се преселивме од Ах-хјеон Донг во Кимпо, во Сангдо Донг во Чонгно, во Тооксум и така натаму. Понекогаш кога бевме навистина очајни, останувавме во куќата на родителите на мојата жена, или во куќата на сестра и. Конечно, по сите селења наоколу, се сместивме во планинско село во Кеумхо Донг. Нашата куќа беше направена од цигли и личеше на коцка. Кога излегувавме надвор од влезната врата, во далечината можевме да ја видиме реката Хан.

Мајката на жена ми сега е почината, но таа многу плачеше за мене. Таа ме носеше во болница и на надрилекар за акупунктура или ми носеше билни лекови. Но бидејќи јас не можев да одам, моите пријатели ме носеа на нивните грбови долу од планината за да можам да земем такси со мајката на жена ми за да отидам со неа во болница. Кога се враќавме од болница, мајката на жена ми ми купуваше ракија од ориз – веројатно бидејќи и беше жал за мене. „Сине, знам дека имаш болки, но земи напи се и развесели се“.

Мојата Сопруга Беше во Состојба на Очај

Жена ми одеше ваму и таму за да позајмува пари за моите лекови. Во меѓувреме, нашиот долг се напластуваше како снег. Кога итно ни требаа пари, таа одеше кај нејзините родители, нејзината сестра, или брат за да позајми пари. Тогаш ќе ги платеше нараснатите камати од долгот, и она што ќе останеше го употребуваше за моите лекови. Наскоро, бев прогласен за многу лоша личност од семејството на жена ми. Од нивна гледна точка, бидејќи не заработував за моето семејство како добар сопруг, ја ставав нивната најмлада и најсакана ќерка во неволја. Бидејќи се разболев веднаш по нашето стапување во брак, ние не можевме дури ни да уживаме во првата година од бракот како младоженци. На жена ми и беа доделени двете од нашите улоги, и како хранител и чувар на семејството. Таа требаше да одгледа две ќерки додека грчевито се бореше да заработи за живот. Таа беше исцрпена, а нејзината порано љубезна, нежна надворешност почна да огрубува, како што беше закоравена од одговорностите на животот кои беа надвиснати над неа.

Таа се грижеше за мене пет до шест години во тоа време со единствена надеж дека мене ќе ми се врати здравјето, но гледајќи дека мојата состојба само станува полоша и полоша, таа не можеше да помогне туку падна во очај. Бидејќи беше малку избувлива, кога и да се исфрустрираше од нешто, ги пакуваше нејзините нешта и заминуваше во куќата на нејзините родители.

„Не ми треба љубов. Она што ни треба сега се пари. Оди заработи пари!" Таа требаше да го враќа долгот на лихвари кои имаа високи дневни камати. Така секогаш кога беше притисната за плаќање, не можеше да се справи со тоа и заминуваше од дома велејќи дека таа не може да издржи во брак повеќе. Но по неколку дена, таа повторно се враќаше.

Еден ден, со помош на нејзината постара сестра, отвори мало бифе на пазарот Кеумхо Донг. Таа беше добар готвач, така што имаше многу муштерии. Заминуваше на работа во пазарот од рано наутро до доцна во ноќта. Во 12 на полноќ се враќаше дома уморна и исцедена. Таа се форсираше себе си за да може да го исплати нашиот долг колку што е можно повеќе. Но кога ќе се вратеше дома и ќе ме видеше како лежам болен, таа ја губеше сета надеж, и стануваше раздразлива за најмали нешта. Нашите две ќерки веќе беа деца кои се отфрлени од општеството. Кога жена ми отвори салон, јас се борев за да се грижам за нашата прва ќерка Мијоунг, а Микјунг нашата втора ќерка, остана со мајка ми во куќата на брат ми.

„Како е можно таа толку многу да наликува на татко и?"

Беше ли тоа бидејќи таа личеше на нејзиниот болен татко толку многу? Микјунг дури и не доби шанса да добие многу од нашата љубов поради нашата ситуација. Кога понекогаш одев во куќата на брат ми и ја гледав како си игра со парче крпа во нејзината уста, моето срце беше скршено. Но поради мојата состојба, не можев да ја вратам дома со мене за да се грижам за неа. Бев исполнет со тага. Во тоа време, страдав од проблеми со нервите, па така бев многу чувствителен дури и за најмали нешта. Ако жена ми некогаш прокоментирше нешто што ја повредуваше мојата гордост, ќе почнеше кавга, тогаш жена ми ќе речеше дека сака да се разведеме и ќе ги спакуваше нејзините нешта и повторно ќе побегнеше во домот на нејзините родители.

„Како можеш да продолжиш да го правиш ова? Мислам дека е подобро да се разведете за доброто на двајцата“.

Членовите на семејството на жена ми дојдоа кај мене и ми кажаа дека се незадоволни со мене, укорувајќи ме гласно така што сите наши соседи можеа да не слушнат. Моето лице стануваше црвено од бес и срам. Жена ми, која го напушти домот, се поврати назад за да каже, „Не дојдов за да те видам тебе. Дојдов да ја видам ќерка ми. Ако некогаш оздравиш, јас ќе се разведам од тебе. Сакам да го направам тоа и сега, но ако го направам, луѓето ќе покажуваат со прст на мене и ќе велат дека јас сум оставила болен маж. Така што, не сега!“

Промени во Телесната Љубов

Во 1972, се погледнав самиот себе си, и видов дека телото

ми е преполно со неизлечиви болести. Бидејќи земав многу јаки лекови, никакви инјекции или лекови не ми помагаа повеќе. Моите родители, моите браќа и сестри, и моите роднини почнаа да покажуваат со нивните прсти на мене и да се одалечуваат од мене. Жена ми ме одбегнуваше. Дури и мајка ми се откажа од мене. Мајка ми, која тогаш имаше седумдесет години, дојде да ме посети. Гледајќи го нејзиниот син врзан за кревет, таа почна горко да плаче. Помисли дека сум безнадежен.

„Ох! Ох! Да умреш побрзо ќе биде подобро за тебе. Така можеш да покажеш дека ме почитуваш“.

Колку очајна беше мојата состојба за мојата сопствена мајка која најмногу ме сакаше, повеќе сака да умрам и така да и укажам почит? Си мислев дека мајка ми никогаш нема да ме напушти, дури и ако целиот свет се сврти против мене. Во тој момент, сфатив дека човечката љубов е минлива. Доколку условите не се добри, таа љубов може да се смени.

Бидејќи мојата сопствена мајка не ги сфати моите страдања, што би знаел брат ми? Еден ден ме посети брат ми додека беше пијан, велејќи дека сакал да ме утеши. Но наместо да ме охрабри, неговите зборови всушност го направија моето страдање полошо.

Неуспех на Вториот Обид за Самоубиство

Се чувствував како малечка птица која очајно мавта со крилцата во борба да преживее, но тоа беше само попусто. Од прво, кога жена ми ги собираше нејзините нешта и се враќаше во домот на нејзините родители, јас одев таму и ја враќав назад. Но кога таа го стори тоа повторно, јас не се осмелив да ја вратам повторно поради непочитувањето и презирот со кои би морал да се справам од членовите на нејзиното семејство. Кога и да помислев за иднината на моите мали ќерки, силната волја да преживеам се појавуваше како изворска вода, но еднаш кога застанав пред застрашувачкиот ѕид на реалноста, се почувствував немоќен. По размислувањето дека нема начин да се ослободам од сенката на смртта, уште еднаш собрав таблети за спиење со желба да го завршам мојот мизерен живот колку што е можно побрзо. Доволно лошо беше што патев низ животот поради моите болести, но она што го направи полошо беше тоа што мојата сопствена жена не беше љубезна со мене, туку се почесто ме повредуваше. Ја загубив сета волја и желба за живот. Си мислев, наместо да ја враќам жена ми од куќата на нејзините родителите, најверојатно ќе биде подобро ако умрам. Така зедов дваесет таблети за спиење кои ги собирав.

Дента кога ги зедов таблетите, жена ми беше во куќата на нејзините родители. Таа не можела да спие и се чувствувала многу нервозно. Рече дека не можела да ја оттргне мислата дека нешто многу лошо може да се случува во нашата куќа. Станувајќи се понервозна, таа зела такси и побрзала назад дома каде што ме нашла како умирам. Брзо ме однела во болница каде што ме лекуваа, и јас бев спасен. „Јас дури и не можам да го завршам животот на начин на кој јас сакам. Подобро е да не се обидувам повеќе да се самоубивам“. Откако ми се врати свеста во болница, размислувајќи за моите два неуспешни обида за самоубиство, се чувствував како да постоеше повисока сила која интервенира во мојот живот. Така, решив никогаш повеќе да не се обидувам да извршам самоубиство.

Се смета дека мачките се добри за ревматичниот артритис

Понекогаш, кога моето тело ќе беше малку подобро, шетав наоколу со стап. Но кога мојата состојба се влошуваше, бев врзан за кревет и не можев да мрднам ниту мускул. Некој мораше да ги собира моите телесни празнења. Жена ми слушнала дека мачките биле добри за ревматичен артритис, па таа купи мачки не само од сите пазари во нашата Сунгдонг Ку област туку исто така од други пазари како Донгдаемоон и Joонгбу. Така ми ги вареше за да ги јадам. Но понекогаш, кога не беа соодветно зготвени, мирисаа толку лошо, што повеќе сакав да умрам отколку да ги јадам.

Мајка ми и жена ми носеа сé и сешто за што луѓето зборуваа дека е добро. Тие готвеа стоногалки, копривка, и кората од лак дрвото за мене. Исто така ме хранеа со жолчка од кучиња и мечки. Дури и пробав и алкохол направен од змија. Мојата борба против сите болести продолжуваше. Се зборуваше дека германските таблети направени против лепрата биле некој вид на отров за лекување на лепрата. Бидејќи патев од болест на кожата која влијаеше на целото мое тело, ги зедов тие таблети со надеж да се излекувам, но резултатот беше мизерен.

Пиев измет петнаесет дена

Ги пробав сите видови на лекови, медицински третмани, народни лекови, билни лекови, и дури и суеверија и егзорцизам, но се чинеше дека моето здравје опаѓа се подлабоко и подлабоко во јама без дно.

„Церок, многу познат доктор дојде во градов. Што мислиш да те прегледа и тој?“

„Да, зошто да не? Немам што да изгубам“. Ги послушав моите пријатели во Кеумхо Донг и отидов да го видам докторот. Докторот го провери мојот пулс и ме прегледа. Тој рече, „Чудо е што си жив. Твојот пулс изгледа како да чука но не чука. Чудо е што си жив. Има еден начин за излекување на твоите болести. Си тренирал тешки спортови кога беше млад, нели? Дали беше често удиран во текот на овие активности? Имаш дамки по целото тело со мртви крвни клетки и згрутчени крвни клетки, или излеана крв надвор од крвните садови, низ целото твое тело. Тоа предизвикало твоето здравје да биде вакво“.

„О, навистина? Кој е лекот?“

„На железничките станици по селата, има јавни тоалети. Сокот од измет на дното од овие тоалети се распаѓал повеќе од 10 години. Исцрпи го и пиј го во кригла за пиво три пати на ден петнаесет дена. Тогаш сите дамки од излеана крв надвор од крвните садови во твоето тело ќе исчезнат, а ти повторно ќе бидеш здрав“.

Докторот даде детални инструкции како да се земе сокот од измет. Сé што требаше да направам беше да поврзам иглички од бор на устието на садот за да направам филтер, а потоа да врзам камен за садот и да го спуштам садот во тоалетот. Тогаш чистиот сок од измет ќе го наполни садот. Ако го пијам овој сок и се излечам, му ветив на докторот дека ќе му платам голема сума на пари. Жена ми и јас бевме среќни мислејќи дека ова беше последниот лек и побрзавме на железничката станица во селото, танцувајќи од радост. Мајка ми ме слушна кога објаснував како да го земам овој лек, па таа по цели ноќи го собираше сокот од измет во убав бокал и ми го носеше со многу грижа.

Така, петнаесет дена, го пиев сокот од измет без да пропуштам ниеден термин. Ужасната миризба ми отежнуваше да земам дури и една голтка, но воден од мојата цврста желба да ги излечам болестите, го пиев со сламка, потоа ги миев забите, и земав парче чоколатце што ми го даваше мајка ми. Но миризбата не се губеше. На крајот од петнаесетиот ден, открив дека и ова не успеа.

„Мајко, ако умирам, ќе се вратам во мојата куќа во Сеул и таму ќе умрам".

Глава 2

Бог е Навистина Жив!

Кога и Последното Ливче ќе Падне, и Мојот Живот Исто Така ќе Згасне

Како Мојата Помлада Сестра ме Покрсти

Кога нашата последна надеж, пиењето на сокот од измет, заврши попусто, жена ми и јас се вративме во Сеул во голем очај. Сега единствената желба која ми остана беше да умрам брзо, па легнав во креветот и гледав како поминува времето. Мојата дневна рутина во нашата куќа од цементни блокови се состоеше во читање новели или пиење на корејски алкохол од ориз. Во малата, еднособна куќа имаше сад за алкохол од ориз и имаше шишенца со лекови и позајмени книги расфрлени насекаде.

Во моето семејство, мојата помлада сестра беше единствениот верник. Таа го изгуби видот на едното око откако страдаше од висока температура во детството. Се омажи за млад маж од соседното село и одгледа три сина и две ќерки. Живееше живот на верник. Еден ден, некој го споделил Евангелието со неа и таа почнала да оди во црква. Мајка ми и браќата мислеа дека е фанатичен верник, и не им се допаѓаше нејзиното одење во црквата. „Ти напорно работиш земјоделство, а потоа сѐ и даваш на црквата. Дури не ни работиш во недела за да одиш во црква. Нема да бидеш во состојба да избегаш од сиромаштија. Се надеваш ли некогаш и да се збогатиш?" Дури и кога мајка ми ќе и се нафрлеше, само ќе и се насмевнеше и ќе речеше, „Мајко, голема е радоста да веруваш во Исус. Зошто и ти не одиш во црква, исто така?"

Во неделите, таа ги завршуваше домашните работи рано наутро и одеше во црква. Таа ја бришеше просторијата за исповед и служеше во црквата. Ако некогаш имаше прво овошје или нешто убаво, тајно ќе го оставеше во куќата на свештеникот и ќе побегнеше. Таа сакаше да му служи на слугата на Бога на овој начин.

Таа вредно присуствуваше на верските состаноци и искрено ја бараше милоста Божја. Таа дури го даде и нејзиниот златен прстен – кој се сметаше за многу вреден во тоа време – како понуда. „Господе, дај ми верба вредна како злато. Дај ми верба како злато која никогаш нема да се смени дури и со минувањето на времето".

Уште од детството мојата помлада сестра ми беше омилена сестра. Кога студирав во Сеул, практично живеев во нејзината куќа секогаш кога бев на распуст. Таа се обидуваше да го сподели евангелието со мене секогаш кога ќе имаше можност. Дури и кога се разболев, и беше многу жал за мене. Постојано ме повикуваше да одам во црква велејќи, „Брате, ако одиш во црква, Господ ќе те излечи. Ти повторно ќе бидеш здрав“.

„Сестро, те молам не биди смешна. Живееме во време каго луѓето со вселенски бродови одат на месечината. Каде во светот е Бог? Ако е жив, покажи ми го“.

Сестра ми ме повика да верувам во Бога многу пати, но бидејќи бев тврдоглав, инсистирав дека ако Тој навистина постои таа треба да ми го покаже.

Кога и Последното Ливче ќе Падне, и Мојот Живот Исто Така ќе Згасне

Се чувствував како херој во позната новела. Во новелата херојот живееше во постојан очај без надеж за утре. Таа веруваше дека еден ден кога последното ливче од одредено ѕидно растение ќе падне како резултат на силните ветришта, тогаш нејзиниот живот ќе заврши исто така. Јас исто така живеев во постојан очај без надеж за утре.

Во април 1974, розевите азалеи и жолто-златните ѕвончиња ги обоија ридовите и полињата во целото село. Тие го шире нивниот пријатен мирис насекаде. Но, мојот живот венееше и секој здив што го земав се чинеше дека ме носи поблиску до смртта.

„Сé во созданието се движи со таков живот во текот на ова време од годината. Но кога мојот живот, што виси како тоа последно ливче, ќе заврши?“

Никој не беше среќен што ме гледа. Не можев да јадам ориз или месо, но можев да пијам алкохол. Алкохолот ми беше единствениот пријател што го имав. Тоа беше во тоа време, кога јас едвај преживував од ден на ден, кога зависев од алкохол. Моите родители, моите браќа, и сестри ме посетуваа сѐ поретко и поретко. Наскоро никогаш не очекував некој да ме посети, но еден ден некој чукна на вратата. Тоа беше мојата помлада сестра, сестрата која што најмногу ја сакав.

„Сестро, што те донесе тебе овде во Сеул? Влези!"

„Имав некоја работа да завршам во Сеул".

Бидејќи тоа беше време кога има најмногу земјоделски работи, бев среќен – сеуште многу изненаден – што ја гледам.

Ме Замоли Да Ја Водам

„Брате, направи ми услуга. Треба да ми помогнеш нешто. Има едно место кое сакав да го посетам многу одамна. Те молам однеси ме таму".

„Што? Како мислиш? Ти знаеш дека јас не можам многу да одам". „Знам. Знам. Но јас сакам да го посетам ова место толку многу, што те замолувам да ми помогнеш".

На почетокот одбивав, велејќи дека не можам да ја водам поради моето болно тело. Но таа толку предано ме молеше што се почувствував лошо, и конечно не можев повеќе да ја одбивам.

Местото кое таа сакаше да го посети беше едно од лекувачките собири кои ги водеше Постарата Ѓаконица

Шин-ае Хјун. Таа беше добро позната по нејзиниот дар за божествено лекување. Тоа се случи бидејќи сестра ми постојано се молеше за мене и бараше начин да ме однесе во црква, така што Постарата Ѓаконица Хјум и јас подоцна се запознавме. Сестра ми знаеше дека ако таа настојува да добијам излекување во црквата, јас ќе одбијам да одам. Додека сестра ми се молеше, таа прими мудрост од Бога да ме однесе во црква барајќи од мене да ја водам.

Пред Верувањето во Бога

Бидејќи на училиште учев Дарвинизам, јас бев атеист. Можев храбро да кажам дека не постојат такви нешта како духови. Но всушност, длабоко во себе, не можев да одречам дека Бог постои. Земајќи во предвид многу нешта, не можев да ја избришам мислата дека има живот по смртта. Длабоко во моето срце, јас всушност го прифаќав постоењето на Бог Создателот. Си помислив, „Ако навистина има Бог, тогаш пеколот најверојатно постои, пеколот како во еден филм кој што еднаш го гледав. Тогаш како ќе изгледа мојот живот потоа?"

Бидејќи длабоко во моето срце не можев да го отфрлам постоењето на Бога, морав да го прифатам постоењето на живот по смртта исто така. Во еден агол од моето срце, јас исто така имав страв и од Пеколот. Поради тоа дури и пред да верувам во Бога, јас се трудев да живеам добар и праведен живот.

Во секој случај, откако сестра ми не бараше од мене да одам во црква за да добијам излекување, туку само побара да ја водам во едно Христијанско собиралиште, јас се согласив. На 17 април, 1974, таа стана и се подготви рано наутро велејќи дека мора рано да оди за да може да седне напред. Тоа беше прв пат по многу долго време да излезам надвор од куќата. Ми беше многу тешко да се симнувам по ридестото градче Кеумхо Донг, па така патувањето траеше долго. Се качивме во автобус до Сеодаемоон и стигнавме во црквата на Постарата Ѓаконица Шин-ае Хјун.

„Дали Сите Тука се Луди?“

И покрај тоа што и двете мои ушни тапанчиња беа скинати во тоа време, јас можев да слушам звукови, но навистина слабо. Вториот кат беше веќе полн со луѓе, па ние се качивме на третиот кат. Скалите беа направени со блага угорница за да бидат прилагодени за хендикепираните. Но одењето со стап ми отежнуваше да одам во чекор со сестра ми.

Веројатно беше време за групна молитва. Луѓето околу мене ги подигаа нивните раце и извикуваа многу гласно. Никогаш претходно немав видено такво нешто, па не знаев што да правам па само гледав наоколу. Тогаш забележав дека сестра ми клечеше долу и исто така се молеше со растреперени и подигнати раце.

Сите изгледаа лудо, вклучувајќи ја и сестра ми. Јас се

чувствував донекаде возбуден и моето лице беше црвено. Само сакав да излезам од таму. Но сè повеќе и повеќе луѓе доаѓаа и седнуваа позади мене, па така да јас не можев да излезам. Сакав да излезам од таму веднаш. Но што можев да сторам? Не можев да ја оставам сестра ми таму и сам да си одам дома! Бидејќи никогаш порано немав видено некого така да се моли – оставен сам да се моли како група – се чувствував збунето само гледајќи ги луѓето кои мавтаа со рацете и извикуваа со силни гласови во молитвата. Но бидејќи не можев сам да се вратам дома, јас останав. Си помислив дека би можел исто така да клекнам долу. Клекнав и ги затворив очите. Одненадеж, почнав да се потам на грбот, а потта почна да ми се слева по грбот. Беше пролетен ден, но не беше жешко. Јас бев многу слаба личност – скоро сè коска и кожа – така да беше невозможно за мене да се потам така. Тоа беше многу чудно си помислив, „Мора да се чувствувам многу засрамено и збунето што сум овде. Веројатно поради тоа толку многу се потам!"

Помина извесно време за да сфатам дека штом тој ден клекнав, Господ ми ги согори сите мои болести со огинот на Светиот Дух.. На црковната бина што беше далеку, Постарата Ѓаконица Шин-ае Хјун, која беше облечена во бело, посветено проповедаше. Звукот од звучниците беше прегласен но јас не можев добро да го слушнам. Можев само тука и таму да наслушнам по некој збор. „Колку би било убаво да можев јасно да слушнам што кажува таа госпоѓа!", си помислив.

Откако јас толку многу се испотив, се јави промена во моето срце (всушност јас бев допрен од Светиот Дух). Сакав да ја слушнам пораката на Постарата Ѓаконица Шин-ае Хјун. Сестра ми ми рече, „Брате, зошто не ја примаш молитвата како другите луѓе што се дојдени тука?"

По проповедта, лицето на сестра ми блескаше, бидејќи ме тераше да ја примам молитва. Според инструкциите на сестра ми, отидов – заглавен помеѓу група други луѓе – до местото каде што седеше постарата ѓаконица.

Некој звук продолжи да се слева од звучиците, всушност тоа беа сведочењата на оние кои што биле излечени преку молитвите. Можев да ја слушам содржината во испрекинати делови, а некој рече дека таа го примила „Огнот на Светиот Дух" и била излекувана, кога Постарата Ѓаконица Шин-ае Хјун и ја положила нејзината рака на неа.

„Тие мора да се излечиле преку молитва. Но јас сеуште не можам да верувам".

Постарата Ѓаконица Шин-ае Хјун со раката по еднаш ја потчукнуваше секоја личност прво по главата а потоа по грбот, како што ги потурнуваше да ја поминат. Така и беше. Таа ме удри по главата и грбот и ме истурка, исто како и другите луѓе. Си помислив, „Таа се однесува со луѓето како со багаж! Мислам дека ги мами луѓето". Тоа мора да беше поради огромниот број на луѓе, но таа не се молеше за секој човек посебно, туку само ги удираше и ги поттурнуваше. Јас бев навреден.

Во тој миг, се потсетив на еден инцидент од времето на деновите на моето учење во основното училиште. Една жена во градот Јунг-еуп беше позната по нејзиниот дар за лекување. Бидејќи за средбата со неа беше објавено во дневениот весник, многу луѓе се насобраа во градот Јунг-еуп. Мојот внук исто така отиде на еден од нејзините состаноци бидејќи имаше исцедок од неговото уво. Петнаесет дена подоцна се дозна дека таа била измамник. Таа беше уапсена. Некои од дневните весници направија приказна за насловната страна од оваа вест. Се прашував дали оваа жена ги мами луѓето, исто како што направи и таа жена од градот Јунг-еуп. Задлабочен во мислите, веќе се најдов долу.

„Тоа е чудно! Се симнав тука без никаква болка или тешкотија".

„Можам да Слушам! Можам да Слушам!"

Сестра ми беше многу среќна бидејќи тоа беше како да и се исполнила голема желба. Се качивме на автобус. Оеднаш слушнав многу силни звуци слични на звуците на грмотевиците. Си помислив, „Колку чудно! Зошто слушам вакви силни звуци во моите уши?"

Звуците на грмотевиците престанаа кога слегов од автобусот на пазарот Кеумхо Донг. Се поздравив со сестра ми и отидов до бифето на пазарот кое што го водеше жена ми. Имаше многу видови на храна на полиците вклучувајќи го тука и месото. Во барот, можев да ги слушам разговорите на муштериите додека јадеа и пиеја. Бев толку многу среќен што удрив по масата со мојата тупаница.

„Можам да слушам! Можам да слушам!"

Мојата изненадена жена ме праша, „Што, ти можеш да слушаш? Што слушаш и зошто сега можеш да слушаш?"

„Можам јасно да ги слушнам овие разговори на муштериите. Драга, сега јас сум гладен. Сакам да јадам нешто. Ќе ми дадеш малку ориз и месо?"

„Што? Ќе имаш проблеми со варењето и целиот ќе се осипеш!"

„Добро сум. Се чувствувам како веќе да сум ги сварил. Не грижи се, туку само дај ми малце храна".

Го изедов оризот и месото веднаш штом жена ми ми ги донесе. Обично, можев да изедам само малку ориз и ова беше прекрасна промена. Чувствував дека ја варев храната многу добро. Всушност, немав никакви проблеми.

Несомнено Тоа е Чудо!

Следниот ден, веднаш штом се разбудив утрото, отидов во тоалетот како и обично. Првиот дел од мојата утринска рутина беше да одам во тоалетот, да завиткам ќибритче со памук и да ги избришам исцедоците од моите уши. Го правев тоа бидејќи не сакав жена ми да се грижи доколку види. Се трудев да избришам како и обично, но ништо немаше. Беше чисто. Уште почудно, кога се будев, имав анемија. Бев толку анемичен што морав да се зајакнам за миг и потоа да одам во тоалетот. Но тој ден, сфатив дека влегов во тоалетот веднаш штом се разбудив. Тоа не беше сѐ. Поради тешкиот артритис, обично имав гној на задната страна од раката, на лактите, колената, зглобовите и другите прегиби. Но тој ден, белиот гној беше се сменил во црни красти.

„Не Можам Да го Разберам Ова. Колку Чудно!"

Одеднаш, моето срце почна силно да чука. Сеуште возбуден, се вратив во собата. Ги соблеков алиштата и внимателно го прегледав моето тело. Кога спиев, не можев слободно да го вртам вратот и морав да спијам на едната страна поради воспалението на лимфните јазли. Но израстокот со големина на грозје на мојата лимфна жлезда целосно го немаше. Понатака, се сетив на нешто што се случи претходно, додека сеуште бев болен. Беше во зима, и ние секогаш имавме топла вода во сад в кујната. Како и обично, се наведнав за да земам топла вода наутро. Садот беше до пола полн, и отворот за воздух беше отворен, така што имаше голем довод на кислород до брикетите од дрвен јаглен. Водата вриеше.

Кога ја зедов водата со црпалката, топлата пареа ми го покри моето лице. Кога се обидов да избегам од пареата, топлата вода се истури по моето тело. Бев изгорен по рацете и по градите. Овие изгореници ми остави гради лузни така да јас обично не ја соблекував мојата кошула.

Но дури и овие лузни исчезнаа! Тоа беше неверојатно чудо. На моето тело повеќе не му фалеше ништо.

Во тој миг, се сетив што се случи претходниот ден. Можев да се качувам и слегувам по скалите без никаква потешкотија.

Кога се враќав дома, слушнав звук на грмење. Можев да ги слушнам разговорите на муштериите во дуќанот на жена ми. Од тоа утро не бев повеќе ниту анемичен. Немаше повеќе истекувања и немав болки при свиткувањето на колената.

„Дали Господ Навистина ме Излечи?"

Соочен со реалноста на која дури и јас не можев да верувам, бев многу изненаден. Не земав никакви лекови и немав никаква операција, ништо! Но сите болести беа излечени! Повеќе од 10 различни видови на болести кои не можев да ги излекувам со сите видови на медицински третман, беа наеднаш излечени!

„Бог е навистина жив!"

Бев глупава личност, но како можев и понатаму да се сомневам? Клекнав долу и ги подигнав рацете кон небото.

„Ах, Господе! Ти си навистина жив! Како можеше вака оеднаш да ме излекуваш? Те молам прости му на овој глуп човек. Ги игнорирав сите проповедници кои ме упатуваа да верувам во Бога. Но ти навистина си жив и Ти целосно ме излекува!"

Се обидував да се сомневам мислејќи дека беше совпаѓање, но во тоа не можеше да се сомнева. Се чувствував како да летам. Сепак не можев да верувам во реалноста на тоа што ми се случи. Жена ми, која беше надвор, ме слушнала како се молам и влезе во собата многу изненадена.

„Драга, дојди и види го моето тело. Господ ме излекува!“ Изненадена, жена ми целосно го погледна моето тело и таа исто така мораше да поверува дека Господ ме излекувал. Таа беше многу среќна и ме прегрна, и почна гласно да плаче. Плачевме долго. Сите таги и болки беа стопени и ние бевме исполнети со радост и благодарност.

Оној Кој Ме Излекува

Во моментот кога клечев во црквата, Господ потполно ги излечи сите мои болести со огнот на Светиот Дух. Дури и пред Постарата Ѓаконица Шин-ае Хјун да се моли за мене, Господ веќе ме имаше излечено преку огнот на Светиот Дух. Јас бев атеист, и немав никаква вера во Бога. Дури и не го молев Бога за излекување, па тогаш зошто Тој ме излекува? Мислам дека тоа беше одговорот од Бога кон молитвите од сестра ми која долго време постеше и се молеше за моето спасение. Исто така, тоа најверојатно се случи бидејќи Господ знаеше дека штом еднаш ќе го согледам живиот Бог, нема да му станам сојузник на светот или да го издадам Него, туку ќе живеам само според Неговото Слово сакајќи го Него до крајот.

Разводот и Враќањето на Жена Ми

Три Месеци Исполнети со Среќа

Исто како во приказната за „Сината Птица на Среќата", почувствував како сината птица на среќата да дошла во моето семејство. Најзначајната промена во семејството ни беше тоа што одевме во најблиската црква и присуствувавме на богослужбите во неделите. Го правевме тоа бидејќи со славата на живиот Бог јас бев излекуван и чувствувавме дека треба да се оддолжиме за таа милост.

Но големиот финансиски долг кој ние го имавме сеуште ни остана, и другите состојби не се промениа. Ние сепак бевме сеуште среќни и радосни. Јас бев особено благодарен бидејќи бев ослободен од болките на болестите. Исто така јас бев исполнет со надеж и сонував дека ќе можам конечно напорно да работам и да заработувам за живот со моите способности.

Разговарав со жена ми за нашата иднина. Откако сите болести исчезнаа, за неколку месеци, јас би бил повторно способен да работам. Тогаш, ние би го исплатиле нашиот долг и би ја прошириле продавницата. Ние напорно би работеле заедно, би заработиле многу пари и би воделе голем ресторан. Во ова време, имаше еден човек кој што знаеше да прави нуркачки одела. Така, јас работев како помошник мислејќи дека би можел да си ја повратам и физичката кондиција на телото, исто така. Од прво, се чувствував многу уморен со само малку работење, но наскоро се здобив со енергија. Заработував некоја пара и ја планирав иднината, а имавме и роденденска забава за татко ми. Тоа беше околу 90 дена откако оздравев.

Вашиот син се разболел поради мене?

На 10 јули, 1974, на роденденот на татко ми, сите членови на семејството се собраа во куќата во нашиот роден град. Јас отидов таму неколку дена порано, а бидејќи мораше да работи во дуќанот, жена ми дојде ноќта пред неговиот роденден.

Иако тоа не беше триумфално враќање, јас бев многу среќен. Кога доаѓав во мојот роден град додека бев болен, бев скоро ограничен на мојата соба, обидувајќи се да ги избегнам погледите на луѓето. Само земав лекови и потоа се враќав во Сеул. Се плашев дека моите соседи ќе се однесуваат со мене како со хендикепирана личност. Сега, колку бев среќен бидејќи станав комплетно здрав човек!

Му посведочив на Бога велејќи, „Јас само го чекав времето

кога ќе умрам од толку неизлечиви болести. Но отидов со мојата постара сестра до Олтарот на Шин-ае Хјун и го примив овој вид на излекување".

Јас сведочев дека Бог е Исцелителот кој ме сретна и ме излекува. Имав мало познавање за Словото Божјо во Библијата, но јас сведочев дека Господ е навистина жив и ја делев радоста со моите родители и браќа.

По ручекот на роденденот на татко ми, жена ми се пакуваше за да се вратиме во Сеул. Пред заминувањето јас пиев со моите браќа. Во меѓувреме, надвор настана некаква гужва. Слушнав како некој ја тресна вратата. Погледнав надвор, и ја видов жена ми како трча со нејзиниот багаж велејќи дека ќе се разведе. Сестра ми и снаа ми ја следеа за да ја фатат. Еве како сето тоа се случи.

„Ќерко, син ми падна болен веднаш откако се ожени со тебе, и ти навистина многу пропати. Но сега доаѓаат подобри денови доколку работите напорно од сега па натаму". Мајка ми беше многу среќна бидејќи нејзиниот најмлад син, за кој мислеше дека секој миг може да умре, го повратил своето здравје. Така, таа и даде таков совет на нејзината снаа. Но, мојата жена сфатила дека таа и вели дека јас сум се разболел и сум патeл толку многу поради неа, и нејзиното лице побледело.

„Велиш дека твојот син се разболе поради мене? Добро! Јас ќе го напуштам ова семејство. Ќе се разведам. Да, ќе го сторам тоа!"

„Сестро, тоа е недоразбирање. Ти знаеш дека мајката не

мислеше онака како што ти разбра!"

Жена ми веднаш се врати во Сеул. Откако жена ми го напушти нашиот дом, расположението на забавата одеднаш се претвори во расположение на погреб. Мајка ми беше бесна. Таа рече: „Ти не можеше да се излекуваш толку долго време бидејќи се ожени со таква жена! Церок, заборави на сé. Имаме подготвено убава вечера. Ајде да уживаме во нашиот оброк!"

„Да заборавам?" реков јас, „Како можеш да кажеш такво нешто. Како можам едноставно да заборавам?"

Моите браќа и сестри ми ги кажуваа истите работи за да ме утешат, но кога ги кажаа само ги направија нештата уште полоши. Бев многу налутен од тоа што ми го зборуваа браќата и заминав во кујната. Грабнав и испив едно цело шише Сoју наеднаш.

Татко ми беше шокиран бидејќи направив таква гужва. Тој имаше здрав вид и беше здрав дури и откако наполни 70 години. Можеше да чита Кинески книги и весници. Но поради шокот што сето ова му го предизвика, тој го загуби видот. Сé до смртта, видот не му се поврати. Нетипичното однесување кое го направив во ситуацијата се сметаше како големо непочитување кон татко ми. Кога ќе се сетам на таа ситуација, тоа е нешто што ми нанесува голема болка и ќе продолжи така сé додека сум жив.

Од гледиштето на жена ми, таа се чувствуваше навредено поради тоа што во времето од седум години таа мораше да помине низ толку многу страдања и толку многу тешкотии во животот грижејќи се за нејзиниот болен сопруг а воедно и да заработува за живот за семејството. Таа мислеше дека нејзината свекрва и кажала дека сето тоа се случило поради неа. Мора да почувствувала навистина големо разочарување поради тоа. Тагата која ја почувствувала сеќавајќи се на исцрпувачкиот и очаен живот во текот на тие седум години во кои што таа мораше да се соочи со многу нешта и фактот дека не постои никој со кого таа можела слободно да позборува, мора да ја преплавила толку многу што и било толку тешко да ја потисне.

По Четири Месеци Болка

Следниот ден се вратив во Сеул со мојата најстара ќерка, Мијунг. Ја побарав жена ми, но таа не беше дома, а не беше ниту во продавницата. Следниот ден, таа се врати дома, но беше комплетно поинаква личност.

Ми рече, „Сега ќе се разведам од тебе. Мора да поминеме низ постапката на развод, во твојот роден град. Дојди со мене и потпиши ги документите". Се обидов да и го сменам мислењето, но немаше корист. По барање на жена ми, отидовме во мојот роден град и ги потпишавме документите.

Бидејќи тоа беше мал град, озборувањата се раширија многу брзо. Многу ми беше жал за моите родители и ми беше срам да се видам со соседите. Се разделив од неа и бргу се вратив во Сеул, како да бегам. Никогаш не помислив дека жена ми навистина би можела да се разведе од мене. Сé уште ја чекав да се врати дома, и по неколку дена, таа дојде со членовите на нејзиното семејство.

Ги слушнав, „Сега кога вие двајца сте разведени, ние сакаме да ни ги вратиш подароците од свадбата. Исто така ќе си ја земеме и паричната гаранција за продавницата во пазарот".

Бидејќи се селевме седумнаесет пати додека бев болен, ние немавме некој нормални предмети во домаќинството. Сепак, жена ми и членовите на нејзиното семејство собраа сé што таа имаше донесено. Почувствував огромен презир кон сите нив. Додека го завршуваа пакувањето на нештата, јас отидов во пазарот Кеумхо Донг за да ја земам паричната гаранција за продавницата.

Пазарот беше полн со луѓе. Тогаш, петгодишната Мијоунг сфати што се случува. Таа се држеше за здолништето на мајка и.

„Мамо, не оди! Остани со мене! Не ме напуштај! Јас ќе умрам ако заминеш!" Мијоунг плачеше и ја следеше. Нејзините чевли и испаднаа. Но жена ми само студено ја оттурна.

„Тато, таа повеќе не ми е мајка. Од сега нема да ја викам мамо. Немој никогаш да и дозволиш да се врати дома". Поради лузните во нејзиното срце, зборовите течеа како ледени игли од устата на мојата малечка ќерка.

Во тоа време, јас учев како да работам на градилиштата следејќи ги моите пријатели. Дури и додека не живеев со жена ми, никогаш не пропуштив богослужба во недела. Бидејќи морав да одам во црква во неделите, од сабота вечер ниту пушев ниту пиев, плашејќи се дека мојот здив може лошо да мириса во црквата во неделите. Само откако ќе ја завршев утринската и вечерната служба, се враќав дома и тогаш конечно можев да пушам и пијам, она што цел ден се обидував да не го направам.

Дури и не знаев како да се молам, но клекнував и се молев гласно. „Господе, ти го знаеш тоа, нели? Станав здрав, и можам да заработувам за живот сега, но нештата станаа вакви. Те молам врати ми ја жена ми. Можам да ја направам среќна без никогаш повторно да дозволам да страда. Те молам бргу донеси ми ја и дозволи ни да бидеме среќно семејство“.

Доручкував рано наутро, ја оставав Мијоунг во куќата кај мојот постар брат и заминував на работа. Навечер ја земав Мијоунг кога се враќав дома од работа. Секој ден беше исто. Подоцна, морав да ја пратам во куќата на баба и, во мојот роден град. Но наскоро откако ја пратив во домот на моите родители, мајка ми ми се јави. Мијоунг добила гнојни рани од главата до ножните прсти, а сето тоа било толку сериозно што дури и лековите не и помагале. Тие биле толку сериозни што многу крвареле, а имала и црви во нејзиниот череп. Ја пратиле во болницата, но се чинело дека нема да преживее.

Дури и во несвест, таа викаше и ја бараше мајка си. Ме замолија да и овозможам да си ја види мајка си уште еднаш пред да умре. Не бев свесен за фактот дека ние бевме правно разведени и отидов во куќата на постариот брат на жена ми во Кеумхо Донг. За среќа, мајката на мојата жена беше таму, па и раскажав и ја замолив за дозвола за да се сретнам со жена ми. Но нивниот одговор беше студен. „Ако ќерка ти умре, ќе биде подобро за тебе да се прежениш. Само остави ја неа“.

Како резултат, Мијоунг не ја виде мајка си, но иако едвај, таа сепак преживеа.

Брачен Состанок

Се оддадов на пушење и пиење за да заборавам на темната реалност на мојот живот. Бев разочаран од жена ми која го напушти домот поради еден збор од мајка ми. Но ги мразев членовите на нејзиното семејство дури и повеќе бидејќи тие ја наговараа да се разведе. За да ги заборавам оние кои што ги мразев, морав да пијам. Еднаш инвестирав мои пари со сестра ми и сите ги загубив поради нејзина грешка, па отидов кај неа и ја замолив да ми даде малку пари за да започнам со трговија. Но ги поминував деновите во бар сé додека и тие пари не се потрошија. Немав ниту сила ниту волја за да продолжам со животот.

Членовите на моето семејство се обидуваа да смислат начин како да ме спасат. Сестра ми рече, „Мајко, подобро да го наговориме повторно да се ожени. Ако го оставиш вака, тој ќе стане како мртовец, ист како порано“. Конечно, мајка ми ми се јави. Ми рече дека имало добра жена за мене и ми кажа да дојдам во мојот роден град за да се запознаам со неа.

Јас верував, „Мојата жена ќе ми се врати. Никогаш нема да живеам со некоја друга жена!“ Исто така помислив дека мојата љубов за жена ми никогаш нема да се смени, и јас не можев дури ниту да замислам дека може да живеам со друга жена.

„Сине, само еднаш! Тоа е мојата последна надеж“, гласот

на мајка ми молеше, и јас не можев да продолжам да ја одбивам мајка ми која бараше од мене да имам само еден состанок со таа жена. Така јас се согласив. Испланирав само да размениме формални поздрави со неа и да се вратам назад. Но Божјата промисла беше многу длабока!

Кога отидов на местото за да се сретнам со жената, видов, дека тоа беше потполно совршен вид на жена. Онаква за каква јас отсекогаш сум сонувал. Сакав облека во бела боја, а таа беше во бел дводелен фустан. Нејзината коса беше долга и се спушташе преку нејзините рамења по нејзиниот грб. Таа седеше како да беше слика. Не можев да им верувам на моите очи. Бидејќи нејзината мајка била многу суеверна, таа и поверувала на претскажувачката која и кажала дека за нејзината ќерка да биде среќна, таа мора да се омажи за маж кој се жени по втор пат. Затоа мајка и ја организирала средбата со мене. Ние си се допаднавме еден на друг и двете семејства побрзаа да се подготват за бракот.

Сé до моментот кога ја имав таа средба, јас очекував жена ми да ми се врати. Никогаш не погледнав во друга жена. Но го сменив мислењето за живеењето само со жена ми. Тоа исто така беше шок за мене дека јас можам така да се сменам. Датата беше договорена и ние разменивме подароци. Тогаш, одненадеж, дојде жена ми. Таа слушнала дека повторно ќе се женам и сакаше да го провери моето расположение и моето срце. Но кога откри дека моето срце веќе се разделило од неа и дека јас навистина сум решил да се оженам со друга жена, таа беше изненадена.

Проштевањето На Жена Ми

До тогаш, жена ми цврсто веруваше дека, за разлика од другите луѓе, јас никогаш нема да ја сменам мојата љубов кон неа. Изгледа дека таа беше шокирана што слуша дека јас се женам за прекрасна немажена жена. Сфати дека моето срце веќе се разделило од неа. Рано следното утро, таа дојде со нејзиниот багаж. Јас спиев во куќата, и оеднаш слушнав чукање по подот. Жена ми се врати дома со нејзиниот багаж. Но не беше ли премногу доцна? Јас веќе ветив дека ќе се оженам со друга жена, па го исфрлив нејзиниот багаж надвор од куќата. Настана метеж додека ние го пренесувавме багажот во и надвор од куќата.

И реков, „Многу сум огорчен на членовите на твоето семејство, и се засрамив себеси пред членовите на моето семејство. Како дополнение, ние веќе договоривме дата за нашиот брак, и што ќе рече тоа семејство?“

„Јас ќе барам и примам прошка од сите, од двете страни на семејството. Во иднина ќе се потчинам што и да речеш“.

„Дури и ако јас ти простам, моите родители и моите браќа и сестри нема да ти простат!“

Таа беше тврдоглава.

„Ќе добијам прошка од сите. Ќе умрам во ова семејство“.

Таа беше неверојатно сменета, како нежна овца. Сета моја љубов за неа веќе беше исчезната, но јас мислев на моите две ќерки. Мислев дека ќе биде подобро за нив да бидат одгледани од нивната мајка. Така, се согласив да и простам под некои услови. Мораше да се согласи да ме слуша безусловно, и мораше да прими прошка од сите членови на семејството и роднините. Исто така барав да членовите на нејзиното семејство дојдат кај мене и да ми се извинат. На крајот, ја прифатив мојата поранешна жена и повторно бевме заедно. Имаше 120 дена откако си замина од дома.

И ја раскажав мојата приказна искрено на мајката на жената со која требаше да се женам и ја замолив за разбирање. Неочекувано, таа многу добро ја разбра мојата состојба. Но дури по долго време јас сватив дека сето тоа се случуваше по Божја промисла.

Зошто Жена Ми Мораше Да Се Разведе?

Додека жена ми заработуваше за живот грижејќи се за нејзиниот болен маж, таа немаше никаква надеж во животот. Во меѓувреме, нејзиното нежно и чисто срце исчезна и нејзината личност стана прилично груба.

„Смртта и животот му се потчинети на јазикот, и оние што го владеат, ќе вкусат од плодовите негови“ (Мудри Соломонови изреки 18:21).

„Од плодот на устата своја, човек ќе вкуси добро, но желбата на беззаконикот е за насилство. Кој ја чува устата своја, тој го чува животот свој; а кој широко ја отвара устата своја, тешко нему“ (Мудри Соломонови

изреки 13:2-3).

Бидејќи таа знаеше дека ја сакам со моето искрено срце, иако го напušташе домот наколку пати, таа сепак се враќаше. Ние си ги познававме нашите искрени срца. Таа не го остави својот сопруг, кој немаше надеж во животот. Сепак, таа постојано велеше дека ќе се разведе веднаш штом ќе ми се поправи здравјето. Бидејќи нејзините негативни зборови се натрупаа, тоа стана стапица на Сатаната, и сето тоа се оствари на роденденот на татко ми. Ако изрекуваме негативни зборови, непријателот ѓаволот не обвинува според она што сме го кажале, па Богот на правдата дозволува да се случи според правилата на духовниот свет. Жена ми не можеше да го контролира начинот на кој размислуваше и се чувствуваше и се разведе од мене. Но, Бог не доведе до повторно соединување и сето тоа успеа за доброто на сите.

Глава 3

Мојот Повик

Почетоците на Сериозен Христијански Живот

На Оживувачиот Состанок Сфатив Дека Бев Грешник

Бог го смени темпераментот на жена ми да стане како на овца. По повторното соединување во брак, имавме мир и среќа за прв пат по толку долго време. Откако се врати дома, се обидуваше најдобро што може да им служи на сите, и со извинување во срцето им се посвети на членовите на нејзиното семејство. Но мојата прва ќерка, Мијоунг, воопшто не ја викаше 'Мамо' и беше многу студена со неа. Жена ми долго време се трудеше и пролеа многу солзи да го одоброволи срцето и умот на Мијоунг за повторно да и се приближи. На 25 ноември, 1974, на инсистирање на сопственикот на мојата нова куќа во тоа време, присуствувавме на оживувачиот состанок кој што се одржа во Црквата Сунгдонг во Оксу Донг. Жена ми и јас трудољубиво присуствувавме на сите утрински, дневни и вечерни состаноци. Свештеникот Бјонг-хо Парк, од Корејската Евнгелистичката Света Црква, беше говорникот. Тој проповедаше порака со наслов, „Раздај Сé И Стани Питач“. Тој сведочеше дека секогаш кога давал сé што имал да понуди, Бог му возвраќал со големи благослови. Кога дал сé што имал и изградил црква, Бог кој што знае сé, изобилно го благословил. Жена ми и јас седевме на првите седишта и примивме многу милост. Преку пораките, научив дека ние треба да ја читаме Библијата, дека Исус Христос е Спасителот и дека треба да се откажам од пушењето и пиењето. Исто така научив како да се молам и како да давам соодветен десеток и дарови за благодарност. Ги научив основите да се биде Христијанин.

Бев горд на себеси бидејќи секогаш се трудев да живеам добар живот. Имаше други луѓе кои велеа дека сум личност на која дури ’и не и треба закон‘. Сепак, од првиот ден кога сфатив, дека сум грешник со тоа што го споредив на мојот сопствен пример Словото Божјо, почнав да се покајувам со солзи и растечен нос. Бев многу срамежлива и повлечена личност. Беше незамисливо за мене да плачам и да имам растечен нос било каде пред други луѓе. Но тоа беше можно бидејќи Бог силно работеше и ми даваше милост.

Почетоците На Сериозен Христијански Живот

На последниот ден од состанокот за оживувањето, дадов завет да дадам донација за изградба на црква. Во тоа време, живеев во куќа која ја имав изнајмено за 100,000 вона (приближно 100 САД $). Бев толку благодарен на милоста од Бога што сакав да Му дадам сé што имам, но јас немав ништо за давање. Се измачував во моето срце и најпосле дадов завет да дадам 300,000 вона. Разговарав со жена ми, и таа исто така имаше желба во нејзиното срце да понудиме 300,000 вона. Решивме да ги понудиме за три месеци.

Ветената дата се приближуваше, но ние се уште ги немавме парите. Така да ние моравме да земеме заем со високи камати и дадовме 300,000 вона како наша донација за изградбата на црквата. Бидејќи беше важно да се одржат ветувањата дадени кон Бога, ние моравме да ја запазиме датата дури иако тоа значеше дека моравме да платиме многу високи камати за заемот. Од кога жена ми и јас присуствувавме на состанок за оживување, нашите Христијански животи почнаа да стануваат многу сериозни. Како што го учевме Словото Божјо, давовме десетоци и дарови за благодарност. Јас престанав да пијам и пушам и почнавме да присуствуваме на утринските средби за молитва. Бидејќи работев како градежен работник, во деновите кога немав работа, одев на планината рано наутро и се молев. Немав доволно духовно познавање за да разберам дека е Божја волја да ги извикувам молитвите и да постам. Јас само му се потчинував на настојувањето кое што го чувствував во моето срце.

„Повикај Ме, И Јас Ќе Ти Одговорам!"

Во 1975, рано наутро, се искачив на Планината Чилбо во Сувон. Ставив ќебе на една карпа и таму се молев. Одненадеж, го чув гласот на Господа од небото. Беше јасен но сепак силен и во него имаше авторитет кажувајќи: „*Погледни во Лука поглавје 22 стих 44!*" Јас брзу ја отворив Библијата и го прочитав тоа.

„Па бидејќи се наоѓаше во состојба на внатрешна борба, многу ревносно се молеше, а Неговата пот стана како капки крв, кои што паѓаа на земјата“.

Видот на молитвата која што го задоволува Господа е да ревносно ја извикуваш молитвата. Се молев да разберам зошто Господ ми укажа на овој стих и во јасната инспирација која што следеше, го добив толкувањето.

Израел се наоѓа во пустинска област така да температурата драстично опаѓа ноќе. Исто така, кога Исус бил распнат, тоа се случило во април, а ноќната температура во тоа време од годината прави да е скоро невозможно да се испотиш во ноќта. Па тогаш, колку ли искрено и ревносно морал да се моли Исус за да Неговата пот стане како капки крв што паѓаат на земјата? Така да Неговата молитва морала да биде толку многу агонизирачка и силна, што напорот кој го употребил, предизвикал да Му испукаат капиларите ослободувајќи крв која што формирала капки кои што паѓале на земјата, од површината на Неговата кожа. Ако тој се молел во тишина, такво нешто никогаш не би можело да се случи.

Тајната На Извикувањето На Молитвата

Од тоа време додека ја читав Библијата открив дека има многу стихови и во Стариот и во Новиот Завет кои ни укажуваат да ја извикуваме молитвата. Исто така, сфатив дека претците во верата, ги примале нивните одговори со тоа што ја извикувале молитвата. Божја волја е да ние ја извикуваме молитвата. „*Повикај кон Мене, и Јас ќе ти одговорам, и Ќе ти покажам нешта големи и силни, нешта што ти не ги знаеш*" (Јеремија 33:3). Јона не го послуша Бога и беше голтнат во стомакот на голема риба, но во Јона 2:2 е запишано дека тој бил спасен извикувајќи кон Бога. Во Јован 11:43-44 е запишано дека Исус му заповедал со силен глас на мртвиот Лазар да стане од гробот. Лазар веќе четири дена бил мртов, но сепак тој се исправил жив и тоа со сеуште врзана рака и нога со погребни врзопи. Без разлика дали гласот бил силен или тивок, не би имало никаква разлика бидејќи Лазар веќе бил мртов. Но бидејќи е по Божјата волја, Исус извикал во Неговата молитва. Битие 3:17 кажува, *Бидејќи го послуша гласот на жената своја, и вкуси од дрвото, за кое ти заповедав и реков: 'Не јади од него'; Проклета нека биде земјата поради тебе; со мака ќе се храниш од неа сé до крајот на својот живот.*

Пред мажот да касне од дрвото на познавањето на доброто и злото, тие живееле во изобилство во Градината Едемска, со нештата кои што Бог им ги обезбедил. Но, бидејќи тие не го послушаа Бога јадејќи од дрвото, гревот навлезе во нив. Затоа, комуникацијата со Бога беше прекината, и тие сега мораа да го јадат плодот добиен со нивната пот и мака. Ние може да го добиеме она што го сакаме и што ни е потребно, само со нашата тешка работа и пот. Така да колку ли повеќе треба ние да се ангажираме и да се потиме во нашите молитви до Бога, за да го добиеме она што не може да се направи со човечките способности?

Духовното Значење На Молењето Во 'Скришната Соба'

Некои од вас може да се запрашаат, „Исус ни рече да одиме во скришната соба и да се молиме во тајност, па тогаш зошто треба да се молиме наглас? Нели Семоќниот Бог не слуша и кога тивко се молиме?", во Матеј 6:6 Исус рекол, „*Но ти кога се молиш, влези во својата скришна соба и откако ќе ја затвориш вратата, помоли му се на твојот Отец, Кој е во тајност, и Отецот Кој сѐ гледа што е направено во тајност ќе те награди јавно*". Но никаде во Библијата не можеме да најдеме настан кога Исус се молел во скришната соба. Според Марко 1:35 Исус не се молел во скришна соба, туку рано наутро Тој заминал на осамено место за да се моли. Лука 6:12 забележува дека Тој се молел на падините на планините.

Данаил го отварал својот прозорец и се молел свртен кон Ерусалим (Даниил 6:10), Петар се молел на покривот (Дела на Светите апостоли од Светиот апостол Лука 10:9), а апостолот Павле се молел 'на местото за молитва'. Причината зошто тие имале посебни места за молење била да се молат со сето нивно срце и душа и да ги извикуваат молитвите. Молењето во скришната соба симболизира дека треба да се молиме со сето наше срце и од најскришната длабочина на нашето срце. Собата духовно го претставува срцето на човекот. Доколку отидеме во скришната соба и ја затвориме вратата, ќе бидеме исклучени од сите световни разговори и надворешни контакти. На истиот начин, кога се молиме, прво треба да ги прекинеме сите други мисли и грижи и загрижености од овој свет, и да се молиме со сето наше срце и целосна концентрација.

Бог Ги Знае Слабостите На Луѓето

На почетокот, сите чувствуваат дека е тешко да ја извикуваат молитвата. Но како што продолжуваме секојдневно да се молиме, наскоро ќе ја примиме силата од горе за да можеме да се молиме полесно и ќе бидеме во можност подобро да се молиме. Исто така, бидејќи ќе ја примиме целосноста на Светиот Дух, ние исто така ќе го примиме и дарот за зборувањето на разни јазици. Но доколку се молиме во тишина, многу е веројатно дека небитните мисли ќе го опфатат фокусот на нашето размислување и тогаш грижите и загриженостите од овој свет ќе можат да навлезат во нас. Тогаш, ние веројатно ќе пружиме отпор кон тие безвредни мисли и грижи во врска со нашиот брачен партнер, децата, личните и финансиски нешта. Бргу ќе се замориме и ќе станеме поспани. Но доколку ги извикуваме молитвите, со сето наше срце, тогаш не ќе постои простор да ни навлезат безвредните мисли, така што заморот и поспаноста не ќе можат да не совладаат. Ќе имаме само победи во нашиот молитвен живот.

Бидејќи Господ ги знае слабостите на човечкиот живот, Тој ни наредува да извикуваме во молитвите за да можеме да победиме. Откако ја сфатив оваа Божја волја, почнав да ги извикувам молитвите. Кога одев на целовечерните молитви во црквата, јас толку многу извикував така што мојот свештеник не сакаше веќе гласно да се молам, бидејќи тоа можеше да предизвика жалби од соседите. Кога свештеникот беше во црквата, јас не можев навистина да се молам онолку колку што сакав да се молам. Поради ова одев на места викани 'Планини за Молење' секогаш кога имав време. Чувствував жал во еден дел од моето срце бидејќи ако мојот свештеник ми дозволеше да се молам гласно во црквата, непријателот ѓаволот ќе беше истеран низ молитвата, и овој оган на молитвата ќе се рашире ше на многу црковни членови, така да црквата ќе можеше бргу да напредува. Бидејќи, јас имав личен интровертен карактер, се искачував на врвовите од ридовите и продолжував да извикувам во молитвата од рано утро до вечер.

Господ Ме Водеше кон Скромната Позиција

Избрав Градежна Работа За Да Можам Да Го Испочитувам Господовиот Ден

Во текот на неколкуте месеци кога жена ми го напушти домот, каматата се зголеми, и јас имав сѐ повеќе финансиски потешкотии. Почнав да работам како градежен работник по препорака на човекот кој беше задолжен за работниците. Тој ми предложи прво да ја повратам силата на моето тело работејќи не толку многу макотрпно на градилиштето. Јас сакав да го повратам моето здравје колку што е можно побргу, по седум годишното страдање. Исто така го избрав тоа бидејќи можев слободно да се посветам на светоста на Господовиот ден. Бидејќи немав работа секој ден, кога и да имав време, се молев и постев, а одев на работа кога имаше работа.

Каматата на мојот долг се зголемуваше, но јас секако верував дека Бог ќе ме благослови само ако Го задоволам. Моите браќа и сестри сакаа да ми дадат почетен капитал за да започнам со трговија, но јас ги одбив. Сакав да почнам од почеток, следејќи ја вистинската патека. Бидејќи бев израснат во село како најмал син, немав толку многу работено на некоја тешка работа. Кога почнав да работам како градежен работник, ми требаше голема издржливост, и понекогаш морав дури и да ги пролеам моите солзи. Качувајќи се на вториот кат носејќи тешки нешта, моите нозе почнуваа да се тресат, и многу пати паднав. Но сепак се исправав и продолжував да работам. Во текот на ова време, станав личност која може да работи било што, а исто така и си го поправив и моето здравје.

Редев цигли, работев со лопата и исто така влечев рачни колички. Кога немаше работа во текот на зимата, работев како менаџер задолжен за испорачувачите на брикетите од јаглен. Исто така работев и во канцеларијата на претпријатието за водоснабдување. Доживеав многу нешта. Жена ми продаваше солен сос за тестенини и морски растенија, а исто така и собираше камења на градилиштето. Тоа беше водството од Светиот Дух да работам како наемен работник, но во тоа време не го сваќав тоа. Беше физички тешко, но ги искусив тешкотиите на градежните работници кои што живееа во тешки услови. Почнав да ги разбирам нивните срца. Кога и да имав време, сведочев за моето искуство со Бога и им го проповедав евангелието.

Во летото во 1975 година, се роди мојата трета ќерка Соојин. Таа беше зачната додека ние ја доживувавме милоста на Бога присуствувајќи на многу оживувачки состаноци. Кога се роди, таа не плачеше исто како што и јас не сум плачел кога сум се родил. Таа секогаш имаше насмеано лице. Никогаш не сум ја видел да плаче сѐ додека не наполни шест години. Во текот на краток период, жена ми и јас собиравме камења во планините од кои што подоцна беа направени некои згради. Соојин имаше само два месеца, а ние немавме некого да се грижи за неа. Така да, ставaвме чадор на едниот агол од градилиштето и ја легнувавме таму. Еден чадор не можеше да ги сопре сончевите зраци, но таа не плачеше. Но откако слушнавме дека нашите куќи ќе бидат урнати поради развојот на областа, ние моравме да престанеме со таа работа.

Живеевме во село на ридот на границата на Кеумхо Донг и Оксу Донг. Сопственикот на куќата ни кажа дека добил известување од владата дека куќата ќе биде урната и ни рече да се отселиме. Во тоа време месечната кирија беше 100,000 вона (околу 100 САД долари), а тој ни рече дека добил 150,000 вона како компензација. Исто така добил и право на стан кој ќе се изгради на тоа земјиште, и потоа ќе можел да земе 400,000 вона доколку го издава.

Рече дека не може да ми ја врати однапред платената кирија бидејќи неговата куќа требаше целосно да исчезне. Се откажав од обидите да си ги вратам парите од него бидејќи не сакав да се караме. Немав друго место каде би можел да одам. За малку ќе требаше да поставиме шатор на улица. Но жена ми некако успеа да позајми 50,000 вона. Со тие пари изнајмивме мала соба блиску до црквата. Тоа беше трошна соба во која не влегуваа дури ни сончевите зраци.

Постењето И Темелното Каење По Жалбите Изречени Против Бога

Еден месец откако се иселивме од првата наша куќа, дојде друго известување за уривање и на оваа куќа. Сопственикот на куќата ми кажа да се преселиме и ми ги врати парите дадени како гаранција, но потоа не ни беше лесно да најдеме евтина соба како што беше таа соба. Жена ми и јас отидовме во Боолкванг Донг обидувајќи се да најдеме евтино место, но попусто беа сите наши напори. Го прескокнувавме ручекот а немавме дури ни за вечера. Кога се враќавме дома, веќе беше зајдисонце.

„Господе, како можеш да не ги слушнеш моите молитви? Како можеш да не подготвиш барем една соба за мене?"

Во тој момент, јас изговарав зборови на поплака против Бога. Тогаш поминував покрај канцеларијата на агентот за недвижнини и проверив уште еднаш.

„Едно лице само што даде соба за изнајмување. Може да се вселите веднаш, дури и утре".

„Колку чини?"

„Може да ја добиете за 50,000 вона".

Отидовме да ја видиме. Тоа беше убава соба и исто така имаше и мала соба каде што можевме дури и да отвориме продавница. Таму имаше соба подготвена за нас кадешто ние можевме да се вселиме следниот ден! Откако се вратив дома, се молев плачејќи без крај. „Боже, зошто моето срце не може да биде постабилно? Зошто имам толку зло срце? Ти не ме разболе ниту направи да поминам низ сиромаштија, но јас сепак се жалев против Тебе, Боже! Доколку немав подготвено место, можев да спијам на улица. Треба да бидам многу благодарен бидејќи Ти ми ги излечи моите болести, па зошто тогаш се жалам?"

Го искинав моето срце и се покајав со солзи бидејќи се пожалив против Бога. Започнав тридневен пост, бидејќи решив веќе да не се жалам против Бога во никакви околности.

Не Прифаќањето Никаков Компромис Во Врска со Одржувањето На Неделата Како Божји Ден

Причината поради која одбрав да работам како градежен работник беше да ја зачувам неделата слободна и да бидам слободен да се молам исто како и да го зајакнам моето слабо тело. Додека живеевме во малата трошна соба, една од моите постари сестри ми се јави. Таа водеше добар ресторан а исто така имаше и зграда. Сакаше да го управувам нејзиниот ресторан а исто така сакаше да ја вработи и мојата жена.. Така да заработувањето за живот немаше повеќе да ни претставува проблем и ние дури можевме да бидеме и добро финансиски ситуирани.

„Брате, исто така ќе ти дадам куќа (место да живеете) и добра плата. Зошто не ја искористиш можноста да управуваш со мојот ресторан? Но, ти ќе треба да работиш во две недели месечно".

„Жал ми е сестро. Во неделите морам да одам во црква без разлика на сé. Не можам да го сторам тоа".

Откако ја одбив понудата на сестра ми велејќи дека морам да одам во црква во неделите, оваа вест се прошири до мајка ми и до другите мои браќа и сестри. Мајка ми беше разочарана бидејќи сум ја одбил понудата на сестра ми само затоа што морав да работам и во текот на две недели месечно. Дури и моите браќа и сестри велеа дека не можат да ме разберат и ги нишаа главите бидејќи јас сум ја одбив можноста да си ги исплатам сите долгови што ги имав и да бидам добро ситуиран.

Како Можам да Живеам од Словото Божјо?

Како Би Можел Да Се Ослободам Од Грешната Природа?

Откако заврши состанокот за закрепнување во верата, почнав многу внимателно да ја читам Библијата. Пред да почнам да ја читам Библијата, се миев и облекував чисти алишта. Ја читав во исправена положба. Почнав да ја читам од Евангелието по Матеј. Додека читав, открив многу Зборови кои кажуваат нешта како што се, 'избегнувај ги сите видови на зло', 'откажи се од лутината', 'не лажи', 'не мрази', 'сакај ги дури и твоите непријатели', и така натаму.

Откако едно извесно време водев Христијански живот, се проверував себеси колку се држам до Зборовите од Библијата. Ако не практикував нешто што беше одредено во Словото, го запишував во тетратка. За овие нешта, му се молев на

Бога барајќи од Него да ми даде сила да ги практикувам и се обидував истите да ги спроведам во дело.

Бидејќи се обидував да го практикувам Словото Божјо со сето мое искрено срце, Бог ми ја даде Неговата милост така да можев брзо да ги отфрлам нештата кои требаше да ги отфрлам.

„Ги сакам оние што Ме сакаат; и оние кои што трудољубиво Ме бараат, ќе Ме најдат" (Мудри Соломонови изреки 8:17).

„Ако Ме љубите, ќе ги запазите Моите заповеди" (Јован 14:15).

„Бидејќи љубовта кон Бога се состои во тоа, да ги пазиме заповедите Негови. А Неговите заповеди не се тешки" (1 Јован 5:3).

Подоцна, откако станав свештеник, го сфатив следново, дека гrevовите генерално можат да бидат поделени во две категории. Едната е 'телесни дејствија' кои се направени со дејствување, а другата се 'телесните помисли' кои ги правиме во нашиот ум. Доколку 'телесните помисли' се развијат, истите може да произлезат и како 'телесни дејствија' во нивното дејствување.

Обидувајќи Се Да Ги Отфрлам Сите Форми На Зло

Додека бев во мојот болнички кревет, понекогаш играв Корејски игри со карти со соседите за да помине времето.

Дури и откако го прифатив Бога, бидејќи не го знаев Словото Божјо, не сфаќав дека и коцкањето е грев. Така, пред да станам верник, јас најчесто победував, но откако го прифатив Бога, почнав да губам и губам, без разлика колку и да се обидував да играм најдобро што знам. Сфатив дека Господ не беше задоволен со коцкањето при играњето карти и размислив да престанам со коцкање. Но еден ден не можев да му одолеам на искушението и почнав да играм карти со платата што ја заработив по петнаесет дена работење. Ги изгубив сите пари, секој цент, коцкајќи се цела ноќ. Следното утро, тие кои загубија пари останаа да се обидуваат да ги заработат барем нивните почетни влогови. Но тогаш, слушнав познат звук надвор. Свештеникот од црквата дојде да го посети семејството на сопственикот на куќата.

Го слушнав, но продолжив тивко да играм. На крајот ги изгубив сите мои пари. Звукот на пофалните песни што доаѓаше од кај сопственикот ме пробиваше во срцето. Свештеникот се врати назад по испорачувањето на пораката. „Бидејќи дојде свештеникот, јас требаше да присуствувам на домашната служба заедно во куќата на сопственикот, и како да одам во црква од сега натаму со ваков вид на свест?“ Од тогаш јас почнав да страдам во срцето. Чувствував здодевност на богослужбите и не можев да се молам. Претходно, бев среќен дури и додека работев како градежен работник, но веќе немаше пофалби на благодарност како излегуваат од мојата уста. Само чувствував потиштеност во моето срце. Поминаа две недели, а јас бев во агонија. Една ноќ, го отворив прозорецот и погледнав надвор. Можев да го видам Тооксум и брегот на реката Хан. Некои електрични светилки светкаа на водата од реката, и овие светла изгледаа како црвени крстови. „Што се случи?“ Чувствувајќи се необично, погледнав повторно, и светлата изгледаа како црвени крстови наредени во линија. „Зошто светлата изгледаат како крстови а не онака како што изгледаа претходно?“ Тоа се случи во моментот кога Богот на љубовта ми ја даваше неговата милост од горе, и се сетив дека требаше да му посакам добредојде на свештеникот од црквата кој дојде да ја посети мојата куќа. Но, моето срце беше опседнато со парите кои ги загубив и јас се скрив од свештеникот. Не присуствував на домашната служба. Се покајав плачејќи и пролевајќи солзи. „Господе, никогаш повеќе нема да ги фатам картите“. Откако се покајав потполно, Господ ми ја даде исполнетоста со Светиот Дух која ја имав загубено. Бидејќи ѕидот на гревот против Бога беше скршен, се почувствував како да летам. Ми беше навистина тешко време во текот на следните две недели, но јас потполно согледав колку е застрашувачки да гледаш на светот. Но исто така престанав и со коцкањето.

Молењето За Ослободување Од Гревовите Направени Во Мислите

'Телесните дејствија' кои се направени при дејствување може да бидат отфрлени релативно лесно доколку сме цврсто решени за тоа. Можеме да престанеме да го правиме она што Библијата ни вели да не го правиме а да го правиме само она што Библијата ни вели да го правиме. Но јас чувствував тешкотија во врска со две нешта. Тоа беше во врска со омразата и прељубничкиот ум. Овие мисли ми доаѓаа во умот без разлика на мојата волја, па не можев да си помогнам освен да се грижам поради нив.

Во тоа време, имаше многу луѓе на кои што сакав да им се одмаздам. Тоа беа моите браќа, кои одбија да ми позајмат пари за да изнајмам соба додека бев врзан за кревет; мајката на жена ми, која ме викаше нејзиниот 'хендикепиран зет'; членовите на семејството на жена ми кои ме презираа бидејќи не сум бил способен да заработам пари. Имав длабока омраза кон сите овие луѓе. Сѐ што можев да помислам беше, „Кога ќе станам здрав, ќе заработам многу пари и ќе им покажам колку ситуиран сум јас!"

Изгледаше дека не е лесно да ги сакам моите непријатели кога чувствував толку многу омраза и непријателство кон членовите на семејството на жена ми. Второто нешто беше прељубничкиот ум. Исус рекол дека ако погледнеме во жена и имаме прељубнички мисли, ние веќе сме направиле прељуба со неа во нашето срце (Матеј 5:28). Јас не сум направил прељуба на дело, но мојот ум беше вистина вознемирен кога ги гледав фотографиите на прекрасните актерки.

Ако ние ја предизвикуваме грешната природа во нашиот ум со гледање на слики, филмови, интернет или жени на улица, и ако поминуваме сѐ повеќе и повеќе време зборувајќи за тоа, не е ли тоа прељуба од гледна точка на Бога? Јас бев сигурен дека можам да се придржувам до другите зборови во Библијата, но морав да се грижам и за овие две нешта.

Но на оживувачкиот состанок, говорникот рече дека може да добиеме одговори на сѐ доколку навистина се молиме со вера. Јас верував дека ништо не е невозможно ако му се пристапи со вера и почнав да постам и да се молам за да ги офрлам грешните природи од моето срце.

„Господе, те молам не дозволувај да имам прељубнички ум

или било какво чувство, без разлика каква жена и да видам".

Пред да го прифатам Бога, имав закачено неколку фотографии или календари со фотографии на актерки дома. Но откога се запознав со Словото Божјо, повеќе не закачував вакви нешта дома. Постев и се молев сè додека не се ослободив од грешната природа на самиот прељубнички ум. Сакав да го величам Бога проследен со Неговите благослови. Сакав Господ да ме направи старешина во црквата, кој што е во состојба да им помага на сиромашните, со од Бога дадените финансиски благослови. Сакав да помагам во мисионерската работа и да го величам Бога преку неговите благослови кои што Тој ми ги даваше колку што ќе посакав. Откако се преселив во куќа со придодадена соба за продавница, отворив мала продавница за стрипови. Жена ми излегуваше надвор да продава козметика, а јас самиот работев во продавницата. Моите браќа ја гледаа мојата состојба на исцрпеност и нудеа помош за да можам да работам нешто друго, но јас одбив. „Откако Бог ме прочисти, Тој секако ќе ми даде благослови". Доколку прифатев помош од браќата поради потребата што ја имав во тоа време, што ќе можев да им кажам на браќата, кога во иднина Бог ќе ми дадеше финансиски благослови?

Морав да ја одбијам нивната помош само за да живеам според Божјата Волја. Моите браќа сигурно би рекле нешто како,

„Какви благослови од Бога? Тоа е бидејќи ние ти помогнавме кога ти беше потребна помош за да преживееш".

Три Години За Да Го Изгонам Прељубничкиот Ум

Продавницата за стрипови можеше да се води без многу капитал. За да се преселам во поголема продавница, постев три дена и се молев. Откако завршив со постењето, погледнав една продавница подолу од Театарот Кеумхо Донг. Ми се допадна и потпишав договор. Отворив нова продавница, и бидејќи имаше многу барови во близината, многу од редовните муштерии беа жени кои работат во баровите.

Една жена седнуваше веднаш до мене кога и да влезеше во продавницата. Кога таа ќе го направеше тоа, јас веднаш станував. Доколку некоја жена се однесуваше заводнички, јас ја избегнував. Нивните реакции беа различни. Моето срце повеќе не се возбудуваше.

„Дали ме потценуваш бидејќи работам во бар?"

„Направен ли си од камен? Немаш никакви чувства?"

„Те молам дојди и посети ме на работа и ќе ти дадам бесплатни пијалаци".

Имаше многу видови на искушенија, но јас никогаш не му дозволував на срцето да западне во нив. Ги одбивав сите продолжувања и ова стана мојата сила. Подоцна, можев да почувствувам дека грешната природа на прељубничкиот ум потполно исчезнала. Како што се молев, тоа станало мојата јака страна и сила кога ги надминував искушенијата со моите дела, а и самиот прељубничкиот ум беше искоренет. Тоа беше одговорот кој конечно го добив по три години од времето кога почнав да се молам за да го изгонам прељубничкиот ум од моето срце.

Мојата Единствена Желба

Библијата Треба Да Има Само Еден Одговор

Мојата најискрена желба беше да ги разберам зборовите од Библијата во потполност и сакав целосно да живеам според нив. Така да, кога и да разберев дека се одржува оживувачки состанок, одев каде што се одржуваше за да ја примам Божјата благодет.

Бидејќи во Библијата имаше многу стихови кои што не можев да ги разберам, трудољубиво присуствував на сите овие состаноци. Во текот на пораките, бев многу среќен бидејќи можам да го сфатам Словото Божјо. Исто така, бидејќи постојано имаше состаноци кои се одржуваа во молитвените центри, присуствував на овие состаноци.

Но бидејќи имаше многу делови кои беа тешки за разбирање, му поставував прашања на мојот свештеник. Но на некои прашања тој не можеше убаво да ми одговори.

„Свештенику, која книга може најбрзо да ми даде јасно разбирање на волјата Господова?"

„Брате Ли, ако си многу желен да ја разбереш Библијата, можеш да ги читаш ревиските дела за Библијата кои ја објаснуваат и толкуваат Библијата". Бев навистина среќен да го чујам тоа. Имав многу долгови во тоа време и ми беше тешко заштедам дури и пени, но јас некако подготвив пари за да ги купам толкувањата на Библијата. Ги читав толкувањата молејќи се на падините на планината, но некои делови се уште ми беа тешки за разбирање. Не можев навистина да се здобијам со длабинско разбирање и се чувствував фрустриран. Толкувањата не ја посведочуваа вистинитоста на Словото Божјо туку сметаа дека некои од деловите всушност претставуваат митови. Исто така, преку различни толкувања, всушност повеќе ја одземаа вербата. Подоцна, исто така читав и други коментирачки дела, но секоја од тие книги имаше различно толкување. Библијата мора да има еден одговор, но коментарите само повеќе ме збунуваа.

Боже, Те Молам Објасни Ми Ги Зборовите Во Библијата!

Во 1976, навистина сакав да ја разберам волјата Божја содржана во Неговото Слово. Слушнав изненадувачко нешто од друг член на црквата кој што се врати од оживувачкиот состанок одржан во Даегу.

„Еден свештеник постел два пати по 40 дена, и тогаш му се појавил еден ангел и му ја објаснувал Библијата во текот на три години". Во мигот кога го слушнав ова, моето срце почна да гори и почувствував како да ме обзема оган. Можеби звучеше апсурдно дека ангел го објаснил Словото Божјо, но јас можев да поверувам во тоа. Имав ум да верувам и да се молам. Од тогаш почнав без престанок да му се молам на Бога.

„Боже, верувам во сите шеесет и шест книги од Библијата. Библијата е Словото Божјо пишувано според инспирација на Светиот Дух, па те молам дај ми ја Твојата инспирација и објасни ми ги сите шеесет и шест книги. Или дај ми објасненија преку некој ангел, или пак Господе, дојди кај мене и дај ми разбирање".

Ако има делови во Светото Писмо што не ги разбрам, нема да бидам способен да ја разберам волјата Божја. Само ако го разберам вистинското значење на Библијата, ќе бидам способен да живеам според Божјата волја. Само откако точно ќе го разбереме Словото Божјо, ќе можеме правилно да го извршуваме Неговото Слово.

Бидејќи бев многу очаен во напорите да точно го разберам значењето на Словото Божјо, јас навистина страсно се молев. Бог ме водеше да се молам толку многу и исто така го подвижи и моето срце за да понудам пости. Кога немав работа на градилиштето, одев на планината и се молев. Во моите молитви барав од Бога да ми ја објасни Библијата. Тоа продолжи во текот на многу години.

Деликатните Божји раце

Во текот на неколку месеци, научив како да ја водам продавницата, и со вербата што ја имав стекнато, чувствував дека можам да направам сѐ. Со продавницата што ја имав тогаш, одвај можев да остварам некој профит, но не можев ни да очекувам повеќе од тоа. Иако немав многу пари, бидејќи имав верба со која можев да направам сè, сакав да го проширам мојот бизнис. „Господе, пресели ме на подобро место".

Третиот ден од кога почнав да се молам за тоа, една личност дојде и ме праша дали би му ја препуштил продавницата нему. Во тоа време тој беше сопственик на поголема продавница. Му ја препуштив мојата продавница нему за паричен влог од 150,000 вона (150 долари) од кои одзедов 50,000 вона што беше цената на чинење за опременоста на продавницата, и така имав 100,000 вона профит. Откако жена ми и јас постевме во текот на три дена, посетивме една друга продавница во близината. Тоа беше продавница која убаво работеше, и беше ставена за издавање за цена од 500,000 вона, вклучувајќи го тука и осигурувањето и киријата. Така, склучив договор со 100,000 вона што ги имав, но сеуште требаше да платам уште 400,000 вона. Тоа беше голема сума за мене во тоа време. Во тоа време, се потсетив на два члена на црквата и побарав од жена ми да позајми пари од нив. Но тие веднаш одбија. Жена ми позајми 150,000 вона од нашите соседи, но не можевме да ги добиеме преостанатите 250,000 вона. Најпосле го прашавме сопственикот на зградата, и се договоривме да плаќаме камата за сумата од 250,000 вона.

Членовите на црквата не смеат да разменуваат пари помеѓу себе. Подоцна го разбрав Словото Божјо и причината зошто Господ не ми дозволи да позајмам пари од членовите на мојата црква. Тоа е така бидејќи не е Божја волја да се даваат или позајмуваат пари помеѓу членовите на црквата. Дури и крвните браќа стануваат непријатели поради парите.

И доколку ние си даваме и позајмуваме пари во црквата, непријателот ѓаволот може лесно да работи, а Бог не сака тоа да се случи. Така, во текот на моето служење, ги научив членовите на црквата да не даваат или позајмуваат пари помеѓу себе. Но можев да видам како некои членови што не послушаа и дадоа или позајмија пари помеѓу себе, запаѓаа во искушенија и тешкотии. Ние, како браќа во вера, никогаш не треба да имаме долг освен долгот на љубов помеѓу нас. Со профитот што го правевме од продавницата, можевме да ја плаќаме каматата од нашиот долг, но никогаш не можевме да го платиме сиот долг. Имаше многу луѓе во центарот на градот кои водеа вакви книжарници на големо како голема компанија. Му се молев на Бога да ми се исполни сонот за добивање на поголема продавница.

Воден До Патот На Финансиски Благослов

Во тоа време, на пазарот Кеумхо Донг имаше позната продавница. Беше познато дека продажбите во таа продавница беа најголеми во таа област. Таа продавница беше ставена за издавање и само осигурувањето беше 1 милион вони (1,000 САД долари), а исто така тука беше и киријата. Во тоа време, платата на еден работник за еден ден беше само 1,500 вона (15 САД долари), па така тоа беше навистина голема сума за мене. Сопственикот рече дека може да ја намали на 950,000 вона, но не помалку од тоа. Но подоцна, дознав дека за дваесет дена од кога го посетив, никој друг не дошол да ја види продавницата. Некој ми кажа дека ќе можам да се договорам со сопственикот бидејќи тој сакал да ја продаде брзо од лични причини. Јас имав само

500,000 вона. Беше всушност невозможно да се направи договор со тие пари. Откако напорно се молев во текот на целата ноќ, отидов кај него за да се договориме. Го прашав да ми ја даде продавницата за 500,000 вона, бидејќи тоа беше сѐ што имав. Тој помисли околу нешто за момент и рече дека може да се договориме за 500,000 вона.

На крајот, потпишавме договор на 500,000 вона. Се согласив да го платам безбедносниот депозит со месечната кирија. Така се преселивме во продавницата на пазарот Кеумхо Донг. Веднаш штом ја отворивме продавницата, ни дојдоа многу муштерии. Многу луѓе почнаа да зборуваат дека и тие многу сакале да ја земат продавницата, но не знаеле дека е за изнајмување. Неколкумина од нив, предложија доколку сакам да им ја предадам продавницата ќе ми дадат 1.2 милиони вона осигурување. Кога еден предложи 1.3 милиони вона осигурување, разговарав за тоа со жена ми бидејќи ние можевме да си купиме дури и куќа за тие пари. Но не се чувствувавме добро да ја дадеме веднаш откако Господ не доведе на тоа место со Неговата волја.

Така, решивме дека ќе го отплаќаме долгот со профитот што ќе го правиме од таа продавница. Во јули 1977 година, ја отворивме продавницата и започнавме со бизнис. Ја затваравме во неделите, исто така во продавницата не дозволувавме да ни доаѓаат студенти кои што пиеја или пушеа. Бидејќи членовите на моето семејство пееја молитви дома цело време, луѓето можеа да слушнат пофални песни во продавницата. Доаѓаа повеќе муштерии отколку кога беше водена од претходниот сопственик. Продавницата ја држевме отворена во текот на денот и се молевме ноќе. Тоа ни беше нашата дневна рутина.

Да се биде Обучен да се Распознае Гласот на Светиот Дух

Во Осаиревата Куќа За Молитви

Како елен кој што бревта за водата од потокот, јас бев жеден многу подлабоко да го разберам Словото Божјо. Во 1977 година, присуствував на состанок во Осаиревата куќа за молитва. Тоа беше местото каде што го слушнав Божјиот глас по втор пат. Ја слушав пораката проповедана од свештеникот, и тој рече, „Бидејќи Бог ни ја даде мудроста да правиме лекови, тогаш е и Божја волја да ние одиме во болница и да земаме лекови". Не можев да го прифатам ова со 'Амин'. Тоа беше многу поразлично од моето искуство со семоќниот Бог кој што е способен да направи сè. По службата, отидов во собата за молитва и искрено извикав во молитва, „Боже, дали е Твоја волја да се пијат лекови или не?"

Не знам колку време помина. Одненадеж го слушнав

гласот Господов како вели, „*Погледни во Летописи 2 глава 16*". Ја отворив Библијата и видов дека тоа беше за Кралот Аса од Израел. На почетокот од неговото владеење, тој се потпирал само на Бога. Поради тоа, победил во сите битки и имал период на мир. Но во подоцнежното негово владеење, тој не се потпрел на Бога, туку на други армии. Тој изгубил многу битки, и дури го затворил пророкот кој што му укажувал на грешките. Тогаш, Аса доби болест на стопалото. Неговата болест била тешка, но дури и во болеста тој не го барал ГОСПОДА, туку доктори, и умрел две години подоцна. Преку оваа глава од Библијата, јас се осигурав дека Бог сака Неговите деца да имаат цврста вера и да се потпираат само на Него и да не ја ставаат нивната вера и доверба во овој свет.

Обучување За Да Се Чуе Гласот На Светиот Дух

Гласот на Бога, гласот на Господа и гласот на Светиот Дух мора да се разликуваат. Во мојот случај, гласот на Бога го слушав само во многу посебни прилики. Го имав слушнато само неколку пати. Гласот на Светиот Дух може да се слушне се појасно и појасно како што го прифаќаме Исуса Христа, го примаме Светиот Дух, и продолжуваме да се молиме поинтензивно за да се ослободиме од гревовите, злото и телесните мисли.

Почнав да го слушам гласот на Светиот Дух од времето кога бев нов верник. Еднаш додека присуствував на служба во црква, Бог ми дозволи да примам обука во слушање на гласот на Светиот Дух. Во текот на утринската неделна служба, имав силна потреба во моето срце додека внимателно ја слушав пораката. Ми се сугерираше да дадам 30,000 вона на одреден свештеник од црква. Се решив, „Господе, ќе земам 30,000 вона и ќе му ги дадам на свештеникот!"

Во текот на службата, се решив да го направам тоа. Но откако заврши службата и како што излегував од црквената врата, други мисли ми дојдоа на ум. Во реалноста, 30,000 вона беа големи пари за мене. Си помислив доколку ги имав, ќе му ги дадев. Но каде можам да ги најдам тие пари? Тоа семејство изгледаше дека е во подобра ситуација од моето. Можеби имав некои излишни мисли во текот на службата, но заборавив на нив.

Но следниот ден, свештениковата тешта, која што беше постара ѓаконица во црквата, ја посети мојата продавница сместена на пазарот Кеумхо Донг. „Ќерка ми имаше породилни болки цела ноќ. Кога отиде во болница, итно ни требаа 30,000 вона. Ми беше многу тешко обидувајќи се да најдам пари. Едвај ги добив парите и отидов во болница. Таа имаше тешкотии при породувањето". Бев шокиран од она што го слушам. „Постара ѓаконице, всушност, додека присуствував на утринската неделна служба, Светиот Дух го подвижи моето срце, но јас не го послушав. Само помислив тоа е некоја моја мисла и ја заборавив. Но еве за што се работеше".

Јас веднаш се покајав и решив следниот пат да послушам. Помислив, „Го слушнав гласот на Светиот Дух, но не го послушав и го предизвикав овој резултат". Ако го послушав гласот, полесно ќе ги добиев 30,000 вона кои Господ веќе ми ги беше подготвил, а семејството на свештеникот не би страдало цела ноќ поради таа сума на пари. Јас ќе примев поголем благослов за мојата послушност кон Бога. Зажалив што не послушав, користејќи ги моите сопствени мисли. Од тогаш, поминувајќи низ поголема обука од овој вид, бев подготвен да направам разлика помеѓу гласот на Светиот Дух и моите мисли.

Учење За Важноста На Послушноста

Исто така, преку едно искуство, сфатив дека повинувањето кон Божјата волја е навистина важно. Јас многу трудољубиво служев во црквата и еден ден бев повикан од мојот свештеник. Тој ми кажа, „Ни недостигаат учители за Неделното училиште. Зошто ти не би ги поучувал децата?" Јас одговорив негативно, „Свештенику, жал ми е. Јас не чувствувам доволно доверба дека можам да поучувам деца. Немам искуство во посетувањето на Неделно училиште. Ќе го сторам тоа откако ќе стекнам доверба". Знаев дека треба да го послушам свештеникот, но се чувствував толку некомпетентен што го одбив предлогот. Никогаш не замислував дека толку мало нешто ќе претставува голем ѕид на гревот помеѓу Бога и мене. Се молев со жар, „Господе, подари ми го дарот на зборувањето на различни јазици".

Во тоа време, им завидував на другите луѓе кои што ги гледав како течно се молат на друг јазик. Продолжував да се молам за да го примам дарот за зборување на друг јазик, но не можев да го примам. Еден ден, слушнав дека можам лесно да го примам дарот на јазиците на Планината за Молење Хан Ол Сан. Отидов таму и присуствував на состанокот, но дарот не дојде кај мене.Но, во пораката говорникот,

Свештеникот Чун Сук Ли рече шегувајќи се, „дури и моето куче зборува на друг јазик, така што оние што не го примиле дарот на зборување на друг јазик не се подобри од моето куче". Откако заврши состанокот, почувствував дека не сум подобар дури ни од куче и клоцнав еден камен кој лежеше пред мене. Дури и го прескокнав ручекот и слегов во долината. Се задржав на едно дрво и му се помолив на Бога да ми го даде дарот за зборување на страни јазици. Но одеднаш нешто ми светна во сеќавањето како молња. Дури и да немав доволно доверба требаше да кажам „да" кога мојот свештеник побара од мене да бидам учител во неделното училиште. Земајќи ја во предвид мојата послушност Бог ќе ми помогнеше доколку послушав. Но, јас не послушав.

„Господе, те молам прости ми за непослушноста кон зборовите на мојот свештеник. Никогаш повеќе нема да бидам непослушен".

Кога го сфатив ова, почнав да се каам длабоко во моето срце. Тогаш, одненадеж почнав да зборувам на страни јазици. Тоа беше она за што толку долго мечтаев! „Боже, ти благодарам!" Конечно сватив дека послушноста е подобра отколку жртвувањето и колку многу Господ е задоволен кога ќе го послушаме. Низ ова искуство, решив безусловно да ја слушам Божјата волја, без размислување за реалноста на состојбата. Но за мене, човек кој што длабоко ја сфатил важноста на послушноста, постоеше едно нешто кое ќе биде тешко да го послушам.

Глава 4

Божјиот Повик

„Господе, Како Можеше да Избереш Личност Како Мене?"

Еден ден во мај 1978 година, додека се молев, го слушнав гласот на Бога, кој што беше како грмотевица, како ми вели,

„Мој слуго кого сум го одбрал пред да започне времето! Те оплеменив во текот на три години, и сега подготви се со Словото во текот на уште три години. Јас ќе те користам. Ќе поминеш планини, реки, и мориња за да го проповедаш евангелието, и Јас ќе бидам со тебе и ти ќе станеш Мој слуга за да им покажеш на сите нации со знаци и чудеса, дека Јас сум живиот Бог".

Неговиот јасен и моќен глас продолжи,

„Те избрав тебе уште пред да започне времето, и додека ти уште беше во утробата на мајка ти, те чував со пламен во моите очи и те водев Јас Самиот

сé до овој момент. Жена ти може да се грижи за твојата продавница, а сега ти започни го патот да станеш Мој слуга. Ќе заработиш повеќе дури и откако двајцата работите заедно. Парите во твојата кутија за пари никогаш нема да се истрошат и твојата тегла со ориз никогаш нема да биде празна, туку секогаш ќе биде преполнета. Ти ќе им помагаш на оние кои имаат потреба. Бог беше Оној кој што те спушти долу на најниското ниво, и исто така Бог е Оној кој што те водеше до сега, и Тој е Оној кој што ќе те води од сега па натаму, исто така. Ти ќе можеш да разбереш зошто Јас те спуштив до најниското ниво. Со мојата сила, ќе те кренам нагоре до највисоките позиции. Ти ме сакаше прво Мене дури повеќе од твоите родители, твоите деца, па дури и од твојата жена. Ти ме сакаше само Мене. Затоа, ќе ти возвратам со изобилие, притиснато, растресено и да претекува, и дури сто пати повеќе од тоа".

Ги слушав овие зборови со исполнетост и вдахновение од Светиот Дух и ги примав со 'Амин'. Но кога помислив на тоа уште еднаш, беше нешто навистина неверојатно. Мојот сон до тогаш беше да станам старешина кој ќе може да ги најде и да им помогне на оние кои страдаа од иста болест и сиромаштија каква што јас имав претходно. Така, до сега дали јас сум се молел за нешто погрешно? Имав толку многу долгови да исплатам а сеуште тешка задача беше да се врзе крај со крај во секојдневието. Дури немав ниту соодветна моќ за помнење. Па како тогаш можев да студирам теологија во семинаријата сега? Што ќе се случи со членовите на моето семејство? Имав маки и грижи кои што постојано ми беа на ум. Во мојата состојба не можев тоа да го почитувам, но во тоа време, го чувствував Словото како премногу големо за да не послушам. Сé што можев да помислам беше, „Доколку е Твојата волја, дозволи ми да го слушнам звукот на Твојот глас уште еднаш“.

Зборував за ова со жена ми, и и ги оставив работите во продавницата целосно да ги превземе и да ги води. „Можно ли да има некаква шанса дека Јас погрешно сум го слушнал гласот Господов? Постои ли можност нешто да тргне на лошо?“ Почнав да се сомневам во тоа дека го слушнав гласот на Бога. Почнав повторно да му се молам на Бога. „Боже, се молев да станам старешина, но Ти ми кажуваш да станам Твој слуга! Јас сум така интровертна личност што не можам дури ни да замислам да проповедам пред други луѓе. Јас сум веќе прилично стар. Немам дури ни добра, силна меморија и не сум добар полагач на тестови“. Но, ако Господ сеуште сакаше од мене да станам Негов слуга дури и со овие ограничувања, Јас побарав од Него, „Те молам само дозволи ми да го слушнам Твојот глас уште еднаш“.

Потоа тргнав во молитвените центри повторно да го слушнам гласот на Бога. Се молев цела недела, но немаше одговор. Отидов кај неколку свештеници кои ја имаа репутацијата дека имаат добра дарба да пророкуваат, но сепак немаше пророчки одговори за мене. Лутав од место за молитва до место за молитва во планините и минував денови со скршено срце обидувајќи се да откријам дали тоа навистина беше Божјата волја да станам Негов слуга, особено како свештеник. Три месеци поминаа, и Јас речиси се откажав и се вратив дома во состојба на очај. Таа сабота, мојот свештеник дојде да ме посети во мојата продавница.

Беше мојот ред да одржам репрезентативна молитва, но Јас немав доверба во себе да го направам тоа. Му кажав право, „Свештенику, еве има неколку месеци кака немам добиено одговор на мојата молитва. Јас навистина не можам да ја одржам таа молитва за време на Неделната служба". Тој само рече, „Ѓакону Ли, дури и да е така, ти сепак треба да го сториш тоа".

Слушањето На Божјиот Глас

Мојот свештеник ми кажа дека треба да ја одржам репрезентативната молитва во службата, но Јас никако не можев да кажам 'Амин' во моето срце. Откако завршивме во продавницата тој ден, ние ја затворивме и заминавме. Бидејќи тој ден силно врнеше, жена ми и јас решивме да се помолиме дома наместо да одиме во црква. На полноќ, ние ставивме прекривка долу на голиот под, клекнавме и почнавме да се молиме и да го славиме Бога. Јас се молев со затворени очи, но одеднаш во визија ми изгледаше како да се отвори таванот и како да почнаа да паѓаат светла од небото.

Почувствував како покривот да го нема и како да е сé ширум отворено. И тогаш, исто како што е напишано во Откровението на Светиот Апостол Јован Богослов, Јас слушнав глас кој беше воздигнат и кој што беше како звук на многу води но сепак многу јасен и смирен како кажува, „Изврши ја репрезентативната молитва утре". Тоа беше одговор, но тој беше потполно различен од моите молитви кои се однесуваа на станувањето слуга на Господа. Овој пат, гласот беше топол, сигурен, авторитативен и тешко беше да не се послуша. Сепак, тој беше исполнет со љубов и милостива добрина.

Сеуште го чувствував гласот многу јасно, но со зборови тоа не може да се изрази. Само што го слушнав тој глас и сите мои очајувања се истопија како снег. Сите телесни мисли исчезнаа и јас бев исполнет со Светиот Дух. Јас бев толку исполнет со Светиот Дух што чувствував дека моето тело е лесно како памук и се чувствував како да можам да полетам. Чувствував дека дури можам да минам и низ покривот доколку сакав да го направам тоа. Радост, благодарност и задоволство ме преплавија од дното на моето срце. Во тој момент, си помислив во себеси дека ова мора да е начинот на кој што ќе бидеме подигнати во облаците кога Господ повторно ќе дојде на земјата! Кога ги отворив очите, светлата веќе ги немаше и таванот беше онаков каков што е.

Жена ми, која што седеше веднаш до мене, не го слушна гласот, но таа исто така беше исполнета со Светиот Дух, и беше свесна дека Јас го слушав гласот на Бога во сјајната светлина. Цела ноќ го фалевме Бога и му ја оддававме славата во молитвите.

Да Се Биде Исполнет Со Светиот Дух

Рано следното утро, јас отидов во црквата и го проверив редоследот на службата. Сѐуште се очекуваше од мене да се молам на службата. По искуството од минатата ноќ, во моето тело сѐуште се чувствував како да летам иако седев. Колку неверојатно зачудувачки беше тоа! Од моментот кога почнав да се молам преку микрофонот, моите усни не беа повеќе мои усни. Светиот Дух потполно го зароби моето срце и моите мисли. По инспирацијата на Светиот Дух јас дури и треперев во текот на молитвата. По некоја јасна инспирација, молитвата навлезе во мојот ум како поплава, и дури и да сакав не можев да престанам.

Тоа беше изненадувачки дури и за мене, бидејќи молитвата ги прекоруваше членовите на црквата како што произлегуваше од кажаното, „Тешко на вас кои што го крадете десетокот од Бога. Вие луѓе со тврди срца кои не му заблагодарувате на Бога! Вие велите дека верувате во Бога, но вашата верба е излишна".

Јес едвај можев да се контролирам себеси додека се молев во текот на повеќе од 10 минути. Во тоа време, доколку било кој се молеше во службата повеќе од три минути, можеше да се слушне мрморење дека тоа е премногу долго. Се вратив на моето седиште по молитвата, но не можев директно да погледнам во свештеникот. Не знаев што да направам. Се на што можев да помислам беше, „Што сега, како можеше ѓакон да се осмели да ја критикува целата конгрегација на црквата!"

Но веднаш откако заврши службата, свештеникот ми пријде и ми рече, „Бев трогнат од твојата молитва". Тој обично не даваше такви забелешки, но јас сѐуште се чувствував срамежливо и се обидував да заминам брзо и тивко, но многу луѓе почнаа да ме поздравуваат велејќи, „Ѓаконе, ти беше целосно инспириран од Светиот Дух. Бев трогнат од твојата молитва".

Само со повинување

Конечно се осигурав дека Господ навистина ме повика како Негов слуга. Признав велејќи, „Господе, бидејќи Ти ме повика да бидам Твој слуга, јас ќе тргнам по тој пат. Но Господе, погрижи се за сите нешта за кои јас сум загрижен како што е теолошкото училиште, мојата моќ за паметење и сите други нешта".

На возраст од 36 години, бев убеден дека Господ ме повика како Негов слуга, така да веднаш изнајмив соба и почнав да живеам сам. Таа беше на пет минути одалечена од мојата куќа. Постев и внимателно ја читав Библијата, и се молев на Бога да ми даде ефективна и силна меморија. Сакав да го распнам моето тело поради неговите страсти и желби. Решив единствено да ја следам Божјата волја како Негов слуга. Не беше лесно да се издвојам од членовите на моето семејство, но сите тие нешта беа направени со водство на Светиот Дух. Се консултирав со мојот свештеник во Црквата Оксу Донг, црквата во која што одев во тоа време. Решив да се запишам во Сунг-Куил (Светата) Теолошка Семинарија и почнав да учам за приемен испит.

Конечно дојде денот да го полагам испитот. Ги напишав одговорите на прашањата кои ги покриваа темите кои директно се однесуваа на Библијата. Но за другите теми, не сакав да напишам некои нејасни одговори, па само го напишав своето име и го предадов празниот образец со одговори. При интервјуто, деканот на семинаријата ме праша зошто ги предадов празни обрасците со одговорите освен за испитот што се однесува на Библијата. Му го објаснив процесот низ кој што ја изгубив способноста за помнење.

„Без способност за помнење, како можеш да станеш свештеник?“ ме праша.

Јас одговорив, „Господ ме упати да тргнам по овој пат со мојот живот“.

„Па, имаш извонреден резултат од 100 поени на тестот за Библија“ извика тој.

Јас бев единствениот кој што добил резултат од 100 проценти на тестот за Библијата. Бидејќи добив извонредни 100 поени на тестот за Библијата, положив и бев квалификуван за запишување. Јас всушност го положив приемниот испит наспроти моите грижи дека нема да поминам и дека нема да бидам способен да се запишам во семинаријата.

Боже Дозволи Ни Да Го Пожнееме Она Што Ќе Го Посееме

Животот Во Семинаријата

Божјите слуги мора да живеат животи кои се значително поразлични од животите на другите луѓе во светот. Но моите соученици од семинаријата ги следеа трендовите во светот. По часовите, тие ќе се собереа во кафулиња за да зборуваат за некои световни нешта. На празниците, наместо да зборуваат за молитвата и читањето на Библијата, тие зборуваа за тоа како да уживаат во животот. Секогаш ги советував да не го губат времето на тој начин туку да се концентрираат на молитвите, но никој не ми обрнуваше внимание. Природно, јас бев осамен и издвоен од остатокот од моите соученици.

Во 1979 година, се запишав во семинаријата на возраст од 37 години, и од годината кога бев бруцош му се молев на Бога да ми го даде името на црквата што ќе ја отворам. Сестра ми ми кажа дека таа ќе ми помогне да ја отворам црквата, па јас барав на различни места да најдам нешто погодно, но ништо не ми успеваше.

Задоволувајќи Го Бога Со Складирањето Во Небесното Царство

Верувајќи дека Господ ќе ми дозволи да го пожнеам тоа што би можел да го посеам и да ми возврати според моите дејствија, јас секогаш се обидував да сместам колку што е можно повеќе награди во Царството Небесно. Дури и кога работев како градежен работник, доколку добиев милост на оживувачките состаноци, јас давав прилози на благодарност од сето мое срце. Доколку немав пари, давав завет дека ќе му го дадам на Бога она што е Негово, по некое одредено време. Секако дека јас ги предадов сите ветени прилози. Кога немав пари да ги дадам ветените прилози, земав заем за да се осигурам дека тоа што било ветено, му е предадено на Бога.

Кога излегував пред Бога, никогаш не излегував со празни раце. Кога и да имав приход, давав повеќе од една десетина од истиот како десеток. Често давав две или три десетини од мојот приход. Никогаш не чувствував дека се однесувам расипнички со тоа што му давам на Бога, па не сакав да го пресметувам она што му го давав Нему.

Еден ден, мојот свештеник го посети мојот дом. Тој не беше свесен за нашата тешка финансиска состоја и за тоа дека имаме многу долгови, ми објасни дека црквата има потреба и праша дали ние можеме да подготвиме една повисока сума на ветен прилог за изградба на црква. Ние се согласивме на тоа велејќи, „Амин. Ќе го сториме тоа". Во радост ние се согласивме со свештеникот. Иако имавме долг, ние сепак прифативме да ветиме уште еден прилог на барање на свештеникот, така што моравме да земеме уште еден заем. На овој начин се обидувавме да направиме заштеда на Небесата. Кога дојде времето, Господ ни ја отвори портата на благословите.

Следејќи Ја Божјата Волја Дури И Во Малиот Бизнис

Имаше една личност која постојано испорачуваше книги во мојата продавница, и тој остануваше без зборови кога ќе ја видеше мојата продавница затворена секоја недела. Тој изјави дека мојата продавница ќе банкнотира. Иако тоа беше мал бизнис, Бог беше задоволен со нашата продавница и не благослови толку многу бидејќи ја зачувавме суштината на денот посветен на Бога и давме соодветни десетоци и прилози.

Продавницата беше секогаш полна од утрото до доцна навечер. Многу луѓе доаѓаа да научат нешто од нас, бидејќи новостите се шире во соседните делови на градот. Но тие само стануваа полубопитни бидејќи ние затварвме секоја недела, а условите не беа добри. Немавме никакви материјали за возрасни и строго го забранувавме пушењето. Така да зачувавме едно добро и здраво опкружување. Тоа беше причината поради која многу од добрите студенти на факултетите доаѓаа во нашата продавница.

„Која беше тајната на успехот на твојата продавница?"
Тоа беше поради добивањето на благословите од Бога затоа што ја затваравме продавницата во недела и

одевме во црква, така му одговаравме на секој што ќе ни го поставеше тоа прашање, но им беше навистина тешко на оние кои што не веруваат, да го разберат тоа. Додека ја водевме таа продавница, бевме во можност да воведеме во христијанството многу од клиентите. Кога ја отворив црквата, тие дојдоа кај мене и постанаа првите членови на мисијата на младите христијани.

Неколку месеци по отварањето на продавницата, бевме во состојба да си ги исплатиме сите долгови, што всушност беше нешто големо за нас да успееме да ги вратиме толку бргу. Тоа беше пред да се запишам во семинаријата. Ние го исплативме сиот долг и сега можевме слободно да даваме донации за црквата во која одевме. Се обидувавме да им помагнеме на семејствата кои што имаа потреба од тоа. Кога имавме пикник во семинаријата, подготвував многу ручеци за профессорот и за многу студенти. Во неделите, обезбедувавме оброци за членовите на хорот. Тајно им помагавме на оние студенти во семинаријата кои што имаа потреба за тоа. Живеевме во изнајмена куќа, но за време на гозби и посебни празнувања, јас и наложував на жена ми да се погрижи за градот воопшто. Ако некое семејство беше многу сиромашно така да дури и да не можеше да си подготви храна за гозбите, и велев да им даде извесна количина на колачи од ориз и храна, дури и ако не беа верници. Сето тоа не беше поради тоа што ние бевме финансиски добро ситуирани. Го правевме тоа единствено поради верата. Откако сеевме на тој начин, следниот ден Бог, Кој што ни дозволуваше да го пожнееме тоа што сме го посеале, ни овозможуваше да заработиме повеќе приход отколку во било кој од другите обични денови.

Бог Ме Разбуди Во Текот На 200-дневно Целоноќно Молитвено Бдеење

Откако го прифатив Бога, никогаш не правев компромиси со светот, во никакви околности. Се обидував строго да го следам законот на Бога, до степенот до кој што го разбирав Словото Божјо. Во четирите години откако одев во училиштето во семинаријата, секогаш се молев по цела ноќ и постев многу често. Во текот на распустите, се пакував и одев на планините за да се молам. Најголем дел од времето во текот на распустите го поминував во куќите за молење во планините. Во други случаи јас, исто така, често понудував целовечерни молитви. Се молев од полноќ до четири часот наутро, и никогаш не доцнев во текот на ветениот период, дури ни за една минута.

По молитвата, се враќав сам во мојата соба и легнував да спијам во 5 часот. Но морав да станам во 7 часот. Мојата ќерка Мијоунг, која тогаш беше ученик во основно училиште, ми го носеше појадокот во 7:20 часот. По појадокот, морав да ја земам кутијата за ручек и да одам на училиште. Откако ќе завршеа часовите се враќав дома, и тогаш морав да ја сработам домашната задача. Исто така понекогаш морав да се погрижам и за продавницата. Имав многу обврски кои требаше да ги завршам. Бидејќи постојано живеев на ваков начин, станав изморен. Легнував да спијам во 5 часот, па во 7 часот ми беше тешко да се разбудам. Тогаш, Господ ме будеше во 7 часот.

„Тато!" Ја слушнав ќерка ми како ме вика од надвор со појадокот. „Ти ли си, Мијоунг?" Сигурно го слушнав гласот на ќерка ми, ја отворив вратата, но немаше никој надвор. Ја побарав наоколу, но никаде не можев да ја најдам. Откако си го измив лицето, поминаа дваесет минути, и дури тогаш Мијоунг пристигна. Следниот ден, исто така, во 7 часот, слушнав, „Тато!" Ја отворив вратата, но немаше никој таму. Во тој миг, сфатив дека Бог ме буди преку некој ангел.

Но како што продолжуваше ова, јас станував се помалку чувствителен на тоа. Најпосле не можев да станам дури иако го слушав гласот како ме довикува, „Тато!" тогаш, Господ употребуваше друг метод. Го слушав звукот на чекорење на многу луѓе пред мојата врата, но кога ја отворав вратата да проверам, никој немаше таму. Беше точно 7 часот.

Додека јас нудев 100-дневна ветена целовечерна молитва, на 90от ден, ја слушнав веста дека починал таткото на жена ми. Отидов со жена ми во куќата на нејзините родители во Мокпо. Се молевме заедно таму од полноќ до 4 часот наутро. Откако заврши погребот, се вративме дома, и го исполнив остатокот од деновите на ветената молитва, но јас не бев задоволен. Чувствував дека не можам навистина да го задоволам Бога. Така започнав друга 100-дневна ветена целовечерна молитва и ја завршив. После тоа, тоа стана 200-дневен целовечерен период на ветена молитва.

Фрли Ги Тие Пари Во Тоалетот

Моето семејство беше навистина свесно дека јас не би прифатил нешто кое беше против Словото Божјо. Но тоа беше една недела кога жена ми и трите ќерки посакаа да купат нешто за јадење откако се вративме од неделната служба. Жена ми се трудеше да го прочита изразот на моето лице велејќи,

„Децата сакаат некаква ужинка. Ние сакаме да купиме нешто за јадење“.

„Ќерки, дали навистина сакате нешто за јадење?“ ги прашав.

„Да!“ нестрпливо одговорија тие.

Моите три ќерки помислија дека ќе им дозволам само тој ден, иако знаеја дека е недела. Им реков да ми ги донесат парите од фиоката. Тие ми ги донесоа парите со кои сакаа да купат нешто за грицкање.

Тогаш им реков, „Сега вие трите одете во тоалетот и фрлете ги овие пари таму“. Тие фрлија неколку стотици вони (неколку илјади вони или неколку долари во денешна вредност) и се вратија назад.

„Дали знаете зошто ве натерав да го сторите тоа?“

„Да, знаеме“. Одговорија сите три.

Продолжив велејќи, „Недела е ден посветен на Бога. Господ забранува купување и продавање нешта. Дали би ја прекршиле Божјата заповед? Доколку не можете да го надминете самото искушение да јадете нешто, тоа ќе стане два а потоа и три пати појако. Господ нема да биде задоволен поради тоа. Вие веќе го прекршивте Сабатот со самото тоа што дојдовте и прашавте дали можете да купите ужинки. Така е, бидејќи е исто како веќе да сте ги купиле и да сте ги изеле ужинките во вашите срца. Поради тоа ви реков да ги фрлите парите". Подоцна, моите три ќерки ми признаа дека овој инцидент длабоко им се врежал во нивните срца и ја предизвикал големата вера кај нив.

Постојано Преполно Со Луѓе

Бидејќи продавницата ни беше на аголот на една прометна улица, не само нашите муштерии туку и свештениците или членовите на црквата често не посетуваа. Кога отидов во семинаријата, некои ѓаконици закажале советодавна средба со мене. Тие ми кажаа дека некои верници правеле некој вид кредитно здружение во црквата. Ги советував да не се придружуваат на групата, велејќи им го следново.

„Исус рекол Божјиот Храм е куќа за молитва и ги прекорил трговците кои што продавале некои нешта во Храмот. Не е исправно да правиш нешто што дава парични придобивки во црквата. Господ ни укажува да немаме никаков долг освен долгот на љубовта, па така не смееме да правиме никаква размена на пари во црквата. Доколку имате пари вмешано во врската, Сатаната почнува да работи и црквата ќе има проблеми поради тоа".

Наскоро, тоа кредитно здружение предизвика многу проблеми и ја доведе црквата во тешка состојба. Откако јас ја отворив црквата, забранив одржување било каков вид на панаѓур без разлика со каква цел и да е. Секогаш ги подучував членовите да не вршат финансиски размени помеѓу верниците. Како што вестите за советот што го дадов при консултациите се прошири, многу луѓе во редици доаѓаа за да примат советување. Една верничка беше ќелава и дојде со марама на нејзината глава. Но неколку месеци по примањето на мојата молитва, нејзината коса повторно и порасна и таа ја тргна марамата од главата.

Еднаш, имаше верник кој понекогаш одеше на гатачи и не го држеше правилно Сабатот како ден посветен на Бога. Тој еднаш доживеа сообраќајна незгода и дојде кај мене. Бараше од мене да се помолам за него бидејќи имаше големи болки по сообраќајната незгода. Откако јас искрено се молев за него, тој посведочи дека неговите болки исчезнале и дека е излечен.

Со потполно одржување на Сабатот, ние го признаваме духовниот авторитет на Бога. Така, Господ ќе не брани во текот на целата недела од било каква незгода. Но, доколку ние не го почитуваме Сабатот соодветно, праведниот Бог не може да не штити. Особено, бидејќи тој бил кај гатачи, тој направил со тоа духовна прељуба. Господ го мрази тоа.

Се обидував да засадам верба кај луѓето кои ме посетуваа со Словото Божјо. На патот до куќата за молење во планината за да добие одговор на неговиот проблем, извесен свештеник намина да ме посети попат. По неговата посета тој беше во состојба да се врати дома радувајќи се, бидејќи доби одговор и неговиот проблем беше решен. Јас советував толку многу луѓе што во тоа време дури и немав време да одам во семинаријата. Кога бев дома, оние кои сакаа советување и кои сакаа да примат моја молитва беа натрупани во и околу мојот дом. Поради тоа јас морав да се спакувам и да одам во планините за време на распустите. Морав да ги одбегнувам луѓето за да се сконцентрирам на Словото и молитвите како студент на семинаријата.

Многу Постење Инспирирано Од Светиот Дух

Ние Можеме Да Ги Отфрлиме Гревовите Дури И Во Нашите Мисли

Во август 1979 година, во текот на летниот распуст во мојата прва година на теолошкиот колец, присуствував во летното училиште за свештеници при Земјоделското Училиште во Канан со главниот свештеник од мојата црква. Водата прскаше до чистото сино небо од фонтаната. Слушнав некои свештеници како зборуваат помеѓу себе. Се изненадив кога слушнав дека зборуваат за многу видови на световни нешта. Во тоа време си мислев дека сите свештеници се свети како Господ. Бев многу изненаден и разочаран кога ги слушнав како зборуваат со таква размена на зборови во нивните дискусуии, како што беше:

„Дури иако сме свештеници, ние не можеме да направиме

ништо за грешната природа на прељубничките размислувања и мислите кои доаѓаат од тоа. Па, по мое мислење и верување тоа и не е грев“.

„Точно така“, одговори другиот, „Гревот се прави кога ние всушност го правиме таквото дејство. Самата мисла тогаш не може всушност да биде грев“.

Бев некако вкочанет бидејќи веќе ја имав исфрлено грешната природа на прељубничкиот ум со постење и молитви пред да се запишам на теолошкиот колеџ. Бидејќи оригиналниот корен на гревот беше изваден, непријателот ѓаволот и Сатаната не можеа да ми донесат никакви мисли од тој вид. Дали Господ би ни ја дал заповедта да не правиме прељуба, ако не сме во состојба да ја одржиме неа? Зошто тогаш тие би зборувале такви нешта доколку веруваат дека гревовите можат да бидат отфрлени со молитви и постење? Исус рекол дека секој кои што ќе погледне кон некоја жена со страст, веќе извршил прељуба со неа во неговото срце. Исто така, Тој рекол дека ништо не е невозможно за оној кој што верува, па така да ние можеме да се откажеме од гревовите со борбата против нив сѐ до точката на пролевањето на крв.

Исто така, кога студентите на теолошкиот колеџ го запрашаа профессорот во врска со ова прашање, тој исто така им кажа дека мажите не може да сторат ништо за самите мисли, па така мислите сами по себе не се грев. Решив да ги научам верниците дека ние може да се отргнеме од гревовите доколку ја примиме Божјата милост и сила.

„Боже, Ти благодарам. Доколку многу порано слушнев дека ние не можеме да се отргнеме од прељубничкиот ум во нашето срце, само ќе се откажев од настојувањата и ќе продолжев со извршување на гревот на прељубата во моите мисли. Но ти ми дозволи да се обидам и да се молам да живеам според Словото Божјо, и Ти ми овозможи да се отргнам од прељубничкиот ум со молитвата и постењето. Ти благодарам Боже!"

Дознав Дека Постењето Беше Божја Волја

Дури и откога се запишав во теолошкиот колец, правев многу молитви со постови од три дена, седум дена, петнаесет дена и дваесет и еден ден. Кога бев нов верник, дури и не знаев зошто треба да постам туку само го следев водството на Светиот Дух и постев. Кога станав ѓакон, научив зошто мора да постам и кои беа придобивките од тоа. Така, кога наоѓав невистина во мене, постев по три дена, пет дена и седум дена за да ја отфрлам истата. На пример, кога открив дека во мојата природа имам навика да лажам, веднаш почнав тридневен пост. Па, бидејќи беше многу тешко да се пости на тој начин, морав многу бргу да се откажам од кажувањето лаги и од другите невистини во мене.

За нас е важно да земаме храна за закрепнување по постењето. По периодот на постење, ние мораме да земаме храна за закрепнување. Тоа е нешто како овесна каша или тенка каша од ориз со овесна каша. Треба да се се зема во исто времетраење колку што е и периодот на постењето. Како резултат на тоа, немаше многу денови кога бев во можност да јадам цврста храна. Тоа беше продолжување на постењето исто така често како и јадењето. На оживувачкиот состанок на кој присуствував за прв пат во мојот живот, научив за молитвите за постење, но не знаев за храната за закрепнување. Јас не знаев зошто навистина треба да постам, но според водењето на Светиот Дух, решив да држам седум дневен пост и отидов на планината Чунг-гу со ќебе и со Библија.

На кратко растојание од центарот за молење, имаше некои приватни места викани 'молитвени ќелии' наменети за индивидуална молитва. Местото беше влажно и на подот имаше некои дрвени табли со дупки, па така имаше инсекти кои лазеа наоколу. Јас извикнував во молитвата и конечно го завршив седум дневното постење таму. Кога се симнував од планината, моите нозе ми се тресеа, но јас бев среќен бидејќи го завршив постот. Кога стасав до автобуската станица, видов уличен продавач кој продаваше компирчиња и крофни. Купив неколку крофни и се вратив дома.

„Душо, Ќе Ми Дадеш Ли Малку Храна"

Жена ми подготвила оброк за мене, па јас се помолив, „Верувам дека добро ќе ми се свари храната", и зедов две чинии ориз. Тоа можеше да биде многу тешко за стомакот, но добро се свари. По извесно време, слушнав дека беше отворена Осанри Молитвената куќа во Пајγ, Куеонг-ги До. Отидов таму да постам и да се молам. Кога бев на еден состанок, во текот на тридневниот пост, слушнав колку било неопходно да се јаде она што се вика 'храна за закрепнување'. Свештеникот рече дека мора да јадеме лесна и мека храна како каша или чорба и зеленчук. Но јас имав поинакво мислење за тоа.

Откако се вратив дома по постењето, изедов обичен оброк од ориз по кажувањето на молитвата, „Верувам дека добро ќе ми се свари храната". Но одеднаш, ми отекна лицето и имав и други физички проблеми по моето тело. Веднаш клекнав долу и се помолив во врска со тоа. Го слушнав гласот на Светиот Дух.

„Кога не знаеше за храната за закрепнување, те чував гледајќи ја твојата верба, но сега ти знаеш за храната за закрепнување и само поради твојата арогантност не го испочитува тоа". Целосно се покајав бидејќи не го испочитував она што го имав научено, и во тој миг почнав друг пост.

Придобивките Од Молитвата Со Пост

Молитвата со пост е многу важен дел во добивањето на одговори на нашите молитви, и има многу придобивки. Прво, многу е тешко да се пости, а потоа да се зема храна за закрепнување извесен период без да мораме да го присилиме нашето тело на послушност. Како што постиме се ослободуваме од телесното, а се здобиваме со сила да се контролираме самите себеси. Нашите духови стануваат поактивни а тоа е доста корисно за нас, за да созрееме како духовни луѓе. Исто така, физички, стомакот се одмара и тоа е добро за здравјето. Умот исто така се разбиструва, па тоа е добро и за менталното и за физичкото здравје. Како што нашиот дух станува поактивен, ние стануваме исполнети со полнотијата на Светиот Дух, па така можеме да ја примиме силата од Бога. Преку интензивните молитви, ќе добиеме одговори на различните проблеми а овие молитви исто така ќе не заштитат дури и од претстојните искушенија. Господ работи за доброто на сѐ.

Постев толку често колку и што имав периди на нормално јадење, но никогаш не се предомислував доколку еднаш решев да внесам период на молитва со пост. Може да имаме доверба кон Бога само кога се држиме за она што сме го решиле пред Бога. Кога добиваме одговори преку молитвата и постењето, се здобиваме со сигурност во верата, а исто така се здобиваме и со храброст и сила во нашите животи. Тоа е пократкиот пат да се здобиеме со вистинското искуство во Христијанскиот Живот и добар пат да се поведе победничкиот живот во верата.

Затоа можеме да кажеме дека молитвата со постење е Божја волја и дека е еден од најдобрите начини за остварувањето на царството и правдата Божја.

Начинот На Нудење На Молитвата Со Пост

Молитвата со пост е да се молиш без да внесеш ништо во телото освен вода. Имено, тоа е да се молиш со одлучност која што кажува, „Доколку загинам, ќе загинам". Така да не би требало да непромислено навлегуваме во долгорочен пост кој би бил повеќе од 10 дена и со должно внимание, треба да ја следиме Божјата волја, според водството на Светиот Дух.

Исаја во 58:6 кажува, „*Дали ова не е постот што го избрав; да ги олабави стегите на злото, да ги скрши стегите на јаремот, и да ги ослободи угнетените и да го скрши секој јарем*". Стегите на злото тука се однесуваат на сите проблеми кои што настануваат со отстапувањето од Словото Божјо. Имено, доколку му понудиме на Бога задоволувачки пост, нашите проблеми ќе бидат решени. Но, некои луѓе имаат 40-дневни пости во рамките на нивните мисли и се соочуваат со проблеми, бидејќи не се заштитени од Бога. Тогаш, каков пост е навистина задоволувачки од гледна точка на Бога?

Прво, Мора Да Го Сториме Тоа Со Непроменето Срце.

Ако еднаш решиме колку денови ќе постиме, не смееме да го смениме тоа во текот на постот. Не смееме да престанеме или да се откажеме во текот на истиот само поради тоа што ни е тешко. Доколку мора да престанете поради неизбежни причини, мора да го почнете целиот пост повторно од почеток, исполнувајќи го времето кое сте го определиле во ветувањето пред Бога. Доколку ветите пред Бога и го смените тоа поради оваа или онаа причина, како може тогаш Господ да ви верува и да ве сака? Што и да ветиме пред Бога, мора да го одржиме. Ако правиме така, ние ќе се научиме на издржливост и може да се здобиеме со доверба од Бога. Исто така, со правењето на истото можеме да ја следиме Божјата волја.

Второ, Мора Да Ги Извикуваме Молитвите Додека Постиме.

Некои луѓе не се молат на прав начин туку настојуваат да спијат што повеќе додека постат. Овој начин на поминување без јадење нема никакво значење. Само кога ќе ја извикуваме молитвата Господ ќе ни ја даде Неговата милост и сила, за да го продолжиме нашиот пост. Тој исто така ќе ни даде одговор на нашите молитви и благослови.

Исто како кога обично јадеме три пати на ден, треба да

понудиме молитви најмалку три пати во текот на денот, за време на нашиот пост. На овој начин, ќе можеме да бидеме снабдени со духовната храна и животната вода од небото, за да бидеме исполнети со Светиот Дух а непријателот ѓаволот да си замине. Во случај на долгорочен пост, ние мора да се молиме најмалку пет пати на ден, за да можеме да го земеме духовниот леб од Бога. Понатаму, нашиот пост не треба само да биде надворешно дејствување. Кога ќе го распараме нашето срце и ќе се помолиме од длабочината на нашето срце, Господ ќе ни ја даде милоста и силата (Јоил 2:12-13).

Трето, Не Смееме Да Се Забавуваме.

Исаја 58:3 вели, „*Зошто ние постевме а Ти не не виде? Зошто се унизивме себеси а Ти не го забележа тоа? Ете на денот кога постите, вие ја исполнувате својата волја, и од работниците барате повќе да работат*". Ако гледате ТВ, се лутите, или пак ги клеветите другите во текот на вашиот пост, Господ не може да го прими постот со радост, па не треба ниту да очекувате да добиете одговор. Поради тоа, ние мора да апстинираме од забавата, беззначајната конверзација или пак правењето на невистинитите нешта. Само со таквото чисто срце, Господ може да биде задоволен.

Четврто, Кога Се Молиме, Мораме Прво Да Се Помолиме За Царството Господово И Неговата Праведност.

Ако се молиме со алчност следејќи ги нашите страсти,

Господ не ги прима нашите молитви. Следствено на тоа не можеме да добиеме одговори. Напротив, постењето само може да му наштети на нашето тело, па би требало да бидеме многу внимателни. Не смееме да се молиме за наша слава, световна власт или знаење, туку само за да станеме свети и да бидеме соодветни садови за користењето од Бога. Мора да се молиме да спасиме што повеќе души, да примиме колку може повеќе од Божјата сила и да ги примиме даровите на Светиот Дух. Господ ќе ја прими нашата молитва радосно кога ќе се молиме за царството и праведноста на Бога и за свештениците на црквите.

Петто, Мора Да Се Молиме Со Духовна Љубов.

Исаја 58:7 вели, „*Раздели го лебот свој со гладните и скитниците сиромаси одведи ги во домот свој; ако видиш гол,-облечи го, и од својот род не се криј*". Господ би бил искрено загрижен кога Неговите деца би престанале да јадат за да Му се помолат. Ако тие се однесуваат добро и покажуваат љубов кон другите, тогаш колку ли прекрасни би биле тие во очите Господови? Тој тогаш порадосно би го прифатил нивниот пост и побрзо би им ги дал одговорите.

Шесто, Мора Да Земаме Соодветна Храна За Закрепнување Исто Така.

Откако ќе завршиме со нашиот пост, ние мора да земеме храна за закрепнување исто толку денови колку што сме постеле, за да го направиме постот комплетен. Кога правилно ја земаме храната за закрепнување, тогаш можеме да се здобиеме со самоконтрола. Тоа нема да му наштети на нашето тело туку ќе го направи поздраво, а нашиот дух исто така ќе има појасна внатрешна слика.

Некои кажуваат, „Јас имам јак стомак, па не ми треба да земам храна за закрепнување". Но ова е навистина погрешна идеја. Кога земаме вистинска храна за закрепнување, Господ ги прави слабите стомаци појаки и притоа ги лечи малите болести и нарушувања.

Иако ние сме го оствариле постот многу добро, ако не земеме вистинска храна за закрепнување, ќе ја загубиме нашата енергија до тој степен, да му наштетиме на нашето тело, и дури може да имаме некакви проблеми. Исто така, во текот на периодот за закрепнување, не треба макотрпно да работиме или вежбаме. Може да се случи да бидеме подложени на искушенија веднаш по постењето, па добро е да се молиме за тоа во текот на постот.

Соодветна Храна За Закрепнување

Ако јадеме премногу во текот на периодот на закрепнување, нашето лице ќе ни отече, а и не е добро за нашиот стомак, па треба да бидеме повнимателни во врска со тоа. Ние обично јадеме три оброка на ден, но кога земаме храна за закрепнување како мека и тенка оризова каша, може да земаме чаша од тоа четири пати на ден.

Треба да избегнуваме месо, јајца, леб, газирани пијалоци и јаки храни кои се масни, зачинети, солени или кисели. Треба да избегнуваме храна со хемиски додатоци и зачини. Подобро е да се зема зеленчук.

По тридневниот пост, може да земаме оризова каша, но по долготрајните пости, стомакот ни станува како стомак на новородено бебе. Поради тоа, најмалку два дена, треба да земаме многу разредена, оризова супа која е скоро како вода. Земајте ја четири пати на ден. Можеби можеме исто така само да го пиеме сокот но не и кашата од јаболка, четири пати на ден.

По три до четири дена, може да земаме малку погуста оризова супа. Подоцна, може да додадеме оризово брашно или пак варена тиква во кашата, а количината исто така ќе се зголемува. Што се однесува до придружните јадења, треба да избегнуваме месо, и не треба да додаваме некои хемиски додатоци. Доколку сакаме месо, може да земеме малку риба, но треба да биде само малку солена.

Исто така, добри се и некои супи со зеленчук. Особено добро е ако ја отстраниме кората на семето од сусам и ако го додадеме во кашата од ориз. Можеме многу побргу да ја повратиме енергијата, а исто така ќе почувствуваме и дека стануваме многу поздрави доколку го следиме овој процес на закрепнување.

Молење За Водството На Светиот Дух

Јас бев интровертна личност. Доколку имаше некој до мене, не можев да се молам гласно. Поради ова секогаш се молев по цела ноќ сам. По 30 минути откако започнував со молењето, ја примав исполнетоста и инспирацијата од Светиот Дух за да можам да ја воспоставам длабоката духовна комуникација со Бога. Понекогаш, ми доаѓаше таква голема инспирација што почнував да пеам на стран јазик а понекогаш исто така и танцував според движењата на Светиот Дух пеејќи Алелуја.

Главно се молев за свештеникот во мојата црква, другите свештеници, старешините, и за оживувањето на црквата и на другите души, за другите цркви, за нацијата и нашиот народ. Кон крајот на времето за молитва, кратко се молев за моето семејство и мојот бизнис. Кога имав време, одев во центрите за молитва и ги посетував состаноците за утринската молитва. Подоцна се искачував на врвовите на ридовите. Мислев дека е губење на време да чекам додека завршам со ручекот, па секогаш земав ќебе со мене рано наутро и го прескокнував ручекот.

Навечер, вечерав во центарот за молитви и присуствував на состанокот кој се одржуваше таму. Кога во моето срце имав силна потреба за пост, продолжував да постам и навечер, исто така.

„Исто така и Духот не поткрепува во нашите немоќи; бидејќи не знаеме да се помолиме како што треба, туку Духот Сам посредува за нас со неискажливо воздивнување. А Оној кој што ги испитува срцата, знае каква е мислата на Духот, бидејќи Тој по волјата на Бога посредува за светиите" (Римјани 8:26-27).

Во тоа време дури и не знаев за Светиот Дух, туку само го следев Неговото водство и се молев. Господ го испитуваше срцето. Бидејќи Светиот Дух се молеше во мене, јас се молев следејќи ја Неговата инспирација.

Божјите Раце Го Подготвуваа Отворањето На Црквата

Надминувањето На Искушенијата Во Верата

Господ дозволи да ни се случат искушенија во верата за да може моето семејство да има посовршена вера. Кога мојата најмлада ќерка, Соојин, беше на шест годишна возраст, тоа беше во 1980 година, таа одела по улицата со сестра и. Имало некои ученици од средното училиште кои што играле со топка. Одеднаш едно од момчињата се свртло наоколу обедувајќи се да ја фати топката и удрило во Соојин. Таа паднала, удирајќи ја нејзината глава на бетонот што и направи контузија. Родителите на ученикот дошле и ја однеле Соојин во болницата.

Жена ми ги слушнала новостите и веднаш отишла во болницата. Докторите кажале дека Соојин треба да биде префрлена во главната болница. Тие кажале дека нејзиниот мозок бил во значителна мерка оштетен и дека таа може да има некакви проблеми со нејзините умствени способности поради оштетувањето на мозокот. Дури и покрај операцијата имаше голема можност таа да стане умствено хендикепирана.

Јас бев во продавницата, и слушнав дека Соојин зборуваше во делириум. Но бидејќи имав вера дека таа може да биде излекувана со молитва, ја вратив дома наместо да ја однесеме во општата болница.

Мајката на ученикот не знаеше што да прави. Таа работеше како домашна помошничка и исто така беше во тешка финансиска состојба како што бевме и ние.

Откако ја утешив да не се вознемирува, ја положив мојата рака и се молев за Соојин. Таа зборуваше во делириум и исто така мрмореше нешто. Дури и следниот ден таа не се разбуди, а јас и жена ми се молевме во текот на целата таа ноќ. Во средата, излегував од дома за да одам во семинаријата, и одеднаш го слушнав јасниот глас на Соојин како кажува, „Тато, не е ли денес денот кога треба да се оди во црквата?" Таа си дојде при чиста свест.

„Боже, Ти благодарам! Одговори на мојата молитва и Соојин се освести". Кога се вратив дома од часовите, Соојин беше излезена за да оди во црквата и да присуствува на службата која што се одржуваше во средите.

Мојата Втора Ќерка Удрена Од Камион

Во 1981 година, мојата втора ќерка Микјунг доживеа сообраќајна несреќа. Микјунг слегла од автобусот и ја преминувала улицата. Возачот на камион не ја видел и таа била удрена од камионот. Била фрлена на земјата. Луѓето се собрале и возачот ја однел во болницата.

Кога жена ми стигнала во болница, лицето на Микјунг било отечено и изгледало како да има два подбрадока. Внатре во устата сѐ и било исечено. Тоа било едноставно ужасно. Докторите и кажале дека мора да биде хоспитализирана, но жена ми си ја донесе дома. Микјунг беше облеана со крв и не можеше да ги отвори очите. Нејзиното лице беше целото со многу рани и повреди.

Таа не можеше ништо да јаде. Едвај можеше да успее да се напие малку млеко или да голтне малку супа со помош на сламка. Кога малку ја подотворив нејзината уста и погледнав внатре, глетката беше ужасна. Се молев посветено со мојата рака ставена на неа. Дури и со сите нејзини повреди таа тргна во училиште. Нејзината наставничка беше шокирана и и рече да оди во болница. Жена ми и јас постевме и се молевме посветено целата ноќ. Микјунг продолжи да оди на училиште, и по еден ден, нејзиното лице беше модро како таа да има модрици, а по пет дена, крастите и отпаднаа и таа целосно закрепна. Нејзината уста се врати на своето вообичаено место, отеченоста се повлече, а исто така и внатрешноста на устата и беше закрепната и потполно исчистена.

Во текот на летниот распуст таа година, ние добивме писмо од наставничката на Микјоунг. Таа велеше дека сфатила дека Бог е жив и дека Неговата моќ е голема бидејќи видела како Микјоунг закрепнува толку брзо без да добива било какви медицински третмани или лекови. Таа го заврши нејзиното писмо кажувајќи дека од сега па натаму постојано ќе оди во црква.

Нашата Прва Ќерка Оздраве Откако Жена Ми Се Покаја

Во 1981 година мојата прва ќерка Мијоунг одеше во основно училиште. Во текот на мојот летен распуст, исполнував молитва со пост во Осанри Молитвената Куќа и се вратив дома. Открив дека Мијоунг има чиреви по целото тело. Таа имаше толку густ осип што нејзината кожа наликуваше на корага од бор, а под грубата испукана кожа од самиот осип сѐ и беше инфицирано. Од пукнатините на нејзината кожа имаше истекувања. Беше едноставно ужасно. Бидејќи таа почнуваше да крвари доколку малку го поместеше нејзиното тело, Мијоунг мораше да остане во еден агол од собата.

Бидејќи мојата жена ја имаше верата дека Господ ќе ја излекува, таа ниту и имаше нанесено некаков лек ниту ја однесе во болницата. Се помолив за Мијоунг но таа не се излекува. Повторно се помолив за неа следниот ден, но немаше никакво подобрување.

„Ете, раката на ГОСПОДА не се скусила, та да не може да спасува; а увото Негово не отврднало, та да не може да слуша. Но беззаконијата ваши ве разделија од вашиот Бог, и гревовите ваши прават да го сокрива лицето Свое од вас, за да Не слуша" (Исаија 59:1-2).

Се преслушав себеси и се обидував да најдам нешто за што треба да се покајам, но не можев да се сетам на ништо. Бев сигурен дека Мијоунг нема непристојни однесувања. Таа секогаш беше добро девојче. Жена ми ми кажа дека се однесувала мрзеливо на нејзиниот утрински молитвен состанок бидејќи била презафатена и се покаја за истото пред Бога. Откако таа се покаја јас се помолив за Мијоунг и Бог ги покажа Неговите дела овој пат. Кожата со густ осип што беше жолта од инфекцијата одоздола обеле во текот на една вечер и крастите и отпаднаа. Таа беше потполно исчистена пред распустот да заврши.

Кога ние потполно се потпиравме на Бога, тој не né остава да се соочиме со било какви потешкотии. Сфативме дека тоа беше само искушување на верата за да се зголеми верата во моето семејство токму како што Господ го изменил Јов во една подобра личност преку пречистување на истиот со чиреви, така да и ние дадовме благодарност за љубовта од Бога. Пред отварањето на црквата, Господ дозволи искушувања низ секоја од моите три ќерки за да ни ја даде поголемата вера.

Што Треба Да Направам?

Го признавав Бога во сите нешта и секогаш наоѓав радост во барањето на Неговата волја и почитувањето на истата. Додека ја читав Библијата, бев многу трогнат кога Давид за сé се потпираше на Бога.

„Потоа Давид Го праша ГОСПОДА кажувајќи, 'Да отидам ли во некој од Јудините градови?' И ГОСПОД му рече: 'Оди'. Давид пак праша: Каде да одам? И Тој му кажа, 'Оди во Хеврон'" (2 Книга Царства 2:1).

„И Давид го запраша ГОСПОДА кажувајќи, 'Да одам

ли против Филистејците? ' Ќе ги предадеш ли во раце мои? А ГОСПОД му одговори на Давида, 'Оди зашто Јас ќе ги предадам Филистејците во раце твои'" (2 Книга Царства 5:19).

Давид го прашуваше Бога за сè, дури и за многу ситните нешта. Како мало дете кое ги прашува своите родители што да направи, Давид прашуваше и беше воден од Бога. Кога Давид го прашуваше Бога, Бог му кажуваше што да прави во секое време како што тоа го прави дарежливиот татко. Јас исто така ја барав волјата Божја за секоја работа и Господ ми овозможуваше јасно да го слушнам гласот на Светиот Дух.

Четириесет – Дневното Постење

Кога бев на зимски распуст во втората година од студиите на колеџот на семинаријата во 1981 година, Господ го подвижи моето срце за да понудам 40-дневен пост. Пред одењето во молитвениот центар, ја спакував мојата Библија и книгата со црковните песни и некои други црковни книги. Кога бев подготвен да заминам, одненадеж го слушнав многу силниот глас на Светиот Дух.

„Не земај ниту читај никаква друга книга освен Библијата и книгата со црковни песни во текот на 40-дневниот пост".

Бргу се распакував и ги извадив сите други книги освен Библијата и книгата со црковни песни и тргнав до куќата за молитви во Молитвената Куќа Осанри. Бидејќи беше време на распуст, таму имаше илјадници верници. Тоа беше период кога времето беше најстудено во последните 60 години. Јас присуствував на сите официјални молитвени служби на молитвениот центар и си одредив три периоди во текот на денот за да се молам (зора, попладне и 11 часот навечер). Кога влегов во ќелијата за молитва и клекнав, чувствував дека смрзнувам, но ја извикував молитвата без да изоставам дури и една молитвена сесија дури и во текот на еден ден.

Ќелијата за молитва беше исполнета со мраз и самата ќелија беше како голема коцка мраз. Но како што јас се трудев да ја извикувам молитвата во текот на 30 до 40 минути, Бог ми ја додели милоста и можев да ја извикувам молитвата неколку часа. Бидејќи бев нов верник, држев многу пости вклучувајќи 5-дневни, 7-дневни, 15-дневни и пости од 21 ден. Постев постојано и исто така одев во колецот на семинаријата. Си мислев дека дури и 40-дневен пост би бил лесен доколку Бог ми помогне во тоа. Се молев за царството и праведноста на Бога и за тоа да Бог ми го објасни Неговото Слово. Се нарекував негов слуга, но не можев да направам ништо со мојата сопствена сила, така што искрено се молев да ја добијам силата од Бога за да работам за Него. Исто така, се молев за отварањето на црква и Господ ми даде сон за црква што би ја исполнила светската мисија:

„Постојат многу души кои страдаат од болести и сиромаштија. Дозволи да твојата црква им помага на оние кои што имаат потреба, лечи го духот и телото на луѓето и биди сведок да ги соопштиш овие добри вести на целиот свет и да ја исполниш светската мисија. Дозволи твојата црква да израсне и да сјае. Јас те избрав тебе

и Јас ќе те водам од почетокот до крајот. Ти го правиш
ова и ти ќе ги направиш овие нешта штом ја отвориш
црквата".

Бидејќи страдав од болки предизвикани од болести
во текот на долго време, можев да ги разберам оние кои
што беа погодени од некоја болест. Да ја засадам верата
кај неверниците, да ги излекувам многуте луѓе од нивните
болести и слабости и да ги одврзам синџирите на неправдата
кои што ги врзуваат луѓето во овој свет полн со гревови,
морав да добијам голема и неограничена сила од Бога, па
затоа непрестано се молев,

„Боже, дај ми ја Твојата сила така да кога луѓето ќе бидат
допрени од мојата сенка или кога ќе го допрат работ на
мојата облека, да бидат излекувани и да со самото изрекување
на Словото, го натерам непријателот ѓаволот да побегне".

Кога навистина интензивно се помолив, го добив
ветувањето дека Тој ќе ми ја даде власта да можам да ги
истерувам силите на непријателот ѓаволот. Мојот сон беше
да добијам поголема сила од Бога за да ги соопштувам
добрите вести и да засадувам вера кај оние кои не го познаваа
Бога и страдаа од болести, сиромаштија и овоземни грижи,
и да основам црква која што ќе расте и ќе го проповеда
евангелието насекаде низ светот. За да можам да го исполнам
сонот за светската мисија, морав да добијам неограничена
моќ од Бога, така што копнеев и се молев да ја добијам моќта
што луѓето Господови кои што беа признати и сакани од
Бога како што се Мојсеј, Исус Навин, Илија, Јелисеј, Петар и
Павле ја добија за да можат да изведуваат чуда, и знаци.

Исто така, како слуга Божји барав не само сила и овластување за да го освојам светот, туку и да ги добијам дванаесетте дарови на Светиот Дух. Но, од 6от ден, Господ не ме поддржа. Бидејќи тој не ми помагаше, непријателот ѓавол ме вознемируваше. Како што минуваа 7от и 8от ден веќе имав вртоглавица и грчеви во рацете и нозете. Чувствував дека полудувам и навечер не можев да спијам. Помислив дека можеби ќе полудам, па се борев да си ги зачувам моите сетила. На сон, некој на сила ме хранеше со малку ориз. Откако се разбудив, се покајав што имав таков сон.

Помислив на откажување бидејќи си мислев дека може да го осрамотам Бога на овој начин, но ако престанев во тој миг пак ќе морав да го почнам истото од почеток. Така да, им се спротивставував на болките секој ден.

По девет дена, овие симптоми престанаа. По дваесет дена, јас дури немав ниту сила за да ја читам Библијата, така купив некои црковни книги од еден свештеник. Прочитав неколку поглавја, но немав доволно сила за да читам понатаму. Влегов во ќелијата за молитва, но не можед да ја примам силата да ја извикувам молитвата. Морав силно да се напрегам за да се молам. Се молев, „Господе, дај ми сила да можам да ја извикувам молитвата“.

Не знаев колку време поминало, но додека се уште се напрегав слушнав глас кој чукна на моето срце кажувајќи, *„Ти кажав да не земаш и да не читаш никаква друга книга освен Библијата и книгата со црковни песни. Зошто читаше книга напишана од човек?“*

Ги повратив своите сетила штом го слушнав гласот, и реков, „Господе, мислев дека тоа е во ред, но не те послушав.

Те молам прости ми". Беше тешко да се чита Библијата и мислев дека можеби би успеал да читам друга книга. Сфатив дека тоа беше непочитување и искрено се покајав поради тоа. Тогаш примив нова сила и повторно можев да се молам.

На 28от ден, бев само кожа и коски. Мојата тежина значително беше опадната. На 30от ден, мојата утроба беше сува и собрана заедно, така да дури ниту водата не можеше да помине надолу а се чувствував толку наполнет како да имам потешкотии со варењето. Доколку пивнев малку вода, истата ќе ми се вратеше назад. Кога повраќав имаше мртва, црна крв. Мислем дека тоа беше поради тоа што некои вени во стомакот ми беа напукнати така да сувата крв излегуваше кога повраќав.

На 32от ден, мојата прва ќерка, која тогаш беше ученик во основно училиште, дојде да ме види. Делев соба со многу други луѓе, но помислив дека тие ќе бидат вознемирени доколку ме видат како повраќам. Се вратив дома со ќерка ми. Во собата што ја изнајмив во близината на куќата продолжив со моето постење. Тоа беше очигледно борба против мојата волја. Но, на 39от ден во 11 часот навечер, како чудо сите болки исчезнаа и Господ ми даде небесна сила. Имав сила како потполно закрепната личност. Така се избањав и се пресоблеков. На полноќ, понудив служба за заблагодарување и завршив со постењето.

Како Орелот Кој Што Ги Обучува Своите Млади

Подоцна, бев љубопитен зошто Господ не ме поддржа во текот на мојот 40-дневен пост. До тогаш, секогаш постев без големи тешкотии бидејќи Господ ме поддржуваше и ми помагаше. Така, го прашав Бога во мојата молитва зошто морав да постам само со моите сопствени напори со толку многу болка. Господ ми го кажа следново Слово.

„*Не го свртев Моето Лице од тебе, туку намерно те обучував. Ако го споредиш постот што го завршуваш лесно со Моја помош и пост кој го завршуваш само со твојата сила и издржливост, разликата во силата која што ја стекнуваш е многу пати поголема*“.

Тоа значеше дека кога го завршував постот единствено со мојата сопствена сила и снагата на волјата, можев да се здобијам со повеќе сила и издржливост и стануваv поспособен да надминам секаква тешкотија. Откако ги чув овие зборови, се потсетив на Петтата Книга Мојсиева 32:11-12.

„*Како што орелот го покрива гнездото свое, и сакајќи ги орлињата, ги раширува крилјата свои, ги зема, ги носи на пердувите свои, така ГОСПОД Сам ги водеше нив, и немаше со Него туѓ бог*“.

Орлите прават гнездо на врвот на високиот гребен. Кога нивните млади ќе пораснат до одреден степен, мајката орел го турка своето младо од гнездото. Како што младото паѓа надолу, тие инстинктивно почнуваат да мавтаат со крилјата за да опстанат. Преку оваа обука, младите орли стануваат силни за да можат да преживеат во животната борба, летајќи високо на небото. Не можев да постапам поинаку освен да пролеам солзи за љубовта на Бога кој жестоко ме обучи, исто како што орелот грубо ги обучува своите млади.

Глава 5

Почетокот на Црквата

Подготовката Во Словото Божјо Во Текот На Три Години

Јас Те Оплеменив

Размислував за значењето на 'трите години'. На 9 јули, 1974 година, на роденденот на татко ми, се случи инцидентот кој што го започна разводот помеѓу жена ми и мене. А на 10 јули, 1977 година отворивме продавница на пазарот Кеумхо Донг со финансиска стабилност. Тоа беа точно три години, без разлика од дури ни еден ден. Бидејќи колецот во семинаријата трае четири години, на почетокот не можев да разберам зошто Господ рече дека ќе биде со мене 'во следните знаци и чуда' откако јас се подготвив самиот себе си со Словото за 3 години. Но, наскоро го сфатив значењето на овие зборови исто така. Во февруари 1982 година, по барање на свештеникот на Илман Црквата од Масан, таму зборував на оживувачкиот состанок. Ја завршив првата година во семинаријата во февруари 1982 година, па така да беа поминале точно три години откако се запишав на колеџот во семинаријата. Еден старешина од црквата ме праша,

„Свештенику, те молам дојди во мојата црква и зборувај на оживувачкиот состанок".

„Јас не сум дури ниту востановен свештеник. Јас сум само студент на семинаријата, па како би можел да зборувам на оживувачкиот состанок? Те молам замоли друга личност".

„Не. Јас се молев за овој оживувачки состанок веќе извесно време, и Господ те прикажа тебе во мојот ум. Божја волја е ти да зборуваш на овој оживувачки состанок".

„Тогаш, јас ќе се помолам за тоа и потоа ќе ти одговорам".

Бидејќи тоа ми беше мојот прв оживувачки состанок, а јас сеуште бев студент во семинаријата, не се чувствував многу сигурен поради тоа. Постев три дена во Молитвената Куќа Осанри, и тогаш се здобив со самодовербата и сигурноста. Откако се вратив дома, клекнав за да се помолам и да се подготвам за пораките кои треба да ги проповедам на оживувачкиот состанок. Во тој миг, по чиста инспирација, Господ ми даде 11 пораки со нивните делови за читање и наслови во детали, вклучувајќи ги пораките за утринските средби. Оваа инспирација од Бога дури и ме потсети на една книга која што порано ја имав прочитано, „Ти ја прочита оваа книга претходно, дај ја како пример". Јас бев толку импресиониран. Уште еднаш сфатив дека ништо не е невозможно за Бога. Ги завршив сите подготовки од воведот до заклучокот за секој од проповедите. Зборував на оживувачкиот состанок и потоа ги водев оживувачките состаноци според милоста Божја. Сите членови ми се заблагодаруваа кажувајќи дека примиле голема милост. Многумина посведочија дека тоа било Словото на животот што тие претходно го немаат искусено. Тоа ги промени нивните духови и нивните проблеми беа решени.

Почнувајќи со овој оживувачки состанок, потоа бев повикуван во многу цркви за да зборувам на нивните оживувачки состаноци. Светиот Дух, секогаш, како силен и вртложен ветер, го следеше зборувањето проследувајќи го со Божјите дела на знаци и чуда. Кога Бог ме повика за Негов слуга, Тој ми кажа, *„За три години, па затоа сега подготви се со Словото во текот на три години“.*

За Успешното Свештенство

Во завршната година на колецот во семинаријата, моите соученици исто така се подготвуваа да основаат свои цркви. Тие беа зафатени обидувајќи се да се стекнат со некакво знаење и информации во врска со отварањето на црква, одејќи по црковни конференции за развој и правење анализи за оживувачките состаноци. Моите соученици ме советуваа. „Свештенику, како ќе можеш да правиш моќно свештенство само со постењето и молењето во планините цело време? Зошто не ни се придружиш за да научиш повеќе нешта?“ Секако, тоа можеше да биде корисно во врска со стекнувањето на информации и знаење кое што е неопходно за отварањето на црква, но јас имав поинаква идеја.

Јас не сакав да ги научам методите на луѓето, туку методот

на Бога за развојот на црквата кој што е даден во Библијата. Како што читав во Библијата, татковците на верата како Петар и Павле настојувале да се молат во секој момент. Го разбрав Словото Божјо со внимателното размислување за Библијата, и вредно го проповедав евангелието.

Во Делата на Светите Апостоли почнувајќи од 8:26 па натаму, Филип отиде во дивината под водството на Светиот Дух и го запозна етиопскиот евнух, властелин на Кандакија, етиопската царица. Тој беше одговорен за сето нејзино богатство. Евнухот ги читал Посланијата на Исаија и сакал да го сфати значењето на Словото Божјо. Така Филип го подучи за Исуса и го крсти. Исто така, апостолот Павле сакал да проповеда во Азија, но Светиот Дух не му дозволил да проповеда во Азија туку го повел во Македонија (Дела на Светите Апостоли 16:6-10).

Тоа што се откри со проучувањето на Словото беше дека Самиот Господ ги управува и води Неговите слуги. За успешно свештенствување, сфатив дека е најважно да се има суштинска комуникација со Бога и да се следи Неговата волја. Поради тоа јас постев секогаш кога имав време и се обидував духовно да го разберам Словото Божјо.

Жена Ми Се Грижеше За Душите Со Љубов

Во март 1982 година, откако завршив 40-дневниот пост и исто така завршив со храната за закрепнување, започна новата академска година. Во новата година беа реорганизирани ќелиските групи во црквата која што ја посетував. Жена ми стана водач на службата на ќелијата, а Ѓаконицата Аеја Ахн стана водач на ќелијата. Ние имавме пет члена во нашата ќелија. До април бројот на членови на ќелијата се зголеми на 25 члена.

Жена ми внимателно покрстуваше луѓе и се грижеше за членовите. Исто така, таа си имаше одредено точно време кога ќе се молат со Ѓаконицата Аеја Ахн. Низ овие средби за молитва, се решаваа проблемите во семејствата и многу членови од семејствата се покрстуваа, па така да тоа беше одличен оживувачки состанок. Освен тоа, бидејќи жена ми е добра готвачка, таа на секој состанок подготвуваше вкусни оброци и ги служеше членовите.

Наутро во неделите, ги испраќавме нашите три ќерки до секое домаќинство со пораката, „Денес е ден да одите во црква, затоа ве молиме дојдете во нашата куќа во 10 часот“. Доколку не дојдеа до 10 часот, моите мали ќерки повторно одеа до нивните куќи и тропнуваа на нивната врата убедувајќи ги да одат заедно во црквата. Во некои случаи, тие не можеа да ги одбијат моите ќерки и доаѓаа. Така, во неделите, имаше околу 30 члена кои ја посетуваа црквата во мојата ќелија. Жена ми се грижеше за нив со љубов и тоа беше на таков начин што се обучи себе си како жена на свештеник.

Со Седум Долари

Се Случи Нешто Неверојатно

Кога станав апсолвент на колецот во семинаријата на 1ви март, мојата продавница која секогаш беше полна со муштерии одеднаш ги загуби сите муштерии. Таа беше потполно празна. Отпрво, си размислував дали ние имаме некој ѕид на гревови против Бога и мислев дека сé ќе биде во ред следниот ден. Но, и следниот ден беше исто. Жена ми и јас му се молевме на Бога, но немаше одговор. Бидејќи немавме приход, месечната кирија за продавницата беше одбиена од сигурносниот депозит. Подоцна ние дознавме дека тоа беше Божја промисла. Ја затворивме продавницата за да на 25 јули отвориме црква и до тогаш сиот сигурносен депозит беше потрошен. По плаќањето на сите даноци, ние имавме само седум долари во нашите раце. Господ го претвори сето она што го имавме заработено во светот во ништо и не натера да ја отвориме црквата со само седум долари.

Болни Луѓе Кои Што Доаѓаа

Зошто мајка и на Мијоунг е секогаш среќна?

Бидејќи порано имаше моменти кога чекав смртта да ме земе, жена ми почна со својот Христијански живот така што посведочи дека сум оздравел од сите мои болести. Таа сега беше секогаш среќна и полна со радост. Иако ние немавме ништо за јадење следниот ден, сепак бевме благодарни. Било да миеше садови или што и да правеше, таа секогаш ги пееше пофалните песни. Со кого и да се сретнеше, сведочеше за нејзината средба со живиот Бог и го проповедаше евангелието. Го поминуваше секој нејзин ден со исполнетост со Светиот Дух.

Пред отворањето на црквата, вестите за моето семејство се ширеа и бројот на луѓето кои што доаѓаа да ги примат моите молитви постојано се зголемуваше. Во април 1982 година, ме посети еден верник. Таа беше толку слаба што се чинеше како да има само кожа и коски. Ни кажа дека не може бргу да оди поради вродената срцева болест.

„Свештенику, три дена откако го родив моето дете, моето тело отече и состојбата стана полоша. Не можам дури ни да го држам бебето“.

„Прими ја молитвата со вера. Бог ќе те излекува“.

Таа ја прими молитва и беше излекувана од нејзината

срцева болест. Тоа е Постарата Ѓаконица Сеонг Ја Ким, сега член на групата на поклоници за молитвата во нашата црква. Следниот ден, една средовечна жена ја посети мојата продавница. Рече дека ги слушнала новостите за моето семејство, ме побарала и ме нашла. Таа имаше ќерка на дваесет годишна возраст, на која што и беше изместен колкот. Нејзините нозе беа со различна должина, па така да не можеше убаво ниту да оди. Болката која што ја чувствуваше се зголемила до тој степен што била третирана со морфиум. Сега, таа беше зависничка од морфиумот и истиот повеќе не и помагаше. Дури и многу силните аналгетици не и помагаа. Мајка и ме замоли да се молам за неа. Одржав обожувачка служба во нејзиниот дом. Светиот Дух ме тераше да се молам за тоа семејство во текот на дваесет и еден ден.

Во тоа време одев во семинаријата и исто така бев зафатен и со одржување на целовечерните молитви, но сепак сеуште им го проповедав Словото Божјо и се молев за нив во текот на дваесет и еден ден. Тогаш, оваа ќерка полека доби вера, и престана да ги зема лековите кои ги земаше. Почна да се потпира само на Бога. На 20от ден, сета нејзина болка исчезна. А следниот ден, таа посведочи како што следи:

„Свештенику, оваа куќа е многу стара и има многу стаорци на таванот и под покривот. Така да, тие секогаш креваа врева. Ноќе, сторците дури и ни доаѓаа во собите и ни правеа проблеми. Тоа ми задаваше големи маки. Но, минатата ноќ сонував и кога се разбудив утрово се случи нешто неверојатно!"

Имало толку многу стаорци што тие ставале отров за

стаорци и многу други нешта за да се ослободат од нив, но ништо не им помогнало. Таа беше секогаш нервозна, раздразлива и немирна поради болките. Не можеше да спие ноќе поради вревата од стаорците. Но, во текот на ноќта, таа сонувала сон за примањето на мојата молитва и како што ја примила молитвата, стаорците во различни големини излегле во групи да на крајот конечно, многу голем стаорец што изгледал како да им е крал, исто така излегол. Тогаш, сите болки веднаш исчезнале и во реалноста, а исто така, и сите стаорци од таванот исто исчезнале. Оваа сестра беше толку изненадена и зачудена од делото Господово и не можеше да ги скрие емоциите. Неколку дена подоцна, мајката на оваа млада девојка повторно дојде кај мене кажувајќи, „Свештенику, мојата ќерка умира! Те молам дојди веднаш и моли се за неа!“

Беше полноќ кога пристигнав во нејзината куќа. Ќерка и се виткаше од болки на подот. Таа направила 3-дневен пост а по постот, наместо да земе соодветна храна за закрепнување во текот исто на три дена, таа изела печено пиле веднаш по постот. Имаше акутно слабо варење. Кога ја ставив раката на неа и се помолив, по инспирацијата на Светиот Дух можев јасно да видам коска во нејзиниот стомак и можев да ја видам коската како се топи. Веднаш штом ја завршив молитвата, таа поврати сé што имаше изедено. Само еднаш длабоко зема воздух и нејзиното лице стана нормално.

Исчистувањето На Садот

Постев многу често и се обидував најдобро што можев

да се изборам и да се ослободам од сите форми на зло а и да ги зачувам сите Божји заповеди. Станав носител на деветте плодови на Светиот Дух и открив дека цврсто ја покажувам силата и подароците на Светиот Дух. Приближно во ова време, односно, откако седум години се молев на Бога да ми дозволи јасно да ја разберам Божјата волја, Господ ми испрати една пророчица. Во април 1982 година, една членка која што беше покрстена од жена ми, ме посети и ми кажа, „Свештенику, на полноќ, некој го извика моето име три пати, па јас ги отворив очите. Во многу сјајна светлина која што ми пречеше да ги држам очите отворени, ми се појави Бог и ми кажа, *'Ќе те одберам тебе. Ќе те направам позната меѓу нациите и ќе те направам Мој сведок во целиот свет*'. Јас немам ниту идеја што значи тоа".

Во тоа време, таа не знаеше дури ни што се Битие и Матеј, но имаше стомачна болест која што и беше излечена со молитвата. Кога ние имавме молитвени состаноци поради почетокот на црквата, Словото Божјо излезе низ нејзините усни, и јас бев многу изненаден што ги слушам истите зборови, кои што Господ ми ги кажа мене, кога ме нарече Негов слуга кажувајќи, „*Нели праша за 12-те подароци на Светиот Дух? Ти ги дадов сите тебе, па затоа принеси молитва за благодарност*".

Понатаму, преку пророштво, Господ ми зборуваше за нештата кои што само јас ги знам. За некои од нештата дури ни жена ми не беше свесна. Преку ова, сфатив дека Господ ми го дава дарот на пророштвото. Господ дозволи вистински да верувам дека навистина Словото Божјо ми беше дадено мене. До тогаш, ги барав 12-те вида на подароци вклучувајќи ги тука и деветте подароци на Светиот Дух напишани во 1 поглавје на Коринтјаните, поглавје 12, а исто и подарокот на визијата, подарокот на божествениот поглед и подарокот на љубовта.

Што Е Пророкување?

Библијата ни кажува за различните методи да се слушне гласот на Бога. Постои гласот на самиот Бог, а исто така постои и гласот на Светиот Дух. Исто така, понекогаш, Бог комуницира со нас преку ангел кој што е во човечко обличје. Бог исто така може да ни кажува нешто и преку пророкувањето.

„И би раката ГОСПОДОВА врз мене. И ГОСПОД ме изведе преку Духот, ме постави среде долината – а таа беше полна со коски, и ми рече: 'Сине човечки, ќе оживеат ли овие коски?' И реков, 'О, ГОСПОДИ Боже, Ти го знаеш тоа'. Пак ми рече, 'Изречи пророштво за тие коски и кажи им, „Коски суви, чујте го словото ГОСПОДОВО". Така им вели ГОСПОД Бог на овие коски – „Еве, Јас ќе внесам во вас дух и вие ќе оживеете. Ќе ви дадам жили, ќе направам на вас да израсне месо, ќе ве покријам со кожа и ќе вдахнам во вас дух, па ќе оживеете и ќе познаете дека Јас сум ГОСПОД. Јас го изреков ова пророштво како што ми беше заповедано; и кога пророкував, се чу шум, и ете, движење, па почнаа коските да се зближуваат, секоја коска до својата коска" (Језекиил 37:1-7).

„Зашто сведоштвото Исусово е Духот на пророштвото" (Откровение 19:10).

Пророштво е да зборуваш за некој друг. Помеѓу пророците има некои што зборуваат во име на човек или во име на Бога.

Во Језекил поглавје 37, можеме да видиме дека Божјиот Дух бил со Језекиил и дека Бог зборувал преку усните на Језекиил. Бидејќи Бог зборувал преку човекови усни, речениците биле во заповеден начин. Пророштвото не се прави од луѓето, туку од Духот на Бога, имено, Светиот Дух. Светиот Дух работи во хармонија преку човек за да ја исполни волјата Господова. Поради тоа, тоа е изречена вистина призната и гарантирана од Бога. Што е тогаш духот на пророштвото?

Ако ја зборуваш вистината преку Светиот Дух, ти сведочиш за Исус, Кој што е самата вистина. Така, бидејќи духот на Исус е посведочен преку човек, кој ја зборува вистината преку Светиот Дух, тогаш човекот пророкува. Ова е духот на пророштвото. Исто како што пророкот Језекиил го почитувал Словото Божјо и пророкувал, ако постои личност која може да го пророкува Словото Божјо ние можеме да добиеме многу откровенија.

Можеме да видиме дека Исус сака и ние да примиме откровенија, како што Тој кажува во Матеј 11:27, *„Никој не Го познава Синот освен Отецот; ниту пак некој го познава Отецот освен Синот, и оној на кого што сака Синот да Го открие“.* Исто така, апостолот Павле кажува во 2 Коринтјаните 12:1, *„Фалењето е неопходно, иако нема полза од него, но ќе минам кон виденијата и откровенијта Господови“.*

Ако можеме да добиеме Господови откровенија исто

и апостолот Павле, тогаш јасно можеме да го разбереме Бога па и дури можеме да почнеме да ги осознаваме нештата што допрва ќе дојдат. Само кога ќе ги знаеме нештата што ќе се случат во иднината, ќе можеме да се подготвиме за времето на второто Господово доаѓање, кога Тој ќе дојде тивко како крадец.

Добивањето На Одговор За Отварањето На Црквата

Тие Сакаат Да Те Исклучат

Како што се подготвував за отварањето на црквата, ние имавме неколку молитвени состаноци. Имавме излекувачки состанок во куќата на Ѓаконицата Аеја Ахн, и куќата беше исполнета со толпа луѓе. Вториот молитвен состанок се одржа во мојата продавница. Еден човек, чија рака беше скршена и кој што носеше гипс, беше излечен и се ослободи од гипсот. Жена која не можеше да остане бремена дојде и прими молитва. Наскоро по тоа слушнав дека таа останала бремена. Третиот состанок беше одржан на планинска локација. Имаше повеќе од 40 луѓе што присуствуваа. Некои од нив беа студенти во семинаријата и свештеници. Таму беше и една жена која што имаше хируршки зафат на `рбетот, но проблемот повторно и се јавуваше.

Се велеше дека таа е во многу ризична состојба, но таа

сепак сакаше да присуствува на молитвениот состанок. Еден од членовите одвај успеа да ја искачи по планината, и јас се молев за неа во текот на молитвената сесија. Таа беше потполно оздравена таму на планината и самата се симна низ планината!

Четвртиот молитвен состанок беше одржан на планина исто така и имаше многу студенти од семинаријата меѓу присутните. Словото Божјо ни се пренесе,

„По овој состанок, ќе има тест за тебе. Но не грижи се и само верувај во Мене и моли се. Јас ќе ти возвратам со благослови".

Наскоро, имаше искушување што ме снајде. Во јуни 1982 година, ги имав завршните испити за семестарот и се вратив дома. Но еден од професорите дојде по патот се до мојата куќа. Знаев дека тоа не е нешто што обично се прави. Тој започна со кажување, „Имам одено на многу планини за молитва и многу сум се молел, па и јас исто така знам прилично за духовниот свет. Ти имаш духовна длабочина и јас знам дека си благословен со многу духовни подароци. Бидејќи се подготвуваш да отвориш црква, непријателот ѓаволот и Сатаната се подигнаа против тебе. Свештенику, јас мислам дека е подобро да прекинеш со твојот план за отварање на црква. Ние имаме професорски состанок денес, а тие сакаат да те исклучат. Јас знам дека ти не си таква личност, но..."

Дејствијата На Непријателот Ѓаволот Го Попречуваа Отварањето На Црквата

Како што ги слушав неговите детални објаснувања, не само мојот професор ментор, туку исто така и свештеникот од мојата црква имаа некои недоразбирања во врска со мене. Ме прашаа, „Свештенику, за време на молитвените состаноци во планините дали кажа дека ти си Христос? Дали зеде жена со тебе и и дозволи да ги стави рацете на другите свештеници?"

„Никогаш не сум рекол дека сум Христос, и никогаш не сум и дозволил на жена да ги става рацете на други свештеници".

Бидејќи имаше многу излекувачки дела кога и да се молев за луѓето на состаноците, еден од моите соученици, кој што беше љубоморен поради ова, подготви извештај со лажни обвинувања до мојот професор ментор вклучувајќи такви нешта како, „Свештеникот Церок Ли прави нешта кои предизвикуваат фракции и поделби. Тој вели дека е Христос".

Потполно измислените озборувања се раширија за многу кратко време. Уште повеќе, професорите кои што ме подучуваа четири години решија да ме исклучат само врз основа на слушањето на овие озборувања без дури и да слушнат ништо од мене. Но сепак, Јас не ги посетив ниту пак зборував со луѓето за да ја докажам мојата невиност. Чувствував дека тоа е тешка ситуација, но кога се молев на Бога, Тој ми рече да давам благодарници, да се радувам и да се молам за тие луѓе со љубов.

Во септември, започна новиот семестар. Кога отидов во училиштето, ги слушнав моите соученици како се расправаат во врска со мојот проблем. Тие велеа дека соученикот кој ме обвини на правдина решил да не се запише во тој семестар поради чувството на вина. Така јас го посетив и барав од него да се запише бидејќи не чувствував никаква горчина или недоразбирања кон него. Господ работеше на таков начин што сите проблеми лесно се решија. Дури оној кој што ме обвини на правдина беше изведен на виделина. Откако ја отворив црквата и одржав служба за осветување на храмот, многу професори, вклучувајќи ги и оние кои порано погрешно ме сфатија, дојдоа и ние заедно прославивме. Кога дипломиравме, ние имавме прослава за заблагодарување за професорите во мојата црква.

Одговорот Е Примен, „Манмин Црква На 'Сé Создавањето'"

Бидејќи јас и се придружив на семинаријата како постар, сакав порано да ја отворам црквата. Бидејќи веќе не бев многу млад, се молев за името на црквата од почетокот на моето школување, но немав одговор. Непосредно пред отварањето на црквата пристигна и тој одговор.

„Наречи ја 'Манмин Црква'. Кога ќе дојде времето и ти ќе одиш на аџилак, ќе сфатиш зошто ти го дадов ова име 'Манмин'".

Подоцна, во 1989 година, отидов на аџилак во Светата Земја. Во Гетсемени, Исус се молел сé додека капките од

Неговата пот не се претвориле во капки од крв кои паѓале на земјата за да се исполни провидението на крстот и да се спасат сите луѓе и нации. На ова место, ја видов „Црквата на Сите Народи“ со преголеми емоции. Господ го пратил Исус Христос како искупувачка жртва за да ги спаси сите нации и сите луѓе. Господ сакал да го исполни Неговото провидение во текот на последните денови, и Тој сакал да ја исполни светската мисија на светото евангелие, и Тој ми го даде името „Манмин“ што значи „Сé создание“.

На почетокот на црквата, ние ја именувавме црквата ’Манмин Црква‘ но бидејќи очекувавме самите да воспоставиме многу подрачни цркви, ние ја преименувавме во ’Манмин Јоонг-анг (Централна) Црква‘.

Зошто Сакаш Да Го Направиш Тоа На Потешкиот Начин?

„Свештенику, зошто сакаш да отвориш црква? Дали знаеш колку е тешко да се основа црква?“ „Ти ќе мораш да јадеш само каша многу години. Не сакаш ли твоите деца да бидат образувани? Дали знаеш колку е тешко да собереш верници во денешно време?“ Советите продолжуваа, „Исто така, дали знаеш колку непослушни се верниците во денешно време? Дозволи ни само да работиме заедно тука во оваа црква“. „Свештенику, штом ќе ја отвориш оваа црква, ти ќе пролееш многу солзи“.

Кога дојде времето да ја отворам црквата, имаше премногу луѓе кои се обидуваа да ме спречат. Факт беше дека има многу нови цркви кои ги имаат тие проблеми. Некои свештеници отвараа цркви земајќи заем за зградата и опремата. Но, кога црквата не напредуваше како што се очекуваше, истите почнуваа да страдаат од долгови. Многу од нив талкаа наоколу во очај и со чувство на беспомошност. Но бидејќи јас верував во семоќниот Бог, моето срце воопшто не затрепери. Не можев да изразам несогласување кон оние кои што ми даваа совети право во нивното лице, бидејќи не сакав да ги засрамам. Само си одговарав во себеси. „Штом ќе ја отворам црквата, таа ќе биде напредна и нема да постојат никакви проблеми. Јас ќе спасам толку многу души што црквата брзо ќе се развива. Тогаш ние многу ќе го славиме Бога".

Се потпирав на Словото Божјо што велеше во Филипјаните 4:13, *„Се можам преку Исуса Христа, Кој ме крепи"*, и во Матеј 9:29 во кое се вели дека нештата треба да бидат направени така како што ние веруваме дека треба, и во Матеј 13:8 каде што се осигурав дека ако садиме, Бог ни ветува дека Тој ќе ни возврати 30, 60, или 100 пати повеќе отколку што сме посадиле. Доколку погледнете на саканите слуги на Бога, бидејќи Бог бил со нив, Мојсеј и апостолот Павле им изгледале како богови на луѓето (Исход 7:1; Дела на светите апостоли 14:11).

Ако Бог е со нас, ништо не е невозможно. Јас верувам во тоа. Верувам дека, како Негов слуга, ако јас се концентрирав на Словото, за кое се молев и ако ја следев Неговата волја, тогаш Бог ќе ни одговореше и ќе се погрижеше за сите финансиски прашања, местото и работниците од црквата. Бидејќи ја имав верата дека можам да направам сé преку Него кој што ми ја даде силата, јас имав една визија. Се молев во детали за визијата и сонот што го имав и го посведочив тоа со моите усни.

Повинувајќи Му Се На Водството На Светиот Дух

Во мај 1982 година, Бог ми кажа да ја отворам црквата кога сонцето најсилно ќе грее и Тој ме упати во под-областа Шиндаебанг, во областа Донгјак во градот Сеул, место за кое претходно никогаш немав слушнато. Бидејќи не ја знаев областа, прашав многу луѓе како да стасам таму. Бидејќи областа не беше добро развиена во тоа време, таму немаше многу згради и сообраќајот беше слаб. Таму имаше место од вкупно околу 900 квадратни стапки. Месечната кирија беше 150,000 вона (150 САД долари) за што беа потребни 3 милиони вони (3,000 САД долари) како сигурносен депозит. Се состанав во сопственикот да го потпишам договорот и тој ја намали киријата на 120,000 вони.

Господ Ги Подготви Парите За Отварањето На Црквата

Бог ни ги даде парите кои беа потребни за отварањето на црквата преку Ѓаконицата Аеја Ахн. Таа се молеше за тоа околу пет часа дневно. Нејзиниот син доживеал сообраќајна несреќа и доби 3 милиони вони како отштета. Таа даде завет да ги понуди овие пари на Бога како донација за изградбата на црквата. Но бидејќи нејзиниот сопруг кој што не беше верник ги потроши парите за друга цел, таа секогаш го носеше тој товар во срцето. Секогаш мислеше дека се уште треба да даде 3 милиони вона како прилог за изградбата. Во меѓувреме се запозна со моето семејство и ми се придружи кога ја отварав црквата.

Бидејќи на фабриката за мебел на нејзиниот сопруг не и одеше добро, нејзината куќа беше ставена под хипотека. Доколку тие не го платеа долгот, куќата ќе беше продадена по многу ниска цена. Така, тие ја ставија на продажба со цена од 20 милиони вона (20,000 САД долари), но немаше никој заинтересиран да ја види куќата. Ја намалија цената на 15 милиони вона, но се уште немаше некој кој сакаше да ја купи. Во меѓувреме, Словото на Бога и се јави на Ѓаконицата Аеја Ахн на молитвениот состанок на Планината Самгак, „*Понуди три-дневен пост и стави ја куќата на продажба. Зголеми ја цената толку колку што имаш вера и Јас ќе дејствувам. Употреби 3 милиони вона од зголемениот износ за да ја отвориш црквата*".

Тие ја ставија нивната куќа на продажба, но немаше никој што сакаше да ја купи толку многу години. Помислија дека доколку ја зголемат цената, агентите за недвижнини ќе им се смеат. Ѓаконицата Аеја Ахн внимателно размисли за тоа и најпосле додаде 3 милиони вона. Ја стави на продажба за 18 милиони вона. Агентот за недвижнини изгледаше шокиран.

Но како што се враќаше дома од канцеларијата на агентот за недвижнини, некој ја следеше и ја погледна куќата. Тој и рече дека го нашол неговиот омилен тип на куќа и го потпиша договорот на 18 милиони вона. На Ѓаконицата и беше тешко што не ја продаде за 20 милиони вона, само да покажеше повеќе вера. Господ работеше за неа да ја продаде куќата што не беше продадена долго време. Таа можеше да го отплати семејниот долг и понуди 3 милиони вона како пари што беа потребни за отварањето на црквата.

Темелно Каејќи Се Од Сé Срце Што Се Потпирав На Луѓето

Како што се подготвував за отварањето на црквата, некако очекував најмалку 40 луѓе кои што ми се блиски дека ќе бидат со мене кога ќе ја отварам црквата. Едноставно мислев дека тие ќе присуствуваат во црквата од самото отварање бидејќи мислев дека добро ме познаваат и дека ме сакаат. Но реалноста беше поинаква. На 25 јули, 1982 година, имавме служба за отварање, но неочекувано, ниту еден од луѓето за кои што очекував дека ќе присуствуваат, не дојдоа на службата. Кога видов дека моите добри сестри, кои што ветија дека ќе присуствуваат, не дојдоа на службата за отварање, сфатив дека Бог ги спречил. Бог не сакаше да се потпирам на ниту една од моите сестри. Се молев, „Боже, Ти благодарам што ми овозможи да согледам дека имам желба да се потпирам на моите роднини. Те молам прости ми што се обидував да се потпирам на луѓе. Сега ја сфатив Твојата волја. Нема да се потпирам на ниту еден човек, туку само на Тебе Боже, и ќе правам сé низ молитвата“.

По службата за отварање, сфатив дека сеуште имам желба да се потпирам на луѓе и длабоко се покајав пред Бога. Се молев на Бога да испраќа членови на црквата и светилиштето беше исполнето со верници пратени од Бога секоја недела.

Почнувањето Од Ништо

Девет Возрасни И Четири Деца

Кога ја имавме службата за отварањето, зградата се уште не беше завршена. Немаше прозорски окна, немаше свештеничка говорница а и подот не беше покриен. Истиот изгледаше како неплодна почва. Ние го поделивме просторот на два дела со завеса. Едната страна се користеше како живеалиште на моето семејство, а другата половина се користеше како светилиште и молитвен простор. Вклучувајќи го моето семејство, бевме девет возрасни и четири деца на службата за отворање. Освен членовите на моето семејство, имаше само уште неколку присутни. Ја проповедав пораката со наслов 'Верата е највредното богатство'. Историјата на Манмин Централната Црква започна од ништо. Бидејќи таа само што беше отворена, ние немавме пари, туку имавме само многу трошоци. Но јас никогаш не позајмив од никој од моите роднини или од некој друг. Единствено му се молев на Бога. Бев подготвен дури и да постам ако Господ на некој начин не ми најдеше средства. Но кога немавме ништо да јадеме, Господ на некој начин ни даваше храна преку рацете на другите. Можев дури и да имам лубеници, што многу ги сакам, во текот на целото лето.

Заедничкото Молење По Пет До Шест Часа Дневно

По службата за отворањето, неделните донации изнесуваа околу 30 до 40 илјади вона, но со овие пари не можев дури ни да ја платам ниту месечната кирија за светилиштето. Четири до пет члена се собираа заедно и се молеа пет до шест часа дневно потејќи се на жештината. Бидејќи немаше членови на црквата, јас не морав да ги посетам истите за да се погрижам за нив. Како што се молевме во молитвените простории ние бевме натопени со пот. Јеремија 33:3 вели, „*Повикај кон Мене и Јас ќе ти одговорам, ќе ти кажам за нешта големи и недостапни, нешта, што ти не ги знаеш*". Кога извикувавме обраќајќи му се на Бога во нашите молитви, Господ ни праќаше верници и ни ги даваше нештата неопходни за црквата.

„Боже, Дај Ни Микрофон"

По молењето во текот на една недела, ние добивме микрофон. Следната недела ни беше потребен телефон, се молевме за него, и го добивме истиот. Бидејќи немаше многу членови на црквата во тоа време, Бог дејствуваше за време на петочната целовечерна служба. Членови на другите цркви кои присусутвуваа на нашата петочна целовечерна служба, добиваа многу милост од Бога, и еден по еден тие ни ги нудеа нештата кои што и беа потребни на црквата. Преку овој начин ние добивме завеси, свештеничка говорница, пијано, вентилатори па дури и камбанарија со крст. Два месеца по отварањето, ги имавме сите нешта кои што ни беа потребни.

Во Делата на Светите Апостоли се кажува дека слугата Божји мора да се концентрира на Словото и на молитвата. Така да, јас ја оставив работата околу одржувањето и сето што се однесува на црквата, на другите членови од црквата а јас единствено се концентрирав на Словото Божје и на молитвата. Бидејќи во тоа време не знаев толку многу за Словото Божје, она што го разбирав во врска со Божјата волја, го проповедав во петочната целовечерна служба и неделните служби според инспирацијата на Светиот Дух.

Иако ми недостасуваа добри говорни вештини, слушателите стекнаа живот и вера од црковните поуки бидејќи тие беа чисти духовни пораки. Постоеја некои дела и нешта што го следеа Словото исто така. Како што членовите го практикуваа Словото нивната вера растеше и тие почнаа да ги добиваат одговорите на нивните молитви. Од отварањето, секоја недела Бог ни испраќаше нови верници и преку пораките тие се стекнаа со живот. Гледајќи ги чудата Божји кои што се случуваа за време на петочните целовечерни служби, тие ја примаа милоста а и нивната вера се зголеми.

Наоѓањето На Одговорот Во Библијата

Бидејќи првите цркви беа формирани од апостолите кои што беа директно подучувани од Исуса, тие ја следеа волјата

Господова, Бог беше задоволен од нив и Бог им ги додаде како нивни членови таквите кои што беа спасени. Првите цркви станаа моја цел и пример за следење, сé до враќањето на Господа. Најдобриот вид на црква што Бог ја сака не е само црквата која што има многу голема црковна зграда или многу членови, туку тоа е црквата која што наликува на првите цркви. Кога го следиме примерот на раните цркви кои што ја следеле волјата за задоволувањето на Бога, тогаш Господ не благословува да имаме постојана преродба во црквата.

„И страв ја обзеде секоја душа, зашто многу чудеса и знаци се вршеа преку апостолите. А сите, што веруваа, беа заедно и сé им беше заедничко; и почнаа да ги продаваат нивните имоти и сопствености и на секого да му раздаваат според неговата потреба. И секојдневно еднодушно престојуваа во храмот и крвејќи леб по куќите, се хранеа со радост и чисто срце, славејќи го Бога и беа омилени кај сите луѓе. А Господ секој ден го зголемуваше бројот со оние кои што беа спасени“ (Дела на светите апостоли 2:43-47).

Поаѓајќи од примерот на првите цркви кои се обидувале секојдневно да се собираат во светилиштето, секојдневно имавме молитвени средби и го ширевме Словото Божјо, земајќи го лебот на љубовта, имено Словото Божјо (Јован 6:48) и практикувајќи го истото. Бог беше со нас покажувајќи ги Неговите знаци и чудеса, и бидејќи новите членови се регистрираа секоја недела, црквата растеше многу бргу.

Потпирајќи Се Само На Словото

По отварањето на црквата, моравме да ја штедиме секоја паричка, но јас ја знаев тајната на добивањето на благослови како што се кажува во Лука 6:38, *„Давајте и ќе ви се даде. Мерка добра, набиена, растресена и преполнета ќе ви дадат в раце; оти со каква мерка мерите, со таква и ќе ви се мери"*. Се обидував да им помогнам на оние во неволја потпирајќи се на ова Слово.

Во тоа време ние имавме десет студенти од семинаријата во нашата црква и моравме да им помогнеме. Не беше лесно да се плати дури ни киријата за светилиштето, која што беше 120,000 вона (120 САД долари). По неколку недели од отварањето на црквата, ние имавме некои донации, така да со верата со која Бог не благослови, ние зедовме дел од прилозите и ги испративме во другите нови цркви во нашата деноминација. Од службата на воспоставувањето, секој член се завети дека ќе даде 1 милион вони (1,000 САД долари) за зградата на семинаријата на деноминацијата на која што ние и припаѓавме. Трудејќи се најдобро што можеме, станавме црква која што им помага на другите кои што се потпираат на Словото.

Како што ја отворив црквата, во Библијата барав модел на црква што би го следеле, и тоа беше првата црква во Делата на Светите Апостоли.

„Ако Вие Луѓето Не Видите Знаци И Чуда, Вие Едноставно Нема Да Поверувате"

Служба За Воспоставување

Кога се молев за службата на воспоставувањето Бог ми даде Слово во кое кажуваше, *„Понуди служба за воспоставување кога сите посеви се созреани, пред првиот мраз"*. Така, на 10 октомври, 1982 година, ние одржавме служба за воспоставување, и веќе имавме повеќе од 100 члена. Од отварањето на црквата, Бог ни испраќаше многу членови и светилиштето веќе беше премало. На петочната целовечерна служба, имаше повеќе од 100 присутни во простор од само 540 квадратни стапки, па така имаше луѓе во ќелиите за молитва или пак некои што стоеја на скалите. Така, од службата за воспоставувањето па натаму, ние исто така го изнајмивме и подрумот.

Кога се молев за Божиќен настан, Бог ни испрати многу талентирани луѓе за да се подготвиме за Библиска претстава,

Основачка Служба

па така да ќе можевме да имаме многу добар настан. Бог ни
испрати лице кое што имаше добри вештини во аранжирање
на цвеќе и актерка која исто така беше добра танчерка. Таа
не подучи на некои танци и движења со рацете во неделното
училиште. Наскоро, членовите самите можеа да се подготват
за настаните. Во тоа време, јас требаше да дадам повеќе од 10
религиозни поуки неделно за различни служби вклучувајќи
ги тука и сесиите за утринската молитва. Исто така одев
на училиште, бидејќи се уште бев пред дипломирањето во
моето училиште во семинаријата. Исто така, имавме и ноќна
молитва, но во четири часот наутро. Јас ја водев и службата за
утринската молитва исто така. Како што се ширеа новостите
за многуте дела на оздравување, доаѓаа многу пациенти од

целата земја, и јас се молев за секој од нив многу пати на ден.

Промена Во Семејството

Г. Јангсук Ким, пред да го спознае Исуса, бил тежок алкохоличар. Бидејќи неговата кашлица не престануваше да го мачи, тој отиде во болница. Беше дијагностицирана туберкулоза во неговиот лимфен систем. Мораше да мине низ оперативен зафат и повеќе од една година мирување, но тој не можеше да си го дозволи тоа.

Неговата жена страдаше од воспаление на мочниот меур уште од породувањето. Таа беше толку потиштена што се обиде да изврши самоубиство, но за среќа преживеа. Во октомври 1982 година, Јангсук Ким ги слушна вестите за нашата црква и се регистрираше. Тој се зарече на 10-дневно утринско постење и утринска молитва. Тој имаше многу висока температура и постојано кашлаше. Гледајќи многу други болни луѓе како оздравуваат, тој стекна вера дека исто така може да биде излекуван. Јас постојано се молев за него. На 10^{от} ден, треската се повлече а кашлањето престана. Тој беше сигурен дека се излечил и отиде повторно да му одредат дијагноза. Рекоа дека повеќе нема туберкулоза. Тој беше комплетно излечен со огнот на Светиот Дух. Тогаш и неговата жена исто така се регистрира во нашата црква и наскоро и таа беше излекувана од воспалението на мочниот меур. Исто така и нивната ќерка беше излекувана. Од благодарност кон Божјата милост, Јангсук Ким почна да студира теологија. Тој сега е свештеник и држи религиозни служби.

Петочна Целовечерна Молитва Со Чудесните Знаци од Библијата

Петочната целовечерна служба беше исполнета со луѓе од сите краишта на земјата. Таа стана еден вид на интер-деноминациска служба. Тесното светилиште беше преплавено со луѓе. Жештината на Светиот Дух беше толку врела што таванот беше прекриен со капки вода. Додека присутните страсно го славеа Бога и му се молеа, службата која што започна во 11 часот навечер, продолжи сé до 6 часот наутро. Како што имаше сé повеќе сведоштва дека многу болни луѓе беа излекувани, стануваа, чекореа и потскокнуваа на секоја петочна целовечерна служба, сé повеќе и повеќе луѓе доаѓаа на тие служби.

Оние кои што добиваа смртни пресуди во болниците, веднаш штом ќе дојдеа во црквата, беа излекувани, а оние кои што употребуваа патерици почнуваа да одат и да потскокнуваат. Слепите доаѓаа да прогледаат, немите да прозборуваат, а оние кои што не можеа да останат бремени доаѓаа за да забременат. Еден со својата скршена рака дојде за да замине слободно движејќи си ја раката откако ја прими молитвата.

Пациент Дијагностициран Со Леукемија Беше Излекуван

Во една прилика, бев посетен од една госпоѓа со многу бледо лице, која дојде за да ја прими мојата молитва. Таа ми кажа дека нејзиниот доктор и кажал дека ќе живее само уште околу петнаесетина дена. Ова е нејзината животна приказна.

Таа уште порано била Христијанка кога одела во неделното училиште. По извесно време добила понуда за брак од човек кој што не бил верник. Таа му кажала дека би се омажила единствено за верник, така да тој се регистрирал во црквата и присуствувал на службите извесно време.

Жената помислила дека нејзиниот сопруг ќе води добар Христијански живот, но по неколку месеци свекрва и ја терала да верува во Буда кажувајќи и, „Нашето семејство веќе со генерации е Будистичко семејство, така да и ти исто така мора да се преобратиш во Будизам". Бидејќи таа не ја послушала нејзината свекрва, нејзиниот сопруг исто така и се придружил на мајка си и ја присилувал да не оди во црква. Ја тепал и ја прогонувал. Ако било каков проблем се појавел во фамилијата, сите ја обвинувале неа за тоа.

Таа била исфрлана од дома многу пати, но го издржала сето тоа. Бидејќи нејзиниот сопруг започнал врска со друга жена, таа повеќе не можела да го издржи тоа и престанала да оди во црква. Таа знаела дека мора да оди во црква, но живеела во очај и на крајот се разболела од леукемија.

Иако таа веќе не одела во црквата, нејзиниот сопруг се уште имал вонбрачна врска и продолжил да ја тепа.

Иако таа боледувала од леукемија, нејзиниот сопруг и свекрвата се однесувале студено кон неа и не сакале ниту во болница да ја однесат.

Откако била прогласена за неизлечиво болна во болницата, значи изрезена и била смртна пресуда, таа ги слушнала вестите за нашата црква и дошла да ја побара мојата молитва како последната надеж да му се приближи на Бога. Бог ја излечи оваа жена. По некое време, таа повторно дојде кај мене со здрав изглед, ми заблагодари и се врати во нејзиниот дом.

Два Различни Видови На Знаци

Исус лекувал болни и оживувал мртви; Тој покажувал различни чуда во текот на Неговото служење. Тој рече, *„Ако не видите знаци и чудеса, нема да поверувате"* (Јован 4:48). Чудото е Божјото делување кое што придвижува или предизвикува непосредна смена или менување на временските услови. Во времето на Исус Навин, тие воделе битка на Гаваон, и сонцето застанало на средината на небото (Исус Навин 10:13). Во времето на Исаија, сенката на сонцето се вратила наназад за 10 степени (2 Книга Царства 20:11), и трите мудреци тргнале кон Витлеем следејќи ја ѕвездата што се движела (Матеј 2).

Знаците се Божји дела кои што оставаат видлива трага и докази. Во спроведувањето на знаците понекогаш Богот Отецот ја игра главната улога. Овие случаи се знаци за време на Стариот Завет а еден е запишан во Откровението 15:1. Марко 13:22 кажува, *„Зашто ќе се појават лажни Христоси и лажни пророци, и ќе покажат знаци и чуда, за да ги прелажат, ако е можно и избраните"*. Овој стих вели, 'ако е можно' да нагласи дека (дејствието) е всушност невозможно во реалност. Имено, лажните пророци немаат моќ да покажуваат знаци, но 'ако е можно', тие ќе се обидат да го сторат тоа за да ги прелажат луѓето, дури и избраните, односно, луѓето Божји. Примерите на знаци на Бог Отецот се Десетте Зла во Египет (Пета Книга Мојсиева 6:22), и пламенот што се издигна кон Небото (Книга Судии Израилеви 13:19-20).

Има поинаков вид на знак што се врши кога Господ и Светиот Дух ја играат главната улога заедно за да остават некој вид на трага зад нив. Таквите најмногу се наоѓаат во Новиот Завет. Примери на знаци се кога Исус ја претвора водата во вино, излекувањето на болните и оживувањето на мртвите; и правењето да слепите прогледаат, глувите прослушаат, а немите да прозборуваат. Овие знаци се нешта кои луѓето не може да ги направат (Јован 6:2). Исус по проповедањето на Словото Божјо, покажал знаци така што оние кои ги посведочиле истите можеле да поверуваат дека Словото Божјо е потполно точно. Се разбира, поблагословено е да веруваш дури и без да ги видиш тие докази, но не е лесно да имаш вистинска вера без да ги видиш. Како што гревот повеќе преовладува срцата на луѓето стануваат позакоравени и потешко е за нив да ја имаат вистинска вера. Денес, за да се шири евангелието и да се спасуваат душите, покорисно и поефективно е да се имаат следниве знаци и чуда.

Овие Знаци Ќе Ги Придружуваат Оние Кои Што Поверувале

Некои верници не веруваат или барем мислат дека е чудно, кога ние ќе им кажеме дека знаците кои што се запишани во Библијата се случуваат и ден денеска. Некои други може да имаат сомнежи мислејќи, „Се молев со вера, па зошто не се случи Божјо делување?"

Но Исус кажал, „*А знаците кои што ќе ги придружуваат оние што поверувале, ќе им бидат овие: со Моето име ќе истеруваат демони; ќе зборуваат на нови јазици; ќе фаќаат змии, а ако нешто смртоносно испијат, нема да им наштети; на болните ќе полагаат раце и тие ќе оздравуваат*" (Марко 16:17-18). „Оние кои што поверувале" тука се однесува на оние кои што имаат совршена духовна вера. Постои мерка во верата која што се наоѓа во Римјаните 12:3. Слично на тоа како што постои процес за зрното да изникне, да расте, да процвета, и даде плод, штом еднаш го посадиме семето на верата во нас, според тоа колку добро се грижиме за истото, верата ќе расте на различни начини. Тоа е причината зошто мерката на верата е различна кај секого. До оној степен до кој што го практикуваме Словото и го менуваме нашето срце во вистинското срце, до тој степен Бог одозгора ни ја дава духовната вера (Евреите 10:22). Поради тоа, ако ние успееме да ја имаме совршената вера и да го посветиме срцето на Господа Исуса Христа, тогаш овие знаци ќе не придружуваат.

Имено, ние ќе истеруваме демони со името на Исуса Христа и ќе зборуваме нови јазици. Да се 'фатат змиите' духовно значи дека ние ќе ги разнебитуваме делата на Сатаната со помош на Словото Божје. Исто така, оние кои што се наоѓаат на ниво на совршената вера нема да бидат нападнати ниту од една болест или бактерии, па дури и ако ненамерно испијат смртоносен отров, истиот нема да им наштети бидејќи Бог ќе го согори со огнот на Светиот Дух. Таков бил случајот кога апостолот Павле бил каснат од отровна змија на островот Малта (Дела на Светите Апостоли 28:5). Но ако го искушувате Бога знаејќи дека тоа е отров, Бог не може да ве заштити. Исто така, со совршената вера ние можеме да прикажеме дела на излекување со моќта на Бога, кога се молиме дури и за неизлечиви болести.

Што Се 'Нови Јазици'?

На што се однесува терминот 'нови јазици'? Зборувањето на други јазици е дарот на Светиот Дух кој што Бог би сакал сите негови деца да го добијат (1 Коринтјани 14:5). Обично ние му се молиме на Бога користејќи го нашиот јазик. Ова е молитвата на срцето. Но понекогаш ние се молиме користејќи ги другите јазици, што е молитвата на духот (1 Коринтјаните 14:15).

Кога ќе сфатиме дека сме грешници, ќе се покаеме, и ќе го прифатиме Исуса Христа во срцето, Господ тогаш ни го дава Светиот Дух како подарок и во многу случаи Тој ни го дава дарот за зборување на јазици, што е еден од даровите на Светиот Дух. Кога ќе го примиме Светиот Дух, духот што бил мртов како резултат на првобитниот грев на Адама, повторно оживува. Ако го добиеме дарот за зборување на јазици, овој дух самиот му се моли на Бога. Така да, ако како Христијани го добиеме дарот за зборување на јазици и се молиме, тогаш ние ќе добиеме повеќе моќ во нашата молитва, и тогаш нашата душа ќе просперира.

Бидејќи јас бев нов верник, се молев со сето мое срце во текот на моите целовечерни молитви, и кога започнав да се молам во духот, имено со други јазици, одејќи во молитвата напред и назад, почнав да пеам на други јазици по инспирацијата на Светиот Дух. Кога подлабоко ги пеев пофалбите на другите јазици, понекогаш моите раце непланирано ќе се подигнеа и изведував некакви танци. Од тука кога навлегував во подлабоките нивоа на молитвата, зборував на новите јазици. Зборувањето на нови јазици е многу моќна молитва.

Кога Јас Наредував Во Името На Исуса Христа

Да Не Се Тестираат Ниту Растенијата

Колку ли е благодарно тоа што прекрасните Божји дела кои што Исус ги покаживаше на Земјата пред околу 2,000 години, сеуште се случуваат на истиот начин на секој оној кој што се моли со вера! Бидејќи бев нов верник, кој што не знае многу за Словото Божјо, акумулирав безброј молитви, молејќи се да Бог ми дозволи да ги изведувам сите моќни Божји дела кои што пророците и апостолите ги имаат извршувано. За време на отварањето на црквата, знаците што ги придружуваа оние кои што поверуваа веќе ни се случуваа.

Веднаш по отварањето на црквата во 1982 година, ние имавме околу 30,000 до 40,000 вона (30 до 40 САД долари) како неделни прилози. Сакавме да имаме цветни декорации на олтарот, но ниту имавме лице што би можело да го направи тоа, ниту имавме доволно пари да купиме цвеќиња. Но во август некој донесе саксија со мало дрво, со многу лисја. Иако немавме цветни декорации, ние ја имавме саксијата и таа беше убава и прекрасна. Но по околу две недели, лисјата станаа жолти и истото почна да се суши. Почувствував тага бидејќи убавото дрво умираше. Ако Господ може да оживее мртов човек, дали Тој ќе ми одговори ако се молам за ова дрво? Со оваа мисла, што светна во мојот ум, јас ја ставив мојата рака на дрвото и се помолив, „Оживеј во името на Исуса Христа!"

Следниот ден, кога дојдов во светилиштето за да ја водам утринската молитвена служба, жолтите лисја повторно беа претворени во зелени. Ден потоа, дрвото потполно оживеа со нови зелени лисја. Членовите кои што го видоа тоа и јас, заедно се израдувавме и му оддадовме слава на Бога. Јас бев многу среќен и задоволен откако го имав искуството да видам како дрвото кое умираше повторно се врати во живот. Во септември, една саксија со хризантема и беше понудена на црквата. Гледајќи во убавите цвеќиња, посакав да тестирам дали цвеќињата ќе се исушат доколку се молам за цвеќињата да се исушат. Кога Исус ја проколна смоквата, таа се исуши. Па, доколку јас се помолам и и наредам на оваа хризантема да се исуши, нема ли да го стори тоа?

Се помолив и и заповедав на хризантемата да се осуши само да го добијам тоа искуство. Но јас имав некое неубаво чувство во моето срце. Кога се молев таа вечер го слушнав Словото Божјо како остро ме критикува, иако никој не ме виде како го проколнувам растението.

„Мој слуго, дури и едно растение има свој живот и е одгледано од Бога, и како ти можеш да го проколнеш?

Дали ме тестираш Мене? Мој слуго, ти си зол. Покај се. Ти не можеш само да благословуваш или да проколнуваш во било кое време. Ти треба да го правиш тоа само тогаш кога Светиот Дух ќе го придвижи твоето срце".

Бев толку изненаден што почнав да се потам, веднаш започнав со три дневен пост и целосно се покајав. Од тогаш, дури и кога имаше луѓе што ме судеа, ме клеветеа или ме проколнуваа, јас не ги мразев ниту пак се молев со омраза кон нив. Како што кажува Словото Божјо, јас се молев за оние кои ме прогонуваат и ги благословував со љубов.

Должноста На Светската Мисија

„Повикај кон Мене, и Јас ќе ти одговорам. Ќе ти покажам нешта големи и моќни, нешта кои што ти не ги знаеш" (Јеремија 33:3). Потпирајќи се на овој стих, јас акумулирав толку многу молитвени рвања со Бога како што тоа го направи Јаков покрај реката Јабок. Како што извикував во молитва и постев со понизност кон Словото Божјо и се обидував да живеам според Словото, Бог го исполни Неговото Слово. Почнав да го слушам гласот на Бога и од време на време почнав да гледам големи и моќни нешта. Понекогаш Господ ми дозволуваше да дознам што ќе се случи во земјата а и за светските случувања однапред. За време на отварањето на нашата црква, Господ ми соопшти дека преку нашата црква Тој ќе изврши успешна светска мисија и дека ние ќе изградиме едно Големо Светилиште за Него.

Бидејќи јас се нарекував Негов слуга, се молев да станам слуга кој што ќе може да го рашири евангелието до сите луѓе и да спаси многу души. Тогаш, Господ ми ја доделил должноста за извршување на светската мисија и јас го примив Словото кое што кажуваше, „Ти ќе минеш планини и реки и мориња и ќе изведуваш знаци и чудеса". Исто така, Тој ме задолжи да го проповедам евангелието и на избраните луѓе, во Израел, во текот на последните денови. Тој ми дозволи да дознам дека евангелието ќе се врати во својата родна земја и дури и Евреите кои што не го признаваат Исуса како нивен Спасител, ќе се покајат.

Визија За Градењето На Големото Светилиште

Веднаш по отварањето на црквата, ние имавме излекувачки сесии на секоја петочна целовечерна служба, и Бог му даде дар на секој од членовите да може да види некоја визија во текот на една недела. Јас лично го проверував секој член да видам дали дарот што го примил е навистина од Бога. Бог ни ги дава даровите на Светиот Дух бидејќи тие ни користат, но понекогаш, луѓето добиваат нешта што не се дарови од Бога, туку дело на Сатаната и тогаш гледаат нешто потполно чудно. Поради тоа мораме точно да ги распознаеме духовите.

Еден ден во септември 1982 година, Бог им покажа визија на 17 члена за Големото Светилиште кое ние ќе го изградиме. Еден го виде кровот, некој друг ја виде внатрешноста, друг ја виде задната страна на храмот, некој друг пак ги виде убавите мермерни столбови. Центарот на таванот можеше да се отвара во форма на крст за да може сончевата светлина да влезе внатре. Свештеничката говорница во Големото Светилиште беше сместена во центарот на светилиштето и бавно се ротираше. Еден член ме виде како проповедам таму во светилиштето преполно со луѓе.

Составувајќи ги сите тие нешта што нашите членови ги видоа, ние консултиравме еден експерт и направивме поглед од птичја перспектива за светилиштето. Дури и сега, ја имаме таа слика на погледот од воздух на Големото Светилиште на првата страница од нашиот неделен билтен. Со цел да се исполни сонот што Бог ни го даде на почетокот од нашата црква, ние постојано со вера се молевме за тоа.

Бог ни објасни зошто е потребно Големото Светилиште на крајот на времињата и како тоа ќе биде изградено. Големото Светилиште преку кое Бог сакаше да добива слава не може да биде изградено само поради тоа што ние имаме пари. Бог сака Неговото Светилиште да биде изградено од страна на неговите деца кои што страсно го љубат Бога и кои што ги имаат обрежано нивните срца и станале свети.

Првиот Оживувачки Состанок Во Родниот Град

Во февруари 1983 година, го одржав првиот оживувачки состанок во мојот роден град. Тоа беше во една црква во подрачјето на градот Хаеје Муеон, Муан Гун, Покраина Јеоннам. Но, членовите од самата црква не присуствуваа. Наместо нив, некои други луѓе од селото ја исполнија црквата.

Тие носеа една тажна приказна. Друга црква во следното село, која и припаѓаше на една голема деноминација, ги ставаше членовите на црквата во искушение нудејќи им пари, па многу од членовите се подготвуваа да се префрлат во таа црква. Така да, свештеникот кој што го одржувал овој оживувачки состанок се обидел да ги задржи членовите кои што сакале да се префрлат, но дури и членовите од црквата не соработувале и не присуствувале на состанокот. Причината зошто тие не присуствувале на оживувачкиот состанок била таа што свештеникот не поканил познат проповедник за оживувачкиот состанок, туку го поканил сеуште неназначениот и непознат свештеник по име 'Церок Ли'.

Бог ни покажа големи чуда уште од првата сесија. Една жена која што 10 години не можеше да оди и не можеше да спие поради острите болки во коските, ја послуша пораката и се здоби со вера. Преку молитва се случи чудото да таа стане, прооди и да потскокне. Веднаш овие вести се прошириja низ селата во внатрешноста и од следниот ден, свештеници и членови доаѓаа дури и од одалеченост од околу 18 милји. Оживувачкиот состанок се одвиваше во црквата исполнета со луѓе кои што дојдоа од различни места на земјата.

Имаше една постара жена чиј што грб и беше свиткан за 90 степени. Таа секогаш мораше да оди гледајќи единствено во земјата. Оваа постара жена ме служеше мене, кој што бев говорникот, со топли пијалоци во текот на секоја од утринските, дневните и вечерните молитвени средби, дури и при студено време. Всушност, јас не ги сакав овие пијалоци како што ми носеше, но сепак ги пиев мислејќи на нејзиниот труд. На последниот ден од оживувачките состаноци, нејзиниот свиткан грб беше потполно исправен. Како дополнение на ова многу други луѓе ги искусија исцелувачките дејствија на Бога и го славеа Него. Дури тогаш членовите на црквата ги осознаа големите Божји дела и заклучија дека она што го направиле било погрешно па така, тие се покајаа пред нивниот свештеник и присуствуваа на преостанатите оживувачки состаноци.

Наредување Дадено На Гасот Јаглерод Моноксид Во Името На Исуса Христа

Во тоа време во повеќето домови користеа голем вид на брикети од дрвен јаглен за греење. Така да, во зимата, се случуваа многу несреќи. Секојдневно добивавме новости како многу луѓе умреле или биле хоспитализирани поради труењето со гас. На 12 февруари, 1983 година, имавме петочна целовечерна служба токму пред Лунарната Нова Година. Подрумот на зградата во тоа време јас го користев како мое живеалиште. Имаше спални, дневна соба, соба за чистачите и канцеларии.

Пред да започне петочната целовечерна служба, еден малад човек по име Сук-ки Парк си планирал, бидејќи по денот на службата започнува празникот на Лунарната Нова Година, да не присуствува на неделната служба, туку наместо тоа да се состане со неговите пријатели. Во тој миг тој се почувствувал поспан и посакал да дремне малку, а потоа да се врати на службата и слегол долу во подрумот каде што беше сместено моето живеалиште.

Тој мислеше дека само малку ќе се одмори, но западнал во длабок сон. Во спалната на моето живеалиште, спиеја моите три млади ќерки. Светилиштето кое што беше само околу 540 квадратни стапки, беше исполнето со повеќе од 150 луѓе, така што немаше место за децата. Црквата беше преполна со луѓе кои што присуствуваа на службата. Тие беа дури и во малите молитвени простории а и стоеја на скалите надвор од светилиштето.

Бидејќи небото тој ден беше длабоко прекриено со облаци, јаглеродниот моноксид од дрвениот јаглен не се вентилираше надвор како што треба. Бидејќи петочната целовечерна служба започна во 11 вечерта и заврши во 6 часот наутро следното утро, младиот човек и моите три ќерки беа изложени на смртоносниот гас повеќе од седум часа. Младиот човек рече дека тој еднаш се освестил, но бидејќи неговото тело веќе било вкочането, тој не можел да се движи. По службата, кога членовите се враќаа дома, чистачот слегол долу и бил првиот сведок на сцената. Кога ги нашол повикал, „Мртви се!" Поради итниот повик, се собрале оние кои што беа во светилиштето. Членовите ги донесоа моите три ќерки и младиот човек, сите со изгубена свест, во светилиштето. Нивните очи беа побелени и имаа меуреста пена во нивните усти.

Моите три ќерки едвај дишеа, но младиот човек, Сук-ки Парк веќе не дишеше. Неговото тело беше исто така веќе вкочането. Тој практично веќе беше труп. Ја знаев многу добро опасноста од гасот јаглерод моноксид, но бидејќи никогаш не бев имал таков вид на искуство со истиот порано, не мислев дека тие може да оживеат. Беше речиси незамисливо дека Бог би ги оживеал преку мојата молитва. Дури и да ги однесевме во болница да добијат третман и да ги повратат во живот, тие би останале со психички или физички нарушувања, или би биле во вегетативна состојба до крајот на нивните животи.

Јас само што започнав со мојата свештеничка служба, и ако некој ми умре поради несреќа веднаш по отварањето на црквата, како тогаш би можел да продолжам со мојата свештеничка служба? Не можев да поднесам да го усрамам Бога со нешто такво што би се случило. Станав и отидов до олтарот и се помолив, „Боже, Ти си оној што дава или зема живот. Ти благодарам што моите ќерки се со Господа на Небото каде што нема солзи, тага или болка. Но овој млад човек е член на црквата, и ако умре ова ќе биде срамотно пред Тебе. Те молам дозволи овој човек повторно да оживее".

Откако му се заблагодарив на Бога во молитва, многу членови на колена му се молеа на Бога за да тие оживеат. Прво отидов до мртвиот млад човек, ја положив мојата рака на него и се молев, „Јаглерод моноксиду, ти заповедам во името на Исус Христос, исчезни! Оче, оживеј го неговиот дух и биди прославен". И потоа се помолив врз секоја од моите три ќерки, една по една. Откако се помолив за младиот човек, се помолив и за мојата најмлада ќерка Соојин. Додека се молев за неа, младиот човек стана и седна непосредно до седиштата на хорот. Изгледаше како да не знае што се случува бидејќи единствено се сеќаваше дека спиел во подрумот. Потоа, додека се молев за мојата втора ќерка, мојата трета ќерка Соојин се освести и седна. Не помина ниту минута откако се помолив за сите три мои ќерки, а сите тие веќе беа седнати. Членовите кои што го гледаа ова го славеа Бога со многу духовна чувствителност. Подоцна младиот човек раскажа дека неговиот дух, што го беше напуштил неговото тело, од воздухот гледал што се случува. Тој исто така гледал како чистачот го носи неговото тело до светилиштето и како прима молитва од мене.

Бидејќи гасот јаглерод моноксид ги уништува мозочните клетки беше очигледно дека тие ќе умрат откако седум часа го вдишувале гасот. Дури и да беа испратени во болница и да преживеаа, тие ќе страдаа од подоцнежните последици. Но бидејќи Бог ги излечи и ги исчисти од гасот и од сите можни подоцнежни последици, младиот човек и моите три ќерки продолжија да живеат здрави животи без никакви последици. Кога ме снајде тест како овој, јас единствено се потпрев на Бога и дури не ни помислив да се потпрам на светот. Откако го поминав овој тест со заблагодарување, сфатив дека Господ ми даде моќ да ги контролирам и да владеам дури и врз безживотните нешта како што е гасот јаглерод моноксид.

После тоа, Господ ме научи како да го изгонувам гасот јаглерод моноксид. Бидејќи гасот прво ги парализира мозочните клетки а потоа нервите во целото тело, лицето кое што настрадало од тој гас прво ја губи свеста а потоа целото тело му се вкочанува. Така да, за оние кои имаат труење со гас, Бог ме научи дека треба да се молам така што ќе кажам, „Ти наредувам во името на Исуса Христа, напушти го телото брзо преку носниците, устата и двете уши, и преку сите клетки. На овој начин гасот кој што го парализирал целото тело ќе ја испочитува наредбата да го ослободи телото и бргу ќе исчезне.

Не Беа Ли Тука Десетте Исчистени? Но Деветте, Каде Се Тие?

Се Помолив И Бог Ми Покажа

Во текот на првите две години по отварањето на црквата, јас самиот се грижев ги посетував членовите. Доколку имаше некои членови кои што не доаѓаа на неделната служба или пак страдаа од некои тешкотии, јас тогаш во текот на ноќите постев и се молев за нив, и се покајував со солзи во нивна корист. Најголем број од членовите живееа на голема одалеченост од црквата. Исто така, најголем дел од нив не беа во добра финансиска состојба, а некои од нив дури беа банкротирани и во очајание.

Кога членството се броеше во стотици, на прв брз поглед можев да видам кој недостига на неделната служба. Постев за членовите а кога не можев самиот да ги посетам, испраќав некои од работниците да ги посетат во мое име. Се обидував да не изгубам ниту една душа која Господ ми ја довери.

Совет Со Љубов

Понекогаш со љубов им давав совети или пак им посочував нешто на членовите, сѐ со желба да се сменат и да пораснат во верата. Кога бев загрижен за некој член, ако се молев за таа личност во периодот од околу 10 минути, тогаш Бог ми овозможуваше да ги согледам неговите проблеми и ми укажуваше на проблемите во неговото семејството или пак на неговото работно место.

Една недела, еден член кој што никогаш не пропуштил ниедна служба не присуствуваше на службата. Не можев да престанам да се грижам за него. Се молев, „Господе, овој конкретен член не дојде на неделната служба. Што ли му се случило?" Господ ми покажа дека тој бил во кафеаната во неделата. По некое време, му го кажав тоа што го видов бидејќи бев убеден дека тој нема да биде навреден или пак да се сепне доколку направам така. Тогаш, неговото лице поцрвене, но тој сепак го потврди тој факт.

Имаше член кој доаѓаше само на утринска служба, а не бев во состојба да го најдам на вечерната служба. Тоа беше еден кој исто така редовно го одржуваше денот посветен на Бога. Кога се помолив за него, Бог ми ја покажа сликата дека тој пие на еден свадбен прием. По неколку дена му реков, „Личност која носи одредена боја на облеката те приморала да се напиеш неколку пати. Ти си одбил неколку пати, но на крајот си попуштил и си се напил". Неговото лице поцрвене и беше многу засрамен.

По ваквите инциденти, можев да почувствувам како членовите кои што правеа гревови почнуваа да се плашат од мене и се обидуваа да ме избегнуваат. Бидејќи гледав како членовите прават гревови, мамат, прават дела на разврат и вршат прељуба, срцето ми се кршеше и му се молев на Бога низ солзи.

Еден ден, во молитвата, го слушнав Бога како ми зборува,

„Не гледај на сегашните состојби на твоите членови. Гледај ги со очите на верата и очекувањата дека ќе се сменат во иднина. Ако те мамат, само слушај ги и не се труди да дознаеш повеќе... Ако само гледаш на сегашната состојба на твоите членови, твоето срце ќе биде скршено, твојата душе ќе изгние и ти ќе го изгубиш здравјето, и така нема да бидеш во состојба да ја вршиш твојата должност".

Од тогаш, оставив сè во рацете на Бога и престанав да се молам со намера да дознаам што прават моите членови.

Тоа не беа само оние луѓе кои што доаѓаа во црквата од различните делови на целата земја за да примат излекување, туку исто така и беа и оние кои што со духовна жед го бараа Словото на животот. Имаше луѓе кои што му служеа на Бога и му беа посветени на Бога очекувајќи награди на небесата откако нивните проблеми беа решени и тие беа излечени, додека пак имаше и други кои што му се враќаа на светот барајќи лични придобивки.

Исфрлањето На Идолите И Влегувањето Во Светлината

Кјеонгсон Парк беше од семејство кое што обожуваше идоли, пред таа да дојде во црквата. Нејзината свекрва имаше ќерка со умствени пречки и мајката правеше барем еден ритуал на егзорцизам месечно само за да ја излекува ќерката.

Исто така, таа ставала многу амајлии и талисмани на мебелот, во јастуците, дури и закачувала на таванот. Ги ставала во секој агол од куќата.

Не многу долго по отварањето на црквата, јас ја посетив оваа куќа за домашна обожувачка служба, и можев да ги видам формите на демони и и кажав, „Мора сеуште да имате некои амајлии останато во куќата". Таа инсистираше, „Не свештенику. Веќе пребарав насекаде и ги исфрлив сите". Повторно и кажав, „Има демон во куќава кој што не заминува. Мора да некаде да има уште амајлии. Најди ги и запали ги".

Кога Кјеонгсон Парк повторно ја пребара куќата, таа најде уште неколку амајлии. Целото семејство ги отфрли идолите, се регисрираа во црквата и дојдоа да водат животи во Христа. Кјеонгсон Парк беше излечена од срцева болест од која што страдаше веќе подолго време. Нејзината свекрва беше исто така излечена од нејзините стомачни проблеми.

Млад Човек Со Краен Стадиум На Туберкулоза

Во тоа време имаше многу луѓе со туберкулоза на белите дробови. Даехе Чо од Квангју имал туберкулоза на белите дробови кога бил во средното училиште. Тој земал лекови од центарот за јавно здравје и оздравел, но кога тргнал на колеџ, почнал да пие и пуши, и таа се повторила. Но откако еднаш се повторила, иако земал лекови, ништо не му помагало. Неговата мајка земала и му давала сé за кое се кажало дека е 'добар лек' за болеста на нејзиниот син. Овие „лекови“ вклучувале змии, мачки, свеж дроб, сокови од човеков измет и дури и лекови за лепрозни. Тие исто така изведувале и егзорцизам, го хранеле со плодова постелка, земале месо од мртовец на гробиштата и го хранела со истото бидејќи некој рекол дека тоа е 'добро како лек'.

Во јануари 1982 година, му беше дијагностицирана туберкулозата во Болницата Северанс на Универзитетот Јонсеи. Неговите бели дробови веќе му беа откажале и немаше надеж за излекување. Тој беше хоспитализиран, но немаше подобрување на состојбата. Неговата мајка веќе се откажала и сакаше да си го земе од болницата. Во тоа време, некоја баба во семејството дошла да го види. Оваа стара жена живееше блиску до Црквата Манмин. Иако таа никогаш не дошла во црквата, видела дека многу болни луѓе доаѓаат и примаат излекување. Ги видела како шетаат наоколу со здрави тела. Поради ова таа го натерала нејзиниот внук да оди во Црквата Манмин. На 13 март 1983 година, Даехе Чо присуствуваше на петочната целовечерна служба. Тој почувствувал дека тоа беше последната надеж. Тој беше толку слаб што неговите очи му беа испакнати.

Во таква состојба, тој доаѓаше на состаноците за болни секој ден со неговата мајка и постеше три дена. На 3от ден од постот, Бог му даде дух на покајание, и тој три пати направи целосно и темелно покајание. На 13от ден од кога прв пат дојде во црквата, Даехе Чо беше убеден дека е излекуван. По утринскиот молитвен состанок, отиде во тоалетот и плукна. Немаше крв. Тој плукал крв дури и претходниот ден. Но тој ден плунката беше исчистена од крвта. Острата болка во градите му беше исчезната, а и немаше веќе шлајм или крв. Подоцна, беше наречен слуга Божји и сега тој води своја свештеничка служба како помошник свештеник во нашата црква.

Се Молев За Излекувањето На Сите Пациенти

На почетоците, кога пациентите доаѓаа во црквата, се молев за нивното итно излекување. Мислев дека беше најдобро да им дозволам да ја доживеат Божјата милост и да се спасат од јаремот на болеста. Едноставно се молев, „Господе, излечи ги сите пациенти веднаш штом ќе дојдат". Господ, всушност, одговараше како што му се молев. Секој пациент кој што доаѓаше во црквата беше веднаш излекуван. Но наскоро, сфатив дека го немаше плодот на спасението, што беше најважното нешто. Многу од нив откако беа излечени, едноставно го напуштија Бога.

Еднаш, имаше брачна двојка која доаѓаше на петочната целовечерна служба. Тие ми кажаа дека мажот имал повреда на тетивата во сообраќајна незгода. Тој не можеше да оди добро и имаше многу силни болки па дури и не можеше да седи во текот на службата. Светиот Дух се придвижи и јас ја положив раката на него. Веднаш по молитвата, тој стана и заигра. Но само по неколку пати доаѓање во црквата тој престана понатаму да доаѓа.

Еден свештеник од црквата го посети истиот, и тој му

рекол, „Не е ли доволно што јас присуствував на службата неколку пати со благодарен ум за излекувањето? Дали некој ќе ми даде пари ако ја посетувам црквата?" И потоа тој никогаш повеќе не ја посети црквата. Не чувствуваше дека повеќе треба да ја посетува црквата бидејќи веќе беше здрав. Ако Господ не го беше излекувал, тој немаше да биде способен да работи. Бог му даде живот и милост и го излекува, но бидејќи тој го немаше словото на животот во него, тој само си ја гледаше сопствената корист.

Имаше една брачна двојка на која што им се роди бебе во 7от месец на бременоста. Бебето беше во инкубатор во болницата во текот на три месеци, но не му беше подобро. Докторот рекол дека нема надеж. Таткото еднаш рече, „Кога бебето ќе наполни година ние ќе направиме забава и ќе ги поканиме сите од црквата да присуствуваат на неа". Откако родителите сфатија дека медицинската наука не може да им помогне, тие го донесоа нивното бебе во црквата. Бебето прими молитва и беше излекувано, и стана совршено здраво за петнаесет дена.

„Свештенику, многу ти благодариме. На првиот роденден на нашето бебе, ќе ве поканам тебе и сите членови од црквата и ќе имаме голема забава".

„Добро, ве молам направете така".

Таткото на бебето беше толку среќен во тоа време поради тоа што неговото бебе оздравело и тој самиот ја предложи забавата. Но полека почна да ги прескокнува неделните служби во црквата, а кога дојде првиот роденден на бебето, тој направи забава, но ги повика само неговите роднини и световните луѓе кои што ги знаеше.

Еден млад човек од Ганг-вон До беше здрав во телото, но беше исклучително горд. Но како што ги слушаше пораките во црквата, дојде да се покае. Кога се молев за овој млад човек да ги исфрли демоните од него, тој имаше балончиња во устата и падна. Како што демонот беше изгонет од него, тој стана нормална личност со благ карактер. Но, тој се врати во неговата црква и потоа повеќе не беше виден.

Исто така, една постара госпоѓа го изгуби видот до точката на слепило. Кога чуле вести за нашата црква, членовите на нејзиното семејство дојдоа со неа и таа си го поврати видот. Но наскоро откако беше излекувана, тие ја напуштија црквата.

Не Греши Повеќе

Во Јован 5:14, откако ќе излечи болно лице, Исус го наоѓа во храмот и му вели, „*Ете сега си здрав и не греши повеќе за да не те снајде нешто полошо* “.

Бидејќи беа излекувани од љубовта и силата Божја, тие би требало да живеат според Неговото Слово и би требало да му даваат благодарности за таа милост. Но, ако тие повторно прават гревови, како Господ може да ги заштити? Бидејќи Господ мораше да го сврти Неговото лице од нив и не можеше да ги чува, тие повторно ќе ја добијат болеста преку делувањето на Сатаната, а бидејќи тие ја заборавиле Божјата милост, тие може да добијат дури и посериозни болести отколку што имале пред тоа.

Ние Можеме Да Бидеме Заштитени Кога Живееме Во Словото

Таков инцидент ни се случи во ноември 1982 година. Во тоа време ние ја имавме петочната целовечерна служба што продолжуваше до 6 часот наутро. Малку по полноќта, еден брачен пар дојде во светилиштето носејќи со себе едно девојче кое што беше на околу пет годишна возраст. Девојчето силно плачеше не можејќи да се справи со неговата болка. Таа живееше во Бусан, и кај неа беше дијагностициран краен стадиум на рак на панкреасот.

Докторите се обиделе да ја оперираат, но бидејќи туморот бил многу голем, тие не можеле да го направат тоа. Исто така, бидејќи туморот и растел во стомакот, било опасно да се шие. Докторот само и ставил некоја специјална налик на конец жица која што слободно и висела на нејзиниот стомак. Тоа беше една ужасна сцена.

Нејзиното име беше Вонми. Таа добиваше морфиум неколку пати дневно. Тоа беше единствениот начин за да може да ја издржи болката. Со маската за кислород на неа, Вонми беше скоро пред смрт. Нејзината тетка, сестрата на татко и, ги убедила нејзините родители кажувајќи им, „Брате, има црква во Сеул која што е полна со Божјата милост. Ајде да одиме таму и овозможи и да прими молитва. Бог ќе ја излечи Вонми," Нејзините родители веќе се имаа откажано од сé и немаа повеќе надеж, па затоа ја послушаа. Тие ја зедоа Вонми и дојдоа во Сеул во црквата.

Се молев за девојчето во текот на петнаесет дена. Кога таа ја доби молитвата за прв пат, нејзината болка и исчезна. По неколку дена, излекувачките дејствија веќе беа видливи. Болката и беше исчезнала, а натечениот стомак и стана нормален. Тогаш, нејзините родители почнаа да добиваат вера. Ги советував да ги отстранат жиците во болницата, но тие не отидоа во болница туку сами ги отстранија со вера. Зачудувачки, за неколку дена, Господ дозволи отворената рана да оздрави и да се затвори.

Вонми која што умираше во агонизирачка болка, сега таа беше излечена во текот на околу 10 дена. Таа ги научи молитвените песни и танцувањето во неделното училиште, и таа пееше и танцуваше со нејзините пријатели. Оние кои што ја гледаа беа нормално многу среќни да ја видат. Таа беше умна и беше сакана од многу членови.

Тие останаа во црквата петнаесет дена примајќи молитва, а потоа се вратија назад во нивниот роден град. Кога се молев за нејзините родители, Господ ми го даде Неговото Слово.

„Кога ќе се вратат назад тие мора да ги следат Десетте Заповеди, и нивната ќерка ќе расте здрава. Но ако не ги следат Десетте Заповеди, Бог ќе го сврти Неговото лице настрана од нив“.

Им кажав, „Вие треба да ја посветите неделата на Бога, да давате соодветни десетоци и добро да му служите на Бога. Вие како родители мора да ги следите Десетте Заповеди за детето секогаш да ви биде здраво“. Татко и на Вонми рече, „Ти благодарам свештенику! Секако дека тоа мораме да го правиме. Јас мислам дека црквата сеуште нема голем автобус.

Кога ќе се вратам дома, ќе испратам еден голем автобус кој ќе го донирам за црквата".

Но наскоро потоа, слушнав дека детето починало. Родителите на Вонми на почетокот откако се вратиле дома оделе во црквата, но како што времето поминувало, изгледа дека тие не ја посветувале неделата на Бога. Но, нешто за што може да се биде благодарен е што душата на Вонми беше спасена и дека таа ќе живее среќно засекогаш во Царството Небесно каде што нема солзи или тага.

Бог Ги Лекуваше Согласно Со Нивната Вера

При почнувањето на мојата свештеничка служба јас бев многу разочаран кога ќе видев некои луѓе како се откажуваат од Божјата милост, ја напуштаат црквата и му се враќаат на светот.

„Наш Небесен Татко, тие Те запознаа, тие ги почувствуваа Твоите дела, и беа излекувани, па како сега можат едноставно да Те напуштат?" Плачев пролевајќи толку многу солзи во мојата молитва со скршено срце, и еден ден го слушнав гласот на Бога.

„Мој слуго, кога излекував десет лепрозни, девет од нив заминаа, а само еден се врати да му даде слава на Бога. На ист начин, кога ќе побараш од Отецот да ги излечи со твојата вера, ако немаат вистина и живот во нив, тие ќе ја заборават милоста и ќе ја напуштат црквата. Така, тие нема да заминат единствено ако го слушаат Словото и имаат вера. Тогаш кога тие се излекувани со нивната *вера тие нема да ја напуштат црквата. Бидејќи ти се молеше, јас ги излекував преку твојата моќ, но сега смени ја содржината на молитвата. Ти треба да се молиш тие да бидат излекувани согласно со нивната вера".*

Крајната цел на водењето Христијански живот е спасението на нашата душа и да влеземе во царството небесно. Така најважно нешто е да се знае волјата Божја и да се има вера за да се биде способен за влегување во царството небесно. Кога Исус излечил десет лепрозни, само еден од нив се вратил кај Исус и го славел Господа (Лука 17:11-19). Другите девет го напуштиле Бога и се вратиле во светот. Само еден бил спасен.

Луѓето доаѓаат во црква бидејќи тие имаат некои болести или други проблеми, но како што присуствуваат на пофалната служба, ја слушаат пораката и ја осознаваат волјата Божја, тие ја добиваат верата и животот. Божјата волја е да тие да бидат излечени кога ќе го примаат Светиот Дух, ќе поверуваат во Рајот и Пеколот, и ја добијат верата за да бидат спасени. Ако тие се излекувани без да имаат вера, со исклучок на оние кои што имаат многу добра совест, најмногу од нив ќе се вратат назад во светот. На крајот тие нема да бидат спасени. Па, оттогаш јас ја сменив мојата молитва со кажувањето „Господе, излекувај ги според нивната вера". Господ навистина ги покажуваше неговите излекувачки дела кога тие ја покажуваа нивната вера.

Верата Која Што Ги Контролира Временските Прилики

На 1 август, 1983 година, ние го имавме првиот летен камп на Островот Даебу близу Инчон, но ноќта пред одењето до кампот имаше многу силен дожд придружен со громови и молњи. Ферибродот кој одеше до Островот Даебу одеше само еднаш на ден. Го прашав Бога, „Господе, како можеме да одиме до кампот по овој дожд? Те молам сопри го дождот!"

Ние требаше да заминеме во 5 часот наутро од црквата, па така да некои студенти кои што живееа далеку од црквата преспаа во светилиштето таа ноќ. Сакав малку да поспијам во живеалиштето, но не можев да заспијам поради силните звуци на бурата. Само лежев без да можам да заспијам. Само се молев во моето срце кога во 3 наутро го слушнав гласот на Светиот Дух како ми вели да не се грижам. Се качив до светилиштето за да ја водам утринската молитвена средба во 4 часот наутро а таму веќе беа некои млади членови. По утринската молитва, беше 4:55 часот, но бурата стана дури и построшна. Имаше уште повеќе грмежи и молњи и силниот дожд удираше по прозорските стакла.

Јас кажав, „Ајде заедно да се молиме да овој дожд престане!" Бидејќи имаа посведочено многу чудесни знаци во петочните целовечерни служби, студентите и младите членови имаа добра вера. Оние кои што беа во светилиштето искрено се молеа неколку минути, но грмотевиците и молњите продолжија и понатаму.

Им прозборев, „Не грижете се. Земете го вашиот багаж и слезете долу на првиот кат. Кога некој ќе стапне на земјата дождот ќе престане!“

Кога јас смело го изговорив тоа, сите одговорија со ’Амин‘. Тие сите станаа и слегоа долу на првиот кат. Кога првото лице во редот исчекори на земјата надвор, силниот дожд веднаш престана, а грмењето и молњите исто така престанаа. Преку ова искуство, Бог ни ја даде големата вера како подарок.

Добивањето На Објаснувањата За Тешките Делови И ’Пораката На Крстот‘

По отварањето на црквата, бев повикан да зборувам на многу од оживувачките состаноци. Го проповедав Словото за да ја засадам верата кај секој од учениците и да им дадам можноста да ја разберат Божјата љубов. Кога и да се молев за болните, многу од луѓето беа излекувани. Куците проодуваа и слепите прогледуваа. Многу чуда се случија. Господ исто така ме научи што да проповедам на овие оживувачки состаноци. Проповедав за Исуса Христа, Богот Отецот, вистинската вера и вечниот живот, чудата, воскреснувањето, Второто Господово Доаѓање и за царството небесно.

Обично, состаноците беа од понеделник до четврток. Почнуваа во 6 часот попладне и околу 7:30 часот попладне почнуваше пораката. Јас обично продолжував до 11 часот навечер или до полноќ, бидејќи свештеникот и присутните ме замолуваа да продолжам со моето проповедање. По вечерните сесии, спиев неколку часа и потоа го водев утринскиот состанок. Во 1983 година, одев насекаде низ земјата, зборувајќи на оживувачките состаноци. Еден ден Господ ми рече да престанам да зборувам на оживувачките состаноци и да отидам на планина да се молам.

Тој сакаше да ми ги објасни деловите од Библијата што е тешко да се протолкуваат. Јас 7 години се молев да добијам објаснување за овие делови што се тешки за разбирање, и конечно го добив одговорот од Господа. Така да, од мај 1983 година, престанав да зборувам на оживувачките состаноци и отидов на Планина за молитва Квангју во Квангју, покраина Куеонг-ги. По неделната вечерна служба, одев таму да се молам по цел ден, и во петок се враќав во црквата за да ја водам петочната целовечерна служба. Ваквиот живот продолжи низ многу години.

Борејќи Се Со Студената Зима И Жешкото Лето

Во летото, сонцето беше многу силно, а во зимата температурата се спушташе на минус 10 до 15 степени Целзиусови (околу +10 според Фаренхајт). Но јас само ставав еден слој на војничко ќебе на карпата и се извикував во молитва кон небесата. Дури и во студената зима, јас ќе отидев на планината и се молев во текот на целиот ден сé до вечерта. Се борев со студеното време во текот на целиот ден. Ако температурата се спушташе под минус 10 степени Целзиусови воопшто не се потев, дури и ако силно ја извикував и се внесував со сета моја сила во молитва.

Бидејќи немав пари, не можев да си дозволам да имам

комотно и топло сместувалиште исто така. Единствено можев да си дозволам само еден брикет дрвен јаглен за греење во текот на денот. Воздухот во собата беше студен. Хартиениот прозорец беше искинат, и студениот ветер навлегуваше внатре. Во собата имав мастило со кое ги запишував објаснувањата од Господа во врска со тешките делови од Библијата. Собата беше толку студена што мастилото беше смрзнато. Морав некако да го стопам пред да можам да пишувам. Бидејќи немав соодветно ќебе, успевав да спијам на мачен начин покривајќи се себе си само со едно војничко ќебе. Ќе станев рано наутро и одев во светилиштето за да присуствувам на утринската молитвена служба. Откако појадував тргнував во планината и се молев цел ден.

Објаснувањата На Тешките Делови Од Библијата Содржат Многу Значења

Понекогаш, ќе го скршев мразот и ќе се измиев со ладната вода, и тогаш се молев и ја читав Библијата по цел ден. Во 7 часот навечер, луѓето присуствуваа на вечерна служба па тогаш беше тивко. Тогаш, ќе влезев во ќелијата за молитва и ќе се внесев во молитвата препотувајќи се. Господ ми објаснуваше за стиховите од Библијата за што се молев во текот на денот. Тој ми ги објаснуваше почетните делови од Библијата кои што беа најтешки за мене да ги разберам, и тоа ми беше поблаго дури и од медот. Особено тука беше неизмерливата и бескрајната Божја волја која беше содржана во овие стихови. Да видиме само еден дел помеѓу тешките делови кои што Господ ми ги објасни. Во Јован поглавје 2, Исус тргнал на свадбената свеченост во Кана и направил вино од водата. Обично, свадбените свечености се места каде што луѓето пијат и стануваат особено попустливи. Некој може само да се запраша зошто Исус, кој што дошол да го спаси сето човештво, отишол на еден таков вид на свадбена свеченост и го покажал првиот знак во Неговото свештенство.

Свадбената свеченост го претставува крајот на времето кога луѓето јадат и пијат и кога надвладува гревот. Овој прв знак на Исус симболично го претскажува почетокот и крајот на свештенството на Исус. Исус беше поканет на свадбата во Кана, и ова значи дека кога земските луѓе го поканиле Исус, сето тоа било за да го распнат Него. Тој им дозволил да го распнат, па на крајот Тој и бил распнат. Водата ја симболизира водата на вечниот живот (Јован 4:14), и таа вода е Словото Божје кое што дава вечен живот. Словото е Исус Христос кој што дошол на земјата во човечко тело. Виното ја претставува скапоцената Исусова крв. Таа симболизира дека Исус, Словото што дојде на земјата во човечко тело ќе биде закачено на крст и ќе ја пролее Неговата скапоцена крв во иднината. Исус кој што слезе на земјата која што беше исполнета со гревови ќе му го предаде Неговото свето тело на крстот и ќе ја пролее сета Негова крв и вода. Овој стих ни ја покажува љубовта на Господа.

Менувањето на водата во вино значи дека крвта што Исус ќе ја пролее на крстот ќе стане крвта што дава вечен живот. Виното што Исус го направил на свадбената свеченост било чист сок од грозје што не содржел никаква супстанција која можела да ги опие луѓето. Исто така, луѓето го пробале виното направено од вода и рекле дека е добро вино. Тоа симболизира дека луѓето ќе бидат среќни кога нивните гревови се исчистени со пиењето на крвта Исусова и имаат надеж за кралството Небесно.

Најпосле, кажано е, „*Така направи Исус почеток на Своите чудеса во Кана Галилејска и ја покажа славата Своја; и учениците Негови поверуваа во Него*" (Јован 2:11). Тука, да ја ’покаже Неговата слава‘ е поврзано со Четирите Евангелија кои наведуваат дека Исус ќе го прими крстот, но на третиот ден по неговото погребување ќе ги скрши синџирите на смртта и ќе воскресне да ја покаже славата Своја. Поради тоа, самиот овој израз содржи многу значења.

Учениците биле расштркани насекаде кога Исус бил распнат и дури и кога луѓето кои го виделе воскреснатиот Господ им кажале дека Исус воскреснал, тие не поверувале. Само откако тие самите се сретнале со воскреснатиот Господ тогаш поверувале. Учениците поверувале во Исуса, не откако го виделе првиот знак на Исусовото свештенство, туку тие поверувале кога Господ ја покажал Неговата слава, кога Тој бил распнат, ги искршил синџирите на смртта и воскреснал. Преку овој прв знак кој Исус ни го покажал, ние сега сме способни да сфатиме дека истиот не бил наменет само да помогне во прославувањето на венчавката во овој физички свет.

'Пораката На Крстот‘, Тајната Скриена Од Пред Почетокот На Времињата

Како што почнав да ја разбирам милоста Божја и Неговата љубов додека ги читав Четирите Евангелија што пишуваа за свештенството на Исус, не можев да продолжам да читам бидејќи носот ми течеше и пролеав многу солзи. Започнував да леам солзи при сцената на Исус како стои пред судот на Пилат. Како што читав за тоа како Исус бил камшикуван, ја носел круната од трње на Неговата глава, и бил распнат, многу долго плачев. Не можев да престанам да плачам и морав да ја затворам Библијата.

Дури иако се обидував да се контролирам себе си, ми беа потребни многу денови само да ги прочитам Четирите Евангелија. По многу години откако ја отворивме црквата, кога ја читав Библијата пролевав солзи. Исто така, бев одвај способен да учествувам во Светата Причесна со контролирање на мојата потреба да плачам. Но потоа, можев да ги контролирам моите солзи бидејќи потполно разбрав какво благородно нешто било тоа и каков благослов бил за нас што Исус го зел патот на крстот и што тоа е начинот за нашето спасение. Сега можев да ја читам Библијата и да учествувам во Светата Причесна со радост и искажувањето на благодарност. Како што ја примив 'Пораката на Крстот', која Господ ми ја пренесе преку инспирацијата, јас многу подлабоко ја согледав љубовта Божја.

Тоа беше во 1983 година, додека се молев на Молитвената Планина Квангју, кога Господ исто така ми објасни за 'Пораката на Крстот'. Тој ми објасни зошто Исус е нашиот единствен Спасител, зошто ние можеме да бидеме спасени кога веруваме дека Тој е Спасителот, и зошто Господ го засадил дрвото на познавањето на доброто и злото, и зошто Господ не одгледува нас човештвото на оваа планета. Тој ми ја објасни оваа 'Порака на Крстот' која што беше тајна што е скриена уште од пред да започне времето. Тој исто така ми покажа и ми објасни за духовното царство што беше запишано во Битието.

Господ исто така ми дозволи потполно да ги разберам и длабински да ги согледам значењата и начините за нас да учествуваме во божествената природа преку 'Деветте Овоштија на Светиот Дух', 'Блаженствата', и 'Духовната Љубов'.

Како Можам Да Го Нахранам Стадото Со Духовното Слово?

Ако се молев на едно исто место во еден подолг период, вестите се расшируваа и луѓето тогаш доаѓаа за да ги примат моите молитви. Како што имаше сѐ повеќе и повеќе луѓе кои што ме знаеја, морав да се селам на друго место. За да комуницирам со Бога во молитвата, исто како што апостолот Јован запишал во Откровението на Островот Патмос, ми требаше осамено место подалеку од световните нешта.

Така, отидов на едно место во Покраината Ганг-вон и Јочивон. Кога се молев во текот на жешките летни денови без електричен вентилатор, бев натопен со пот, но не ми беше непријатно ниту пак имав некои поплаки.

Имав две прашања: „Како можам да направам стадото исправно да ја разбере волјата Божја и да ги снабдам со духовни пораки, па да можам духовно да ги изнегувам за да ја добијат совршена вера?" И „Како можам да се молам што повеќе и да ја примам силата од Бога која шт пророците и апостолите ја прикажуваа за да бидам способен достојно да ја исполнам светската мисија и да го изградам

Големото Светилиште?" Бидејќи бев многу фокусиран на исполнувањето на овие цели, немав време да мислам на други работи.

Во мај 1984 година, тоа беше неколку дена пред мојот роденден, постарата Ѓаконица Геумсун Вин, која што во моментов е Директор на Издавачкото Биро на Урим Букс, ми ја покажа куќата која што им припаѓала на роднините во Покраината Ганг-вон, а јас се имав молено таму некое време. Тоа беше местото каде што морав да одам со чамец.

Во петокот, морав да се вратам во Сеул и да ги проповедам пораките на петочната целовечерна служба и на неделните служби, но Бог ми го подвижи моето срце да останам таму и да постам во текот на три дена. По тридневниот пост, Бог ме поучи за длабокото дуовно царство и за царството Небесно во навистина најситни детали. Можев радосно да го поминам роденденот со членовите, но повеќе од тоа, беше поскапоцено и порадосно да го примам големиот подарок од Бога по постењето и молењето. Содржината за царството Небесно за која што ме поучи Господ беше како една сеопфатна разбирлива порака. Тоа вклучи многу поврзани стихови запишани во Библијата. Подоцна, ја пренесував оваа порака на неделните утрински служби во текот на уште многу години а и беше објавена во двете продолженија од книгата Рај.

Дури И Соседите Од Пазарот Велеа „Оди Во Црквата Манмин"

Имаше еден пазар веднаш до црквата. Бидејќи црквата се

наоѓаше на крајот од пазарот, многу луѓе мораа да поминат низ пазарот откако ќе слезат на автобуската станица за да дојдат во црквата. Така да, трговците на пазарот често ги гледаа луѓето кои што ги носеа децата што беа во животозагрижувачка состојба, како на пример по доживеана сообраќајна незгода.

Во сегашно време, инвалидските колички често се гледаат, но не беа многу чести во тоа време во Кореа. Кога и да видеа трговците пациент со итна потреба, велеа, „Тие одат да се сретнат со свештеникот во Црквата Манмин". Кога некои од овие луѓе оздравуваа за ден или два и купуваа нешта на пазарот, трговците беа многу изненадени.

„Не си ли ти оној кој беше донесен на носилка вчера?"

„Да, тој сум".

„Тогаш, како можеш вака да одиш?"

„Бев излекуван со молитва вчера".

Бидејќи трговците многу често ги гледаа ваквите нешта, тие сфатија дека Господ е жив. Но кога им го проповедавме евангелието, тие ни кажаа дека знаат дека Господ е жив, но дека се премногу зафатени заработувајќи за живот и нема да доаѓаат во црквата. Иако не доаѓаа во црквата, кога тие ќе видеа некој кој беше болен, му предлагаа да оди во Црквата Манмин.

Господ Работеше Со Нас

Преселбата Во Второто Светилиште

Околу една година по службата за отварањето на црквата, веќе немаше простор за повеќе луѓе во светилиштето. Кога имавме пофална служба, ќелиите за молење, ходникот, па дури и дневната соба беа исполнети со луѓе. Тука воопшто немаше повеќе место. Така, почнавме да се молиме за да се преселиме на поголемо место.

Ни требаше место од најмалку 7,000 квадратни стапки, но вербата на членовите на црквата не беше доволно голема. Кога повторно се молев за ново светилиште, ми се прикажа следното Слово Божје. „*Оди и изгради привремено засолниште на празно место. Тоа ќе се сруши, но, изгради го повторно. Потоа повторно ќе се сруши. Потоа, моето провидение ќе биде откриено*".

Во септември 1984 година, имаше празно место на

покривот на еднокатната зграда блиску до пазарот. Господ ни кажа да изградиме времен објект таму, но Тој не ми дозволи да им кажам на членовите дека тоа нема да успее. Секако, правно не беше дозволено да се гради привремениот објект на врвот од покривот. Само објаснив дека е Божја волја да изградиме привремен објект таму и им дозволив да почнат со изградбата. Сопственикот на зградата се согласи и рече дека ќе оди во зградата на општината и дека ќе ја добие дозволата потребна за градење на привремениот објект.

Користејќи човечки начини на размислување, беше донекаде тешко да се прифати да се изгради времена структура на кровот на една зграда и тоа да се икористи како светилиште. Но, бидејќи тоа беше според Словото Божјо, јас само послушав. Јас исто така знаев дека времената зграда ќе се урне откако ќе се изгради. Откако членовите ги наредија цементните цигли, градежните работници ангажирани од општината дојдоа и веднаш ги турнаа долу. Кога повторно го изградивме, тие повторно го урнаа. При овој процес, имаше неколкумина членови кои што се жалеа, но најголем број од членовите гледаа во Бога кој ги предизвика сите нешта да се работат за добро и се молеа искрено со обединети срца. Локалните жители кои што го видоа сето ова помислија, „Дали општината мора да се инволвира толку многу?“ и тие почнаа да ја сожалуваат нашата црква. Дури и трговците на пазарот беа многу свесни за Господовите работи кои се случуваа околу црквата Манмин. Како што нашите членови минуваа низ оваа тешка ситуација, страста за ново светилиште стануваше пожешка и нашите срца беа обединети како едно. Вака, Господ веќе ни подготвуваше нова зграда.

До тогаш, немаше зграда која што нашата црква би можела да ја икористи. Но на една блиска локација, имаше зграда од околу 7,000 квадратни стапки која што беше завршена и ние можевме да ја икористиме. Господ ни кажа да се вселиме во таа зграда. Ние имавме околу 300 члена во тоа време, а сумата од донациите не беше доволна дури ниту за мисионерските цели. Повеќето од членовите не беа многу богати, па така да не беше лесно да се соберат дури и само неколку милиони вони. Така, доколку од почетокот им предложев на членовите да се преселиме во зграда од 7,000 квадратни стапки простор, тие би можеле многу да приговараат. Само за да го изнајмиме просторот ни требаа 40 милиони вони (40,000 САД долари). Ни требаа дополнителни 20 милиони вони за да го претвориме во светилиште. Тоа беше тешко да се постигне со верата на нашите членови. Но, како што членовите минуваа низ времето на искушувањата, нивната жед за ново светилиште стануваше сè поголема и тие се молеа со страствени срца и обединети мисли и сили. Се чинеше дека во еден момент ние ја собравме сумата на пари за да го преселиме светилиштето. Конечно, на 31 декември, 1984 година, ја изнајмивме зградата во Дае-Бахнг Донг, Донг-јак Гу, и ја одржавме првата служба таму. Господ ја зголеми верата на членовите преку овој вид на искушување.

Воспоставувањето На Црковните Организации

Црквата доживуваше многу голем раст како што Господ ни праќаше многу нови членови. Верата на членовите исто така многу брзо се зголемуваше поради моќните Божји дела кои што беа со нас во знаците и чудата кои што постојано ни се случуваа. Некои доаѓаа во црквата само за да бидат излекувани, но исто така имаше многумина кои доаѓаа жедни за Словото и барајќи го Словото на животот.

Во октомври 1983 година беше отворен Манмин Центарот за Молитва. Господ ја водеше жена ми, Бокним Ли, да ги одржува состаноците за излекување секој ден за да излекува пациенти духовно и физички. Тој ја назначи на должноста претседател на центарот за молитва. Таа секој ден ги одржуваше состаноците за излекување и се концентрираше на советувањето, посетите за нега на членовите и на молитвите. Во јануари 1984 година беше формирана ’Мисијата на Посветениците во Молитвата‘, со должност да се моли за царството и праведноста на Бога. Посветениците во молитва не само што се молеа, туку тие исто така одеа и на состаноците за излекување и им помагаа на пациентите со нивните молитви. Во март 1984 година, Градинката Манмин отвори мисија за деца. Само неколку години откако се отвори црквата, формата и структурата на организацијата на црквата го добиваа својот облик.

Во октомври 1985 година, жена ми ја извршуваше должноста на претседател на центарот за молитва. Таа започна со ноќните молитвени собири со неколку луѓе. Овие молитвени собири беа почетоците на Молитвените Собири по Даниил во денешно време во кои илјадници членови се собираат и се молат секоја ноќ. Претседателот Бокним Ли се концентрираше на постењето и на молитвите. Таа не само што ја бараше нејзината лична среќа од семејството, туку таа живееше и за другите души. Бог работеше со јасниот глас на Светиот Дух и ја благослови да прикаже многу моќни работи. Дури и сега таа секоја ноќ ги води Молитвените Собири по Даниил. Многу членови ја искусија силата на

Бога и добија одговори кои што им беа дадени за време на молитвите и при богослужбите во светилиштето. Преку овие Молитвени Собири по Даниил, душите на членовите на црквата стануваа попросперитетни. Тие се движечката сила на препородот на црквата.

Оние кои што копнееја за Словото на животот доаѓаа и ги слушаа духовните пораки, и тие се здобија со мир и одмор. Оние кои што ги добија одговорите и решенијата на нивните проблеми останаа во црквата и црквата тогаш застана на здрави нозе.

Студентот По Медицина Со Тумор На Мозокот

Соојеол Чо, беше роден во христијанско семејство. Кај него се развила болест која се нарекува, 'назофарингеален фибром'. Крвните садови во носот му набрекнале, а потоа се претвориле во тумор. Подоцна, тој се раширил во тумор на мозокот.

Во тоа време, еден од роднините на Соојеол Чо беше заменик директор во Националната Универзитетска Болница во Сеул. Тој беше подложен на тешка операција во текот на осум часа. Но дури и по операцијата тој сеуште имаше блокада во носот. Бидејќи студираше на колеч, се занимаваше со разни световни работи и неговите симптоми станаа сé полоши. Три месеци по операцијата, неговиот нос беше целосно блокиран и имаше многу повторни крварења од носот. Тој отишол во болница а докторот му кажал дека состојбата се повторила.

Пред неговата прва операција докторот му кажал дека има голема можност туморот да се рашири во мозокот, а

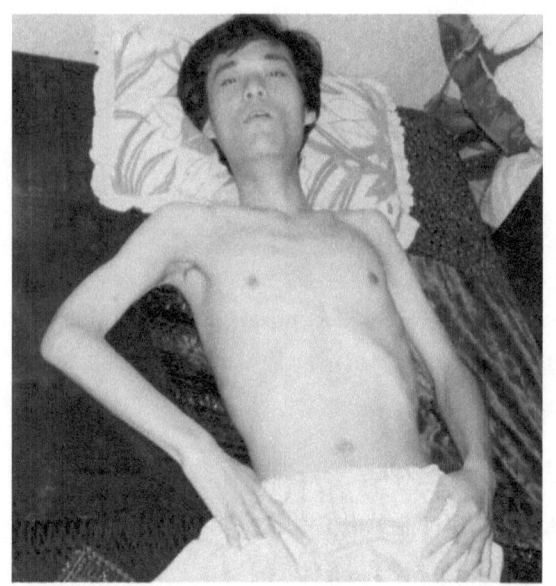

Соојеол Чо страда од пневмонија

Тој денеска е здрав свештеник

коренот на туморот веќе бил во мозокот, така да сега тој имаше тумор во мозокот. Во декември 1984 година, тој сфатил дека медицинската наука. не може да го излекува. Дознал за нашата црква и заедно со членовите на неговото семејство се регистрираа во црквата.

Во јануари 1985 година, тој ја прими милоста на оживувачките состаноци и му стана подобро. Во тоа време, докторите предлагаа друга операција, а тој сеуште донекаде размислуваше дека може да биде излечен со медицински третман

Но во 1986 година, откако пролеа многу крв повеќе од 10 пати, тој искрено согледа дека единствено може да живее од милоста Божја. Два пати имаше епизоди на обилно крварење од ректумот од кои што беше исцрпен.

Додека јас се молев во црквата Јочивон во текот на викендите, еден ден, во моите молитви, почувствував неискажливо голема тага во моето срце, и сфатив дека Соојеол Чо е во многу критична состојба. Му се молев на Бога со солзи.

Во тоа време, една ѓаконица која се молеше многу во нашата црква имаше визија и таа кажа дека јас искрено сум се држел за работ на одеждата на Исус барајќи од Него да му го подари животот на овој млад човек. Дури и потоа, кога и да беше младиот човек во животозагрозувачка состојба, Светиот Дух ме известуваше за тоа и тој ги поминуваше овие критични мигови додека ги примаше моите молитви. Од тогаш, Соојеол Чо се здоби со духовна вера, и до тој степен, состојбата му се подобри.

Ако не се молеше и ако не беше целосно исполнет со Светиот Дух, грутката во неговиот нос растеше многу голема и неговото грло беше блокирано, или нешто како јазик излегуваше во неговата уста, или пак грутката излегуваше преку ноздрите. Во тоа време, кога тој се покаја и ги прими моите молитви, беше чист. Преку овој процес, младиот човек ги откри телесните мисли и злото во него, и тој постеше мислејќи, „Ако треба да умрам, ќе умрам".

Се обиде најдобро што може да се смени самиот себеси. Конечно стана потполно здрав човек. Сега, тој служи во црквата како помошник свештеник. Живее во среќно семејство со неговата жена и синот.

Со Укочено Тело Од Труењето Со Гасот Јаглерод-Моноксид

Во февруари 1985 година, едно саботно попладне, јас се молев во мојата соба. Надвор пред вратата, настана метеж и слушнав како некој вика дека некој умрел. Кога излегов надвор по молитвата, таму беше една верничка од црквата која што подлегнала на труењето со гасот јаглерод-моноксид.

Таа се враќала дома по петочната целовечерна служба, запалила брикет дрвен јаглен и легнала да спие.

Но по 2 часот попладне во сабота, ја нашле затруена со гасот. Кога ја нашле, таа веќе многу долго време го вдишувала гасот, па нејзиното тело веќе било парализирано и имаше пена на нејзината уста. Еден од нејзините соседи ја нашол и ја донел кај мене, но таа се чинеше како да е веќе мртва. Таа не беше при свест и нејзиното тело веќе беше многу вкочането и студено.

Ја ставив мојата рака на неа и се помолив, „Во името на Исуса Христа, ти заповедам, гасу јаглерод-моноксид, оди си! Оди си преку двете очи, двете ноздри, преку устата, и од клетките во целото тело!" Во тој миг ја завршив мојата молитва и ја тр

гнав раката од неа, сестрата доби некоја топлина на нејзиното тело, и полека ги отвори очите. Тогаш, нејзиното вкочането тело почна да се олабавува. Луѓето околу неа и го масираа телото неколку минути, и движењата на нејзиното тело се повратија. Таа седна и го поврати здравјето без никакви последици.

Доколку таа беше однесена во болница откако ја пронашле, имаше многу мала можност да биде излекувана. Дури и ако преживееше, би патела од доживотни трауматски и сериозни оштетувања на мозокот. Но семоќниот Бог кој ги оживува дури и мртвите ја покажа Неговата моќ, и таа беше сосема здрава само за две минути. Таа е Минсун Ли, која подоцна се омажи за Свештеникот Јеон-хван Ча од нашата црква.

„Те Молам, Оди Во Шиндаебанг Донг"

Понекогаш јас исто така се молев за оние кои што престанале да дишат. Во јуни 1985 година, нешто и се случи на двегодишната ќерка на ѓаконицата Сеок-хее Чо, Сеунг-ах. Нејзината мајка готвела некои колбаси, и ќерката дошла до кај неа и ја пружила раката. Така мајка и и дала мало парче колбас. Но наскоро, забележала дека ќерка и не се движи низ собата. Отишла во другата соба, а таму Сеунг-ах умирала со пена на устата, обидувајќи се да вдиши воздух, а бојата на нејзината кожа била модра.

Сé се случило за неколку минути и таа била многу изненадена. Брзо ја дигнала на нејзиниот грб и фатила такси. Бидејќи таа слушнала и видела како многу неизлечиви болести се излечени и како мртвите оживувале во црквата, таа ја покажала нејзината вера пред Бога. Му рекла на таксистот да ја одведе во Шиндаебанг Донг. Тој одговори дека има многу болници тука, исто така, па зошто таа би сакала да оди на така одалечено место?"

„Не, таму во Шиндаебанг има многу покомпетентен доктор".

Јас бев дома во моментот кога таа пристигна, па така можев да се молам за неа. Слушнав дека малото дете веќе престанало да дише и нејзиното тело веќе било студено по возењето во таксито. Јас искрено му се молев на Бога да му го врати духот на мртвото дете. Веднаш откако завршив со молитвата, детето се разбуди и повторно почна да дише. Од тогаш, таа израсна здрава без никакви последици по животот. Сега, таа е мажена веќе 3 години, и татко и служи како свештеник во Сунчеон Манмин Црквата во Градот Сунчеон, Покраина Јеоннам.

Изгореници Од Трет Степен Излекувани Со Силата Божја

Во недела на 6 април, 1986 година, Постарата Ѓаконица Еун-деук Ким, која тогаш имаше 62 години, доживеа несреќа додека работеше во кујната на црквата. Имаше многу голем котел на гасната печка во кујната и тие грееја вода за да сварат тестенини.

Кога таа се лизнала, по грешка ја грабнала рачката од гасната печка, и поради тоа, зовриената вода во големиот котел се истурила надвор. Водата паднала на нејзините гради, стомак, раце, и нозе оставајќи сериозни изгореници. Беше среќа што не беше изгорена на главата и лицето.

Кога ги слушнав тие вести отидов во кујната. Се молев за неа додека таа лежеше на подот. Изгорениците беа толку сериозни што нејзината кожа беше сварена и беше залепена заедно со облеката. Таа сеуште беше во несвест. Врелината беше неподнослива за неа, но кога се молев за неа, рече дека чувствува како топлината заминува од нејзиното тело. Топлината помина од левата страна на градите низ десната страна на градите, се спушти надолу и излезе надвор од телото преку нејзиното десно стапало.

Иако топлината веќе ја немаше, изгорените делови изгледаа како печено месо, а таму каде што алиштата беа

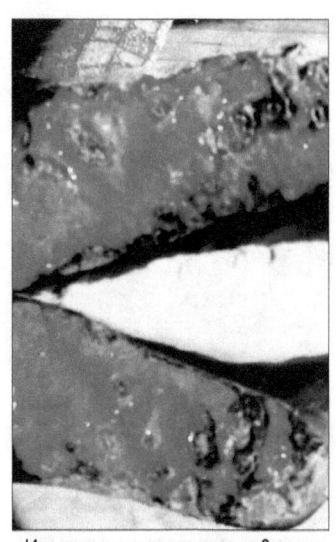

Излекуван од изгореници од 3 степен

залепени за кожата, месото беше откорнато. Беше едноставно ужасно. Ако таа отидеше во болница во таква состојба, не беше сигурно дека ќе можат да и го спасат животот. Дури и ако преживееше, ќе беа потребни многу години за да и се пресади кожа. Дури и по многу операции, таа ќе имаше многу последици и лузни. Таа беше донесена во мојата просторија, и јас се молев за неа еднаш дневно. Таа дури не ни земаше никакви лекови или инјекции, но по Божјото делување таа закрепна многу бргу.

Сите клетки кои беа изгорени и мртви станаа красти како кора на дрво и наскоро крастите и паѓаа како што се создаваше новото месо. Новото месо доаѓаше од деловите

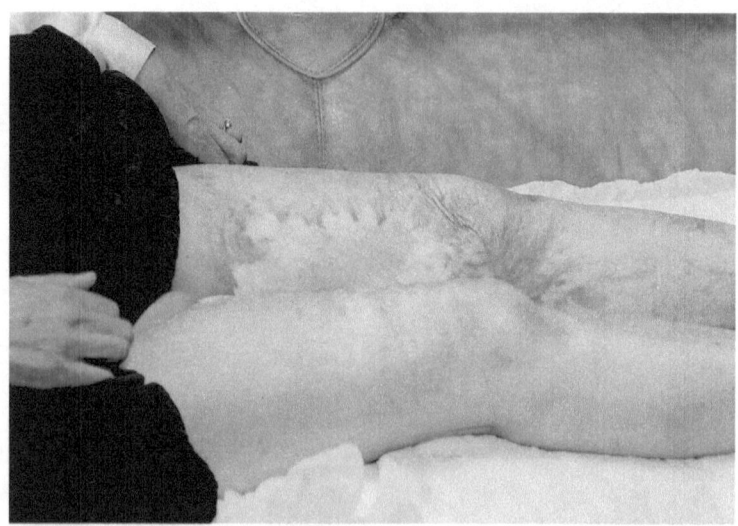

Потполното излекување и растењето на новото месо по молитвата

кои што беа изгорени, и таму имаше формирано нови крвни садови. Мртвата кожа оживеа. Оние членови кои што ја посетуваа го видоа целосниот процес како тоа се одвиваше.

Постарата Ѓаконица Еун-деук Ким потполно оздраве во текот на само три месеци по несреќата. Таа стана потполно здрава. Во 2013 година, таа наполни 88 години, и води посветен Христијански живот.

Огнени Дела

„А по разговорот со нив Господ се вознесе на небото и седна од десната страна на Бога. Тие пак отидоа и проповедаа насекаде, и Господ го поткрепуваше словото нивно со знаците кои што се јавуваа" (Марко 16:19-20).

Кога учениците излегуваат да проповедаат, Бог работеше заедно со нив. На ист начин, се чинеше дека јас ги положувам моите раце на пациентите, но всушност, крвавите раце на Бога беа положени на нив. Оние кои што го имаа дарот да гледаат визии или кои што гледаа духовни нешта сведочеа дека кога јас се молев, Господ заедно со мене ги положуваше Неговите раце на болните делови на пациентите.

Се молев за болните луѓе при секој вид на богослужба, и многу луѓе видоа некаков вид на оган како поминува низ моите раце. Овој оган, кој што е всушност огнот на Светиот Дух, одеше до секој член согласно со неговата вера и ги уништуваше болестите. Положувајќи ги моите раце на нив јас искрено се молев со сето мое срце и со вера дека ќе ги излекувам и ќе ги решам нивните проблеми, и Господ одговараше на овие молитви преку огнените дела на Светиот Дух.

Инспирацијата Од Светиот Дух За Претскажувањето На Идните Нешта

Ракоположен За Свештеник

Во мај 1986 година, четири години откако ја отворив црквата, јас бев ракоположен за свештеник. Во јуни одржавме служба за доверувањето на црквата. На тој ден, членовите на црквата ми дадоа голем златен клуч како симбол на нивната доверба и љубов. Ова значеше дека целосниот авторитет кој што се однесуваше за црковните нешта ќе ми биде даден на мене како свештеник и дека тие ќе ми веруваат и ќе ми се покоруваат. Јас сеуште го чувам како големо богатство овој искрено даден подарок од членовите на црквата.

По ракоположувањето, Бог ме поведе кон тоа да Му понудам 21-дневна Молитва по Даниил. Јас се обидов да комуницирам со Бога низ пост и молитви од моето место за молитва во Јочивон, Покраина Чунгнам. Тогаш, Господ почна да ми дава објаснувања во врска со Откровението кое што ги забележува нештата кои што ќе се случуваат во текот на последните денови.

Од неделната утринска служба на 20 јули, 1986 година, започнав со серија предавања на тема Откровение. Серијата предавања се одржуваше на тој начин околу четири години се до 20 декември, 1989 година. Оние кои што знаеја макар и малку за духовното кралство, а копнееја да дознаат повеќе за истото, ги слушаа пораките со голема радост.

Петочна Целовечерна Служба Со Луѓето Дојдени Од Сите Краишта На Земјата

Откако се преселивме во новата зграда и одржавме оживувачки состанок, набргу целата црква пак се исполни. Бидејќи брзината на оживувањето беше толку голема, немавме време да изградиме дополнителни црковни згради.

Во 1987 година, изнајмивме зграда во Шиндаебанг Донг, Донгјак Гу, и се преселивме таму. Тоа беше нашето трето светилиште. И по три месеци откако ги завршивме оживувачките состаноци по повод преселувањето во новата зграда, целата црква повторно беше потполно исполнета. Бројот на регистрирани членови во тоа време надмина 3,000. Ги користевме и вториот и третиот кат како светилишта, но не можевме сите да ги сместиме, бидејќи едноставно немаше место. Некои од луѓето кои што доаѓаа, беа приморани да се вратат дома.

До јуни 1989 година, ние пораснавме во многу голема црква со 6,000 регистрирани члена. Од самото отварање на црквата па натаму, јас само сакав да се концентрирам на Словото Божје и на молитвите за да можам во целост да ја исполнам дадената должност од Бога. Така да, ја препуштив грижата за членовите на помошниците свештеници. Во деновите на првите цркви, бидејќи апостолите требало да завршат повеќе работи како што црквите растеле, тие избирале седум ѓакони кои што ќе ги извршуваат црковните работи. Апостолите се концентрирале само на Словото Божјо и на молитвите (Дела на Светите Апостоли 6:3-4). На истиот начин, јас не се мешав во црковните финансии, а и имавме издвоени оддели кои што се грижеа и за другите работи, исто така.

Еднаш или два пати во годината, одржувавме конференции за свештениците за да ги поттикнеме да станат моќни проповедачи. Јас искрено сакав да се здобијам со моќни свештеници кои што би биле сакани од Бога и од членовите на црквата, повеќе од мене, па така се обидував најдобро што можам да направам колку што е можно повеќе помошници свештеници.

Петочната целовечерна служба беше добро позната низ земјата бидејќи беше исполнета со Светиот Дух, и многу луѓе доаѓаа без разлика на нивната деноминација. Навистина колку е добро кога тие исполнети со Светиот Дух во текот на ноќта, се враќаат во нивните матични цркви за да служат во неделите! Почнувајќи од петочната целовечерна служба на 12 декември 1986 година, почнав да одржувам серија предавања за Книгата на Јов која што Господ ми ја имаше објаснето. Предавањата завршија со петочната целовечерна служба на 11 декември, 1992 година.

Тоа беа духовни пораки кои што беа различни од другите

толкувања на Книгата на Јов. Тоа беше една скапоцена порака која што го анализираше срцето на една личност која што се викаше Јов. Беше предадена на тој начин да ние можеме да го пронајдеме злото и невистината во нашето срце. Исто така, од 1989 година па наваму, Господ почна во детали да ме подучува за 'Духот, Душата и Телото' на човекот. Потоа Тој ме подучи за различните 'Димензии'. Кога им ги пренесував на членовите овие пораки, нивните духовни очи им се отвараа и јас можев јасно да ги видам нивните промени. Морав да ги подучувам на нови нешта до оној степенот до кој што нивната вера се зголемуваше. Така да, морав да продолжам со подучувањето за подлабоките нивоа на духовното кралство.

Смени Барем Уште Една Личност Во Жито

Еден ден додека се молев, Господ со тага ми се обрати,

„Мој слуго, брзо објави ги книгите со пораките на кои што те научив. Денес, има малку кои што ја имаат вистинска вера и кои што може да бидат спасени. Кажуваат дека веруваат но прават незаконски нешта. Тие повторно Ме распнаа. Тие не веруваат, туку грешно разбрале дека веруваат“.

Исус кажал, *„Но Синот Човечки, кога ќе дојде, ќе најде ли вера на земјата?“* (Лука 18:8) Денес, гревот и беззаконието толку многу преовладуваат што е многу тешко да се најдат луѓе кои што ја имаат вистинска, духовна вера каква што Бог ја сака.

Кога фармерите жнеат, тие го собираат само житото, а плевата ќе биде изгорена во огнот. Слично на тоа, Господ повеќе сака едно зрно жито отколку куп на плева. Тој го собира само житото во Неговото Царство (Матеј 3:12). Тој сака вредно да се молиме, да се однесуваме според Неговото Слово, да ги отфрлиме телесните желби и да го постигнеме срцето на Господа, што всушност е целиот дух (1 Солуњаните 5:23).

Кога членовите на црквата ги научија пораките за ’Духот, Душата и Телото‘, и ’Димензиите‘, тие почнаа да ја разбираат нивната суштина и се обидуваа да се откажат од гревовите. Ако никој не ни каже нешто за гревовите, многу веројатно дека ќе знаеме малку или скоро ништо за гревовите. Ако луѓето не се свесни за компромисите со светот, многу веројатно е дека ќе станат верници кои што наликуваат на плевата, кои што не ќе може да бидат спасени. Поради тоа, свештениците мора многу добро да ги научат верниците за тоа што се гревови.

Потпирајќи Се Само На Бога За Пораките

Кога Исус ги испраќаше Неговите ученици да проповедаат, Тој им кажа, *„Кога ќе ве предадат, не грижете се како или што ќе зборувате, зашто во тој час ќе ви биде дадено што да кажете; бидејќи не сте вие што ќе говорите, туку Духот на вашиот Отец ќе говори во вас“* (Матеј 10:19-20). Во годината кога ја отворив црквата, бев ученик на последната година во семинаријата. Морав да пишувам домашни задачи за училиштето. Исто така морав да припремам повеќе од 10 пораки неделно за утринските молитвени служби кои што се одржуваа секое утро, петочните целовечерни служби и за неделната утринска и вечерна служба. Исто така морав да ги посетувам и да ги советувам членовите, а морав и лично да се помолам за болните луѓе, така да секогаш бев многу зафатен.

Дури и немав време да ги запишам моите проповеди во тетратка, туку кога се молев, Бог ми го даваше насловот и делот за читање. Кога се молев за тоа, Бог ми ја даваше инспирацијата во самиот тек на проповедта. Кога стоев на говорницата, Словото Божјо минуваше низ мојот ум.

Денес, пофалните служби се емитуваат во живо низ земјата а и во други земји преку сателити и интернет, па така јас имам претходно подготвени белешки, но на почетокот на црквата додека не почна емитувањето на проповедите, јас проповедав без никакви белешки или потсетници.

Јас Сум Само Еден Понизен Слуга

Еден ден во април 1987 година, не можев доволно да се молам бидејќи немав време, па не ја добивав инспирацијата во текот на проповедта. Дури и почувствував дека проповедта не тече добро. По проповедта, многу жалев пред Бога бидејќи проповедта не ми беше подготвена со повеќе молитви. Кога и да се соочев со таквата состојба, длабоко во себе чувствував дека не сум способен да направам нешто и дека јас сум ништо ако Бог не е со мене. Ако ме заборавеше Бог, јас воопшто немаше да бидам способен да ја пренесам пораката, немаше ниту да има никаков вид на излекување дури и ако се молев, и Светиот Дух немаше да работи кога ќе проповедав, па така членовите на црквата немаше да се сменат. Иако успеав да постигнам некои работи, јас сум само еден понизен слуга пред Бога.. Затоа, дури и ако сум ја примил големата сила од горе и сум бил користен како инструмент на Бога, јас никогаш не можам да бидам арогантен поради тоа.

Во април 1987 година беа објавени. моите сведоштвени мемоари *Вкусување на Вечниот Живот пред Смртта*. Оваа книга беше објавувана повторно и повторно и стана постојано продавана книга. Во моментов, таа е преведена на многу различни јазици и е дистрибуирана во многу земји ширум светот. Преку оваа книга, бројни луѓе почнаа да веруваат во живиот Бог, Богот на излекувањето, Богот што ги услишува молитвите и во Богот на љубовта.

Соојунг Маенг, која што живееше во Германија во тоа време, ја доби оваа книга од еден познат свештеник во Германија и ја прочита. Таа доби многу добар впечаток за книгата. Кога дојде во Кореа, таа дојде во нашата црква за да присуствува на пофалната служба и најпосле стана редовен член на црквата. Таа почувствува дека нејзиниот живот се смени од Словото на животот. Таа се исполни со копнеж да го шири евангелието и сега, таа е мисионерка во Вашингтон ДК, посветена на ширењето на евангелието.

„Ова е АМ 837 Khz Христијански Радио Систем. Денес, во 'Вие сте со Мене', ќе ви ја раскажеме приказната за пречесниот Церок Ли од Централната Манмин Црква".

Од 1ви јуни до 30ти јуни во програмата наречена 'Вие сте со Мене' на радио ЦБС, моето сведоштво беше обработено во драмски серии и беше емитувано. Во текот на еден месец, се емитуваше два пати дневно, наутро и навечер. Преку оваа програма, многу луѓе низ светот дојдоа да ја примат милоста Божја преку сведочењето и паметењето на моето име. Некои луѓе кажале дека дошле за да поверуваат во Бога.

На 18 август, се појавив во програмата наречена 'Обновениот Јас' на ЦБС и го дадов моето сведоштво. Во тоа време, продуцентот ми кажа да не споменувам дека Бог ме излекувал. Ми кажа дека ќе има некакви приговори доколку зборуваме за чуда. Јас не можев да се согласам со тоа, па затоа само се насмевнав. Најпосле, додека го снимав емитувањето, ја раскажав целата моја приказна и процесот како Бог ме излекува. Откако временскиот термин за емитување помина, а мојата приказна сеуште не беше емитувана, јас го прашав објавувачот за тоа. Касетата само што не беше уништена, но ние успеавме, едвај, да ја најдеме касетата со снимениот материјал со помош на друго лице, и беше емитувана во текот на еден час. Сметав дека би било многу убаво доколку тие едноставно ја емитуваа вистината таква каква што е.

Пророштвата Според Инспирацијата На Светиот Дух

Бог ни ги дава подароците на Светиот Дух за наша корист (1 Коринтјаните 12:7). 1 Коринтјаните 14:1-5 кажува, „*Стремете се кон љубовта; но прижелкувајте ги искрените духовни дарови, а особено оној да можеме да пророкувате. Бидејќи оној кој што зборува на непознат јазик, тој не им зборува на луѓето, туку на Бога; бидејќи никој не го разбира, а со Духот кажува тајни. Кој пак пророкува, тој им зборува на луѓето за поука, утеха и утврдување. Оној кој зборува на непознат јазик, тој се поучува себеси; а кој пророкува, тој ја поучува Црквата. Но јас би сакал сите вие да зборувате на разни јазици, а уште повеќе да пророкувате: бидејќи оној кој што пророкува, е поголем од оној, кој што зборува јазици – освен ако и ги толкува, та црквата да добие поука".*

Апостолот Павле сакал сите Божји чеда да го примат дарот за зборувањето на други јазици, и тој особено настојувал верниците да го примат дарот на пророштвото. Јас понекогаш според инспирацијата на Светиот Дух им кажувам на членовите на црквата што ќе се случи, за поучување и за засадување повеќе вера во нив. Додека се молев на утринската молитвена служба, се молев со зборовите, „Господе Боже, прати ни извесен број на присутни идната недела". Тогаш, пророкував дека извесен број луѓе ќе присуствува на службата идната недела. Во тоа време, бројот на членови на црквата многу брзо раснеше.

„Ќе има педесет луѓе на службата следната недела".

Следната недела, нашите членови го избројаа вкупниот број на присутни. Имаше точно педест луѓе.

„Шеесет и пет ќе присуствуваат следната недела".

Секоја недела бројот на учесници се зголемуваше, а јас пророкував секоја недела. Следната недела, членовите ги броеја присутните, и секогаш беа изненадени.

Но кога достигнавме околу осумдесет луѓе, бројот не се зголемуваше неколку недели. Кога се молев за тоа, сфатив дека непријателот ѓаволот оневозможуваше да преминеме преку 100 присутни на службата. Јас постев и се молев со членовите и го одбивав непријателот ѓаволот, и од таа недела бројот повторно почна да се зголемува, и на денот на воспоставувањето на црквата на 10 октомври, имаше повеќе од 100 луѓе.

Во некои посебни случаи, Господ однапред ме известуваше за сумата на донациите. По отварањето на црквата, тоа беше кога имавме околу 6 милиони вони (6,000 САД долари) неделно. Бидејќи секогаш се фокусиравме на светската мисија, моравме да потрошиме многу повеќе од тој приход. Секогаш имавме потреби и нашата црква не беше во добра финансиска состојба. Почнав да му се молам на Бога за тоа. Кога искрено се молев, Бог работеше на посебен начин да ги реши тешките ситуации. Според јасната инспирација на Духот, Бог ми ја кажуваше дури и точната сума од прилозите.

„Следната недела, сумата од прилозите ќе биде 33 милиони вони (33,000 САД долари)“.

Го примив одговорот и им ја кажав точната сума на работниците кои што беа задолжени за црковните финансии, со цел да всадам повеќе вера во нив. Но тие не покажуваа никаква особена реакција, најверојатно бидејќи не беа способни да ми поверуваат. Изгледаше како да се двоумат размислувајќи како прилозите би можеле да се зголемат за повеќе од пет пати во текот на една недела.

Но попладнето следната недела, работниците од комитетот за финансии ги преброаа прилозите и ми кажаа дека сумата била точно 33 милиони вони. Од тогаш, му се молев на Бога кога и да имавме финансиски тешкотии, и Господ секогаш не благословуваше уште пообилно, па така да можевме да се справиме со потешкотиите според Божјата милост. Тој ме известуваше особено кога ни даваше многу пати повеќе од вообичаеното, и јас однапред го известував комитетот за финансии. Многу пати можев да видам дека нивната вера расте поради овој вид на искуство.

Ме Известуваше Во Врска Со Идните Нешта во Кореја И Во Светот

Јас секогаш ја извикував молитвата и живеев исполнет со Духот. И Господ од време на време ми кажуваше за нештата кои допрва треба да се случат, а исто така и за некои големи и тајни нешта. Господ му даде визија на Петар за да му укаже на нештата кои што доправа треба да се случат (Дела на Светите Апостоли поглавје 10), а Стефан ја виде славата Божја и виде како Господ стои на десната страна од Бога. Така, силата на Бога може сé да постигне. Без разлика дали во Стариот Завет или во Новиот Завет, или и денеска, Тој делува на истиот начин.

Амос поглавје 3 стих 7 кажува, *,,Зашто ГОСПОД Бог не прави ништо додека не им ја открие тајната Своја на Своите слуги – пророците"*. Како што е кажано, кога се молев, Бог ми кажуваше однапред за нашите членови на црквата, за нашата земја и за случувањата во светот.

Додека одев во семинаријата на 26 октомври, 1979 година, одеднаш ми се јави мачно чувство кое што почна рано наутро. Се молев во врска со тоа. Тогаш, Бог ми откри дека ќе падне големата ѕвезда во нашата земја. Ми дозволи да дознам дека Претседателот Парк Чунг-хее ќе почине. И кажав на жена ми дека ќе се случи голема катастрофа и отидов на часови во семинаријата. Моето срце беше многу вознемирено. Целиот ден само ронев солзи. Следното утро, ја слушнавме веста дека претседателот, Парк Чунг-хее бил убиен претходната ноќ.

Освен Ако Не Го Открие Неговото Тајно Советување На Неговите Слуги, Пророците

Бог однапред ми кажуваше како ќе се одвиваат случувањата во светот, и понекогаш, Тој ми кажуваше за некои многу важни личности. Во 1984 година, Бог ми откри дека И.П. Ганди, која беше жена премиер на Индија, ќе почине. Бог ми го кажа тоа неколку месеци пред таа да почине, и јас го споделив тоа со моите членови на црквата. Во октомври таа година, прочитав статија во весник дека таа била убиена од некој од Сиките.

Истата година, Бог ми кажа дека претседателот Реган и премиерот Тачер ќе бидат повторно избрани. Тој исто така и ми објасни зошто тие ќе бидат повторно избрани. Маргарет Тачер имаше храброст на маж, и исто така со нејзината смиреност и кроткост, таа се обидуваше да биде непорочна пред Бога. Таа не мислеше на богатството или авторитетот, и му служеше на нејзиниот народ со љубов. Бог ми објасни дека овие две личности беа сакани од народот бидејќи ја сакаа татковината, му служеа и го сакаа народот.

Во 1985 година, почина Генералниот Секретар на Комунистичката Партија на Советскиот Сојуз, К.У. Черненко. Неколку месеци пред тоа во 1984 година, Бог ми покажа визија во врска со тоа. Со цел да ја всадам верата кај нашите членови, им го кажав она што го видов. Неколку месеци потоа, имаше статија во весник за неговата болест, и на крајот тој почина.

Декларацијата 6/29 И Процесот На Демократизацијата

На 29 јуни, 1987 година, г. Таевоо Рох, претседателот на Демократската Партија на Правдата ја издаде Декларацијата 6/29. По Општите Избори на 12 февруари, 1985 година, опозициските партии го критикуваа недостатокот на легитимност на Претседателот Доохван Чун, кој што беше избран на индиректни избори, и побараа директни претседателски избори. Тие инсистираа на тоа да луѓето во земјата директно го изберат својот претседател.

Против овие движења, на 13 април, 1987 година, Претседателот Доохван Чун издаде 'Акт за Заштита на Уставот' за да престанат сите дискусии за промената на Уставот и да ја предаде власта согласно со тогашниот закон. На 10 јуни, тој ја спроведе конвенцијата на Демократската Партија на Правдата и го избра Таевоо Рох како претседателски кандидат од партијата, во обид да ја прошири воената власт. Во оваа ситуација, еден студент на колеџ по име Јонгчеол Парк, почина откако беше мачен од полицијата. Од 10 јуни па натаму, почнаа големи демонстрации низ целата земја. На 26 јуни, повеќе од милион луѓе во 37 града демонстрираа до доцна во ноќта. Бидејќи немаа доволно полициски сили за да ги контролираат демонстрациите, владата помисли да ги вклучи и воените сили. Но на крајот умерените победија. Тие решија да го прифатат барањето на народот за директни избори, а тоа беше Декларацијата 6/29.

На 15 јуни, 1987 година, одржував оживувачки состанок во Црквата Чеил во Бупјеонг-Гу, во Градот Инчеон. На 18 јуни, одненадеж Бог ми даде инспирација и визија. Тој ми објасни дека Декларацијата 6/29 ќе биде издадена и сé во врска со нејзината содржина. Бидејќи Тој ми кажа дека ќе има голема промена во земјата преку силна инспирација на Светиот Дух, сфатив дека нештата се движат многу бргу.

Следниот ден, на 19 јуни, им кажав на членовите на мојата црква за ова, само во акроними, и ги отпечатив акронимите во неделниот билтен за следната недела. Владата дискутираше за тоа во тајност, и беше нешто незамисливо еден обичен граѓанин да знае за ова.

Печатење Однапред На Напредокот Во Неделниот Билтен За 21 Јуни, 1987 Година

Земајќи ја во предвид политичката состојба на диктаторската влада во тоа време, морав акронимите да ги отпечатам наназад во наредниот неделен билтен. Ние сеуште го имаме овој неделен билтен. Акронимите беа на Хангул, Корејски букви, „Мин, Геј, Јак, Сеи, Дае, Гуе, Чонг, Мо, Рох, Ху, Дае". И јас ги објаснив деталите за акронимите во недела на 5 јули, во текот на неделната служба.

Тие значеа, „Претседателот (Дае) Чун издаде 'Акт за заштита на уставот' да го поддржи претседателскиот кандидат (Ху) Таевоо Рох (Рох). Но бидејќи беше убиен човек (Чонг) со погодок во главата (Мо), сите планови (Гуе) за 'Заштита на уставот' нема да успеат. Влијанието(Сеи) на претседателот(Дае) Чун беше ослабено (Јак) од спротиставувањето на луѓето, и да го прифати барањето на народот, тој ќе ја издаде Декларацијата 6/29. Ќе има измена (Геј) на Уставот за одржување на посредни избори, и тоа ќе биде почетокот на демократизацијата (Мин)".

За ваша информација, осумте одредби од Декларацијата 6/29 се како што следат:

1. Мирно предавање на власта во февруари 1988 година преку уставна измена.

2. Чесно и непристрасно управување со изборите преку измена на законите за избор на претседател.

3. Амнестија и заштита за г. Даејунг Ким

4. Почитување на човековото достоинство и унапредување на законот за човекови права

5. Овозможување на слободата на говорот

6. Локална автономија, слобода за факултетите и автономија на образованието

7. Гаранција за дејствувањето на различни партии

8. Решителен акт на општественото прочистување

Резултатот Од Претседателските Избори

Во декември 1987 година, пред 13те претседателски избори јас се молев во врска со тоа. „Боже, која е Твојата волја?

Кој е најсоодветниот претседател според Твојата волја? Кој всушност ќе стане претседател?"

Бог ми кажа дека кандидатот Таевоо Рох ќе стане претседател на тие избори. Тогаш, Бог ми го покажа кандидатот Јоунгсам Ким во цветен караван како оди во Чеонг Ва Дае, претседателската палата, по г. Рох, и тогаш кандидатот Даејунг Ким влезе во Чеонг Ва Дае во цветен караван.

Бог исто така ми објасни дека ако Јоунгсам Ким и Даејунг Ким беа обединети, кандидатот Јоунгсам Ким би бил првиот претседател, а потоа Даејунг Ким би бил претседател. Како што Господ ми ја покажуваше оваа визија, Тој ми објасни дека Божјата волја била овие два кандидата да бидат обединети, но бидејќи тие нема да бидат обединети на овие избори, кандидатот Таевоо Рох ќе биде претседател.

Исто така, Бог ми кажа дека кандидатот Рох ќе освои повеќе гласови отколку што очекувал, втор ќе биде кандидатот Јоунгсам Ким, трет ќе биде кандидатот Даејунг Ким, а четвртиот, кандидатот Јонгпил Ким ќе освои само неколку гласа. Тој исто така до детали ми кажа како кандидатите Јоунгсам Ким и Даејунг Ким може да бидат обединети и ако тоа се случи, дека кандидатот Јоунгсам Ким прв би бил претседател.

Напишав писмо со оваа содржина и пратив еден од моите членови на црквата да го предаде на кандидатот Јоунгсам Ким во неговата резиденција во Сангдо Донг. Тој член на црквата тргна во резиденцијата на кандидатот Јоунгсам Ким, но тој заминал во Бусан каде одржувал говор за кампањата, па така да и го дал писмото на жена му. Таа веднаш го прочитала писмото и рекла дека ќе му го предаде на нејзиниот сопруг. Ние сеуште ја имаме копијата од тоа писмо во црквата. На крајот, бидејќи овие двајца кандидати не се обединија, кандидатот Таевоо Рох беше избран за претседател.

Глава 6

Растот на Црквата и Искушенијата

Лишувањето Од Правото За Зборување И Скршениот Чекан

Всушност, деноминацијата на која мојата црква припаѓаше, беше Унијата на Светите Цркви на Кореа. Од отварањето на црквата, се обидов најдобро што можам да соработувам со деноминацијата, и мојата црква постојано растеше.

По Сојузот Со Друга Деноминација

На 13 декември, 1988 година, нашата деноминација и Светите Цркви на Кореа во Анјанг беа обединети и ние бевме вклучени во Анјанг деноминацијата. Тоа се случи кога свештеникот Таекгоо Сохн, мојот професор од семинаријата, беше претседател на Унијата на Светите Цркви на Кореа и на негова сугестија црквите се обединија. Во тоа време, мојата црква имаше очигледен раст. Кога нашата петта подрачна црква беше основана во Сувон, Генералното Собрание на деноминацијата стави приговор во врска со името на нашата подрачна црква. Тие рекоа дека претставува проблем да постои име 'Манмин' во нашата подрачна црква, па ние моравме да го смениме името во „Сувон Деоквоо Црква".

Во декември 1989 година, добив официјално писмо од генералното собрание дека ќе има испитување, па мора да бидам присутен во 11 часот наутро. На 18 декември, стасав во салата на собранието во 10:30 наутро, но таму немаше белешка за некакви промени сé до пладнето. Беше доцна попладне кога бев повикан и влегов во салата за состаноци. Таму имаше шест свештеници кои што беа членови на Генералното Собрание. Веднаш штом ме видоа, тие бргу почнаа да ми поставуваат прашања. Јас мислев дека ние треба да почнеме со молитва или со богослужба бидејќи тоа беше состанок на свештеници. Па така, бев многу разочаран бидејќи тоа всушност не беше така. Тие ме нападнаа со прашања и обвинувања.

„Слушнав дека си рекол дека Исус се враќа за 3 до 4 години, дали е точно?"

„Јас никогаш не сум рекол такво нешто".
„Ти кажуваш лаги! Ти си лажлив свештеник".

Бев стаписан од овие прашања. Тие ми кажаа дека јас не морам да објаснувам, и дека треба само да одговарам со 'Да' или 'Не'.

„Ти многу добро лажеш, и поради тоа примамуваш

илјадници членови. Мислиш ли дека ние не можеме да имаме толку многу членови на црквата ако кажуваме лаги?“

„Тие велат дека ти си примал откровенија. Па имаш ли некое друго слово кое што е поинакво од шеесет и шесте книги на Библијата?“

„Такво нешто никогаш не се случило“.

„Лажго! Ти ги попречуваш членовите на црквата да одат на работа, и им кажуваш на учениците да не учат!“

„Никогаш не сум го направил тоа“.

„Ти играш волшебнички танци во олтарот?“

„Никогаш не сум направил такво нешто“.

Апсурдните прашања продолжија да следат. Сите овие прашања произлегоа од недоразбирање. Тие не ми дадоа ниту малку време за да објаснам некое од овие обвинувања. Извесен свештеник кого ќе го викам ’Свештеникот С‘, кој ме испрашуваше, ми даде девет клаузули кои им беа претходно подготвени. Јас дури и не знаев дека овие апсурдни прашања се дел од судењето за да се изврши пресудата. Овие девет клаузули беа пратени во мојата црква. Тие рекоа ако не ги поправам овие девет нешта, тие ќе ја проследат пресудата на состанокот за испитување. Клаузулите вклучуваа: забрана на продажба на моите мемоари на сведоштва, *Вкусување на Вечниот Живот пред Смртта;* забрана на продажбата на моите касети со проповеди; забрана за користењето на името 'Манмин' кога основаме подрачни цркви; и забрана за светите танци (танците на пофалните песни). Сите овие нешта беа неприфатливи за мене.

Во врска со ова 'официјално писмо', јас поднесов одговори со детални објаснувања. Додадов дека го пишувам писмото бидејќи не сум нашол ништо што е против Словото Божјо, и доколку има нешто погрешно, им кажав да ме известат. По неколку месеци, генералното собрание ми испрати одговор во кој се кажуваше дека тие решиле да одбијат да ги прифатат моите одговори, без да ми објаснат зошто.

Лишен Од Правото Да Зборувам

Генералното Собрание на деноминацијата се одржуваше два дена, од 30 април до 1 мај. Јас бев член на одборот на претставници на собранието, и присуствував. Имаше други двајца членови на одборот, кои што беа старешини во мојата црква. Но ние не можевме да најдеме место со моето име на него. Сфатив дека тоа беше план за да ме екскомуницираат. Се обидував да го најдам моето име и тука и таму, но не можев да го најдам. Моето име не беше дури ни на списокот на членови на одборот. Немањето седиште значеше дека немам право да зборувам. Но, бидејќи морав да им ја кажам вистината, го следев собранието од задното седиште.

Кога Генералното Собрание почна со работа на 1 мај, беше спомнато моето име. Свештеникот 'С', главниот на комитетот за испрашување, почна да зборува за нештата кои што ме осудија. Тие ме лишија од моето право на глас пред собранието, и тогаш, според нивниот дефиниран дневен ред, продолжија со состанокот. Сите содржини говорени во врска со мене не беа вистинити, како што беа следниве:

„Свештеникот Церок Ли рекол дека го знае датумот на Враќањето на Бога. Тоа е напишано на таа и таа страна од неговата книга со сведоштва“.

Јас никогаш не сум рекол дека ја знам датата на Господовото враќање. Јас не ја знам точната дата, и секако, такви нешта не беа напишани во книгата со сведоштва, но бидејќи тогаш присутните во тој миг не беа во можност да ја прочитаат мојата книга, тие едноставно поверуваа во она што беше презентирано и мораа да учествуваат во гласањето. „Бидејќи Свештеникот Церок Ли многу греши, ајде да го екскомуницираме. Ве молам кренете ги рацете доколку се сложувате“.

Пред да се помине на гласањето за мојата екскомуникација, на состанокот останаа само околу деведесетина члена, најголемиот број од 300-те члена на одборот ги беа напуштиле своите места. Од тие 90-тина, околу 30-тина луѓе ги подигнаа своите раце, и тоа беа оние кои што претходно веќе се беа согласиле да го сторат тоа. Нашите луѓе ги изброаја луѓето кои што ги подигнаа рацете. Тоа беа 30 луѓе, но претседавачот прогласи, „48 члена ги кренаа нивните раце, што е повеќе од половина, па така ова е усвоено“. Тој тогаш удри со чеканот, и јас бев исклучен кога само 30 од 300 членови на одборот се согласија со тоа.

Скршениот Чекан

Но кога претседавачот удри со чеканот, вратот на чеканот се искрши и падна на земјата. Очигледно не беше нешто вообичаено. Само со гледањето како вратот на чеканот се крши, можевме да почувствуваме дека судењето не беше воопшто правилно од гледиште на Бога. На мене, како на жртва, не ми беше дозволено да прозборам ниту збор. Во тој миг, Старешината Боаз Јунгхо Ли едвај доби право да зборува, кажувајќи, „Сето што до сега беше кажано, не е вистина. Како можете да му судите без да го ислушате барем еднаш? Тој е тука присутен, па не би требало ли да го ислушаме?"

„Тогаш, ќе му дадеме право да зборува. Врати се на своето место".

Сепак, претседавачот и покрај неговото ветување, не ми ја даде шансата да се одбранам себеси. Дури и откако Старешината Ли се врати на своето место, јас не ја добив можноста да зборувам, па тој почна гласно да се расправа,

„Претседавачу, се вратив на моето место само бидејќи рековте дека ќе му го дадете на Свештеникот Церок Ли правото да зборува, па тогаш зошто не му го давате тоа право?"

Претседавачот едноставно го игнорираше приговорот на Старешината Ли. Сè се заврши многу бргу. Седев таму од рано наутро веќе 7 часа поднесувајќи толку многу презир, само за да ја добијам можноста да зборувам, но шансата не ми беше дадена до самиот крај. Дури и на лице осудено на смрт, би му ја дале можноста да се одбрани себеси. Дури и во диктаторска држава или на судењето од страната на комунистичката партија, би го сослушале осомничениот. Но, мене не ми беше дадена никаква можност да зборувам, иако бев по грешка погребан од деноминацијата.

Судски Спор За Кој Што Не Учи Библијата

Библијата не учи да имаме најмалку два сведока дури и ако обвинуваме старешина (1 Тимотеј 5:19). А во врска со слугата Божји, свештеник, тие очигледно требаше да ми дадат можност да се браним, но тие целосно ме сопреа да кажам дури и збор, и еднострано ме осудија. За да бидат нештата уште полоши, нивните обвинувања не беа воопшто вистинити туку беа измислици.

Кога Давид бил избркан од страна на Кралот Саул, кој му бил љубоморен, Давид еднаш имал можност да го убие Кралот Саул, но не го убил. Тој рекол, „*Нека е подалеку од мене поради БОГА она што јас би требало да му го направам на мојот господар, кој што ГОСПОД го помазал, и да ја испружам мојата рака против него, бидејќи тој е помазаник БОЖЈИ*" (1 Книга Царства 24:6). Иако Саул бил напуштен од Бога, тој еднаш бил помазан од Бога. Само Господ може да се справи со Неговиот слуга кој бил помазан од Него, но тие едноставно ме екскомуницираа по нивна волја.

Можев Да Го Избегнам Тоа Кажувајќи 'Да' Само Еднаш

Некои свештеници кои беа во собранието чувствуваа жалење за мене и ми даваа совети кажувајќи, „Свештенику, бидејќи твојата црква толку многу расте, ти стана предмет на љубомора. Зошто еднаш не кажеш 'Да' на она што другите постари свештеници ти го кажуваат? Само кажи 'Да' еднаш! Ако тие кажат дека газираниот сок е сок од јаболко, речи 'Амин', ако тие кажат сокот од јаболко е газиран сок, речи 'Амин' исто така". Јас не правев компромис со неправдата, туку само го следев вистинскиот пат. Се сетив на Даниил кој што не направил компромис со неправдата дури и кога требаше да биде фрлен во дувлото на лавовите. Тогаш помислив на времето кога тројцата пријатели на Даниил не направиле компромис дури и кога биле фрлани во огнената печка. Кога помислив на тоа не се потпирав на овој свет туку само на Бога.

Како што овие вести се проширија во нашата црква, стотици членови отидоа кај двајцата свештеници кои го водеа движењето за мојата екскомуникација, за да протестираат. Исто така, многу други свештеници кои што ја знаеја вистината им се јавиле на овие свештаници и го вложиле својот протест. Тогаш, претседателот на деноминацијата побара да се состанам со него. „Ќе поминам преку нештата што се случија без да им обрнам внимание. Само кажи ми едно нешто", рече тој, „Тогаш, јас ќе го вратам твоето име и ќе се вратиме на првобитната врска која ја имавме пред сето ова. Само кажи ми дека ќе речеш „да" на деветте клаузули и ќе ги признаеш". Но, јас не можев да признаам нешто што не беше вистина. Како можев да правам компромис со невистината само поради стравот да не бидам исклучен? Бев многу тажен и полн со жал во текот на цела недела и изгубив четири килограми. Кога помислував на двајцата свештеници кои што еднострано ме осудија, не можев а да не почувствувам тага и исто така ми беше многу жал за нив. Еден од свештениците ќе го нарекувам само „Свештеникот К", кој исто така беше еден од претседателите на деноминацијата, често кажуваше, „Манмин Централната Црква не е еретичка од гледиштето на Библијата".

Издадов книга со наслов *Небесата ќе ја објават правдата* и ја испратив до црквите, без разлика на деноминацијата, низ цела Кореа. Откако се случи ова, кога се молев, Бог ми го кажа ова Слово,

„Ти можеше да избереш самиот да ја напуштиш деноминацијата и на тој начин да не поминуваш низ срамот да се биде екскомунициран. Но ти не избра тоа да го сториш сé со цел да не ја предадеш деноминацијата од твоја страна. Видот на слуга или чедо кое што Јас го сакам е од овој вид. Ти го избра вистинскиот пат, и наскоро, ти ќе станеш главен во црковните здруженија".

Бог не водеше кон тоа да воспоставиме нова деноминација па така ќе можевме да ги избегнеме неразумните забрани и да работиме за царството Божјо со сета наша енергија. На 1 јули, 1991 година, беше воспоставено Генералното Собрание на Обединетите Свети Цркви на Кореја, и јас бев избран за претседател на истото. Откако поминавме низ големо искушение, можев да почувствувам дека Бог ми доделуваше голема моќ.

Водењето На Оживувачките Состаноци Низ Земјата

Откако бев ракоположен за свештеник во 1986 година, бев повикуван на многу места низ земјата да зборувам на оживувачките состаноци. Од 1987 година, секој месец зборував на меѓу-деноминациските оживувачки состаноци вклучувајќи ги и градовите Поханг и Даегу. Најмногу зборував за извикувањето на молитвата до Бога и зошто Исус е единствениот наш Спасител. Двете теми се опфатени во 'Пораката на Крстот'.

На вториот и третиот ден од оживувачките состаноци, свештениците примаа милост од проповеданата порака како што ги разбираа духовните значења содржани во Словото Божјо и за разлика од почетокот на оживувачкиот состанок, тие ми се заблагодаруваа со понизно однесување.

Постарата Ѓаконица Боонхан Чо Излекувана Од Херпес Зостер

Во март 1990 година, јас одговорив на покана на црквата во Даегу и отидов кај нив. Исто така имав можност да ја посетам и Постарата Ѓаконица Боонхан Чо во нејзиниот дом. Таа имаше седумдесет и седум години во тоа време и многу патеше од херпес зостер. Во тоа време, нејзиниот внук Ѓаконот Алвин Јоонха Хванг работеше како медицински офицер во армијата во градот Јинхае, додека го припремаше докторатот по медицина на Универзитетот во Кореа. Ѓаконот Јоонха Хванг имаше искрена вера, и тој неколку пати земаше отсуство за да може да се грижи за баба си. Таа исто така неколку пати дојде во нашата црква копнеејќи по животворното Слово Божјо. Постарата Ѓаконица Боонхан Чо имаше воспаленија по нејзината кожа а тие и и пукаа, па тоа предизвика тежок артритис како пропратен ефект. Вирусите ги допреа внатрешните нерви, па тоа и предизвикуваше толку многу болки што таа врескаше дење и ноќе. Таа воопшто не можеше да се движи и лежеше цело време. Нејзините раце и нозе и беа згрчени, и таа имаше големи потешкотии при јадењето и спиењето. Целата беше коска и кожа. Таа само се надеваше дека набргу ќе почине. Секако, страдањето на членовите на нејзиното семејство кои што ја негуваа, исто така беше големо.

Ја положив раката на неа и се помолив за неа, и веднаш штом молитвата заврши, таа одненадеж извика, „Демонот излегува надвор!" и ја подигна нејзината десна рака во вис. Бидејќи таа страдаше од херпес зостер на десната страна од вратот и десното рамо, и беше дури и потешко да ја движи нејзината десна рака. Но набрзо таа седна, и почувствува како ѓаволот кој ја предизвикуваше болеста ја напушта. Таа беше целосно излекувана.

Вклучувајќи го и нејзиниот зет, кој беше професор на Националниот Универзитет Кјоунгбоок во Даегу, нејзините деца сакаа да се грижат за неа, но таа дојде во Сеул, изнајми мала куќа блиску до црквата, и долго време водеше здрав Христијански живот во исполнетоста со Светиот Дух.

И Покрај Пречките Насочени Против Заедничкиот Оживувачки Состанок во Даегу

На 4 мај 1990 година, бев повикан да зборувам на состанокот во Планинскиот Центар за Молитва Јооахм во градот Даегу. Тој се одржуваше од страна на Сојузот на Мисии на Покраината Кјеонг Санг. Таму имаше толку многу луѓе што тие дури и седеа и на долниот дел од олтарот и на горниот олтар. Сепак, не можеа сите да влезат во светилиштето. Така да, ги извадивме прозорците за оние кои што присуствуваа на службата надвор. Дури и членовите на хорот не можеа да влезат внатре, и тие мораа да пеат надвор. Според милоста Божја многу свештеници исто така присуствуваа, и се случија многу излекувања.

Организаторот на состанокот, бидејќи овој беше многу успешен, се подготви да одржи уште поголем состанок следната година. Тие ја изнајмија Спортската сала во Даегу. Многу мисионерски организации со нивни молитви го поддржаа овој состанок. Деноминацијата која што ме осуди се обиде да го попречи овој состанок.

Само една недела пред состанокот на петочната

целовечерна служба, ми дојдоа Божјите зборови. Тоа беше да побарам сите членови на црквата да постат еден ден од претстојната недела за да ја избркаат синагогата на Сатаната. До тогаш јас не бев свесен за она што се случува во Даегу. Во неделата добив извештај од работниците во црквата кои што го посетиле Даегу и дознав што се случува таму.

Деноминацијата која што ме осуди испрати официјално писмо до претседавачот на организацискиот комитет, до печатот, и до другите поврзани организации кажувајќи им дека јас сум бил осуден како еретик и дека сум екскомунициран, со обид да го попречат состанокот. Тогаш, собранието на деноминацијата „Ј" на свештениците кои што го поддржуваа состанокот испратија официјални писма до секоја од нивните цркви велејќи, „Бидејќи Пречесниот Церок Ли е еретик, ние ќе ги осудиме оние кои што ќе го поддржат овој состанок, како еретици исто така". Поради ова, многу организации кои што ме поддржуваа и свештениците кои што се молеа за овој состанок не беа повеќе во можност да помогнат. Имаше многу лажни гласини наоколу вклучувајќи ја и гласината дека состанокот беше откажан.

На 18 март, 1991 година, започна состанокот без да имам можност да зборувам во врска со положбата на нашата црква и за вистината. Оние организации за поддршка кои што поверуваа во тие писма кои што беа испратени, ни го свртеа грбот. Но и покрај притисокот од собранието на деноминацијата, многу свештеници сепак учествуваа во случувањата на состанокот. Колку благодарно нешто беше тоа! Бидејќи Бог го подвижи срцето на членовите на нашата црква, тие заминаа во Даегу и се подготвија за состанокот.

Неочекувано, тој беше одржан од страната на нашата црква, но имаше многу учесници, и заврши со Божја милост.

Непријателот ѓаволот се обиде да го откаже овој состанок и доведе до силно спротивставување, но бидејќи Бог знае сé за размислувањата и плановите на луѓето, Тој ни дозволи однапред да постиме и да се молиме. На крајот Тој работеше за доброто на сé.

Што пак да кажеме на ова? Ако е Бог со нас, кој ќе е против нас? Оној Кој не Го поштеди ни Својот сопствен Син, туку Го предаде за сите нас, како да не ни подари со Него сé? Кој ќе ги обвини избраниците Божји? Бог е, Оној Кој што ги оправдува; кој е, што ќе суди? Исус Христос, е Оној што умре, да, но уште и воскресна, Кој што е од десната страна на Бога, и Кој што се заложува за нас. Кој ќе не одвои од љубовта Божја? Тага ли, неволја ли, или прогонување, глад ли, или голотија, опасност ли или меч? Како што е запишано: заради Тебе, цел ден не убиваат; не сметаат како овци за колење. Но во сите овие нешта победуваме преку Оној, Кој што не возљуби (Римјаните 8:31-37).

Преселувањето Во Нов Храм Преку Верата

Во март 1987 година, ние не можевме да го сместиме растечкиот број на членови на црквата во нашето светилиште, и се молевме да добиеме ново и поголемо место. Во Шиндаебанг 2 Донг, каде што започна нашата црква, беше изградена нова зграда, и ние ги изнајмивме вториот и третиот кат.

Од 13 до 17 април, имавме оживувачки состанок по повод преселувањето во новата зграда. Насловот беше „Не сите кои повикуваат по мене ’Боже‘, ’Боже‘ Ќе влезат“, и јас проповедав за Милоста, Светиот Дух, Верата, и Вечниот Живот. Три месеци по оживувачкиот состанок, светилиштето од скоро 1,600 квадратни јарди беше исполнето со луѓе!

Како Што Ја Извикувавме Молитвата

Како што е и денес, нашите членови од црквата се молеа

три часа секој ден на Ноќниот Молитвен Собир по Данаил. Стававме стиропор на прозорските рамки за да ја спречиме вревата која што доаѓаше од надвор, но бидејќи самата зграда немаше звучна изолација, не можевме да спречиме вревата да излегува надвор. За среќа, пред црквата имаше само пазар, не беше стамбена област.

Еднаш, на состанокот на станарите од таа област, имаше една личност која што го стави на дневен ред прашањето во врска со вревата која што излегуваше од нашата црква. Но еден член на здружението на жените кажа, „Тие ги затвараат прозорците дури и во средината на летото, и дури и ставија стиропор на рамките од прозорците. Звукот на молитвите мене ми звучи како приспивна песна". Тие не зборуваа повеќе за тоа. Во друга прилика, еден граѓанин се пожалил во полициската станица. Полицаецот кој што ја примил поплаката кажал, „Вие спиете, но овие луѓе се молат за оваа нација без да спијат. Што е проблемот со вас?" Личноста која што се пожали немаше повеќе што да каже.

Надминувањето На Кризи Со Божјата Милост

Господ не сакаше да останеме таму задоволни со начинот на кој што беа поставени нештата во тоа време. Тој дозволи искушение за нас кое што би ни дозволило да се преселиме на поголемо место. Во април 1988 година, не само главното светилиште, туку исто така и канцелариите, скалилата и дури и ходникот беа исполнети со луѓе кои што присуствуваа на богослужбата. Во тоа време, во подрумот на истата зграда, имаше неколку супермаркети. Бидејќи продажбата не им одеше добро, еден по еден тие се затвараа. Ние имавме договор да го купиме подрумот исто така, но ненадејно трговците на пазарот и жителите се спротивставија на тоа. Тие ширеа лажни озборувања велејќи дека црквата се обидува да ги избрка сите трговци од местото.

Овие луѓе правеа шамански ритуали пред портата на црквата во неделите, и многу бучно свиреа на традиционалните Корејски тапани. Кога повикавме полиција, полицијата дојде и провери дури откако сѐ беше завршено. Градските власти стоеја позади ова. Во тоа време, г. ’С‘, кој што беше член на опозициската партија, ја посети нашата црква неколку пати и се спријатели со мене. Тој ја прими моја молитва пред изборите, и беше избран. Тогаш, кандидатот од владеачката партија кој што загуби на изборите, помисли дека штом нашата црква ја поддржува опозициската партија, би било тешко за него да биде избран на следните избори. Така, тој искористи одредено влијание во подрачната владина канцеларија и полициската станица за да ја избрка нашата црква. Помина долго време откако бев во состојба да ја разберам оваа ситуација. Работниците во црквата кажуваа дека не можат повеќе да издржат и сакаа да одат во подрачната канцеларијата на владата за да протестираат. Тие исто така сакаа да преземат и правни дејствија, но јас ги одвраќав од тоа. Ги одвратив само со Словото Божјо кое што ни кажува да плаќаме со добро за зло.

Членовите на црквата се покорија на мојот збор. Тие го издржаа противењето од локалните жители и се обидеа да им служат. Но како што поминуваше времето, прогоните стануваа сѐ посилни. Локалната ’Донг‘ (месна) канцеларија, подрачната канцеларијата на владата, претставниците на локалното население, претседателот на здружението на жените, и дури и постарите граѓани беа носени таму за да ги попречуваат богослужбите, дури и пожарникарите доаѓаа да ги проверуваат нашите уреди секој ден, за да ни создаваат потешкотии.

Јас само клечев пред Бога да се молам. И еден ден, слушнав дека оние кои што се обидуваа да ја изгонат нашата црква, сакаат да се сретнат со мене. Кога отидов во салата за состаноци на месната канцеларија, таму имаше повеќе од 10 претставници од различните сектори во таа област.

Тие речиси плачеа, „Свештенику, спаси не! Ние многу страдаме. Чувствуваме како да паѓаме во Пеколот". Јас одговорив, „Ние сакаме да го напуштиме ова место, исто така, но немаме доволно големо место, ниту пак имаме пари". Тие рекоа, „Свештенику, колку би ти требало за да го преселиш твоето светилиште?"

Тие ми ја раскажаа нивната приказна, и јас можев да го видам Божјото дејствување кај нив. Помеѓу оние кои што стоеја на предните места на протестите за да ја истераат нашата црква, имаше многу кои оеднаш се почувствувале болни и добиле различни болести. Гласините за ваквите случувања многу бргу се раширија. Таму имаше луѓе кои што се плашеа да ги слушнат новостите. Оние кои што беа активни во водењето на ова движење против нас се чувствуваа како да паѓаат во Пеколот. Бидејќи не можеа да го истрпат тој страв, сакаа да се сретнат со мене. Тие ни дадоа 300 милиони вони (300,000 САД долари) во тоа време, што беше сумата која што ни беше потребна за да го преселиме нашето светилиште. Ние немавме ниту неколку десетици илјади долари, па така, тоа беше многу голема сума.

Кога Авимелех ја зел Сара, мислејќи дека му е сестра на Авраам, Бог се појавил во неговиот сон и му кажал дека Сара е жена на Авраам, и му наредил да ја прати назад. Авимелех не само што ја вратил Сара назад туку исто така испратил овци, крави и слуги за Авраама (Битие 20). Кога Бог делувал, Авраам ја надминал кризата и бил добро третиран. На ист начин, нашата црква исто така ги надмина кризите со Божјата интервенција.

Земјата Подготвена Од Бога Беше Пред Нас

Ние се молевме, „Господе, дај ни земја која што ќе биде повеќе од 54,000 квадратни стапки". Блиску до црквата, имаше зграда која што имаше околу 6,000 квадратни јарди, и ние напорно се молевме за да се преселиме во таа зграда. Но еден ден во 1990 година, Академијата на Воздушните Сили, која што беше сместена во Борамае Парк објави дека се сели, и дека местото ќе стане парк. Градските власти на Сеул сакаа да го продадат земјиштето на приватни инвеститори. Сфатив дека Бог подготвил парче земја за нашата црква во Борамае Парк. Таму би имале многу придобивки. Тоа беше причината зошто Бог ме водеше до Шиндаебанг Донг за да ја отворам црквата. Кога се молевме за да одиме во Борамае Парк Бог ни кажа, *„Јас ви го дадов земјиштето, и одете, земете го. Вашата цела конгрегација мора да покаже вера. Откако вие ќе го освоите благословеното земјиште, јас ќе се погрижам за сѐ"*. Нашата црква исто така учествуваше во понудата, но беше тешко да се купат дури и 4,000 квадратни јарди земја со вербата што ја имаа членовите на нашата црква во тоа време. Имаше само одреден број од членовите кои што ја покажаа нивната вера.

Господ го поведе народот од Израел до земјата во Кана, но тие не можеа да влезат во ветената земја бидејќи беа непослушни. Само нивните деца можеле да влезат во таа земја. Бидејќи ние не можевме да ја покажеме нашата вера како што беше потребно, Бог не одведе до второто место во Гуро Донг. Тој имаше подготвено една зграда во индустриска област, која што имаше околу 10,000 квадратни јарди.

Комеморативна Служба За Прославувањето На Новиот Храм И Продолувањето На Вознемирувањата

Индустрискиот комплекс Гуро беше местото што го пробиваше патот на Корејската индустријализација. Во тоа време таму имаше многу фабрики. Нашето четврто светилиште, светилиштето Гуро Донг, всушност беа посториите на компанија наречена Шин Ае Електроникс. Пред да банкротира оваа компанија, јас го запознав нејзиниот сопственик.

Тој ми рече, „Постар Свештенику, јас би сакал да изградам светилиште на Манмин Централната Црква на ова место“. Тој само што ме сретна за прв пат, а ми кажа дека сака да ја изгради Манмин Централната Црква на местото на неговата компанија. Го држев за збор и верував во она што го кажа. Одговорив со, 'Амин'. Подоцна Шин Ае Електроникс банкротира, а сопственикот побегна во Соединетите Држави. Постарата Ѓаконица Шин-ае Хјун стана ГИД на негово место. Но, поради големиот износ на долгот, штрајкот на работниците, и барањата на работниците за неисплатени плати, таа имаше доста потешкотии. Така да, таа се молеше местото на команијата да може да се користи за царството Божјо од страна на било кој од неколкуте многу познати свештеници. Во тоа време, таа доби одговор од Бога кој што и кажа, *„Дај му го земјиштето на Пречесниот Церок Ли, кого јас го сакам“*. По барањето наоколу, таа конечно ме најде. Кога го примив нејзиниот повик, отидов кај неа на местото каде што таа ги водеше оживувачките состаноци за формално да ја поздравам. Локацијата беше во Јонгсан, каде што го доживеав Божјето излекување во нејзината црква во 1974 година. После тоа јас само еднаш формално се сретнав со неа. Ние се немавме сретнато еден со друг повторно од тогаш, па така да таа воопшто не се сеќаваше на мене.

Ми го објасни процесот низ кој поминала за да ме најде. Господ го подвижи моето срце, и ние решивме да го купиме тоа место. Ни требаа 10 милијарди вони (10 милиони САД долари), а да го решиме проблемот со работниците, ни требаа 2 милијарди вона (2 милиона САД долари).

Комеморативна Службата За Прославувањето На Новиот Храм

На 10 февруари, 1991 година, ја напуштивме црквата во Шиндаебанг Донг за да одиме во Гуро Донг, и одржавме комеморативна служба. Ги исплативме кредиторите и неисплатените плати. Потоа почнавме да ја реновираме зградата во црква.

Кога се преселивме, имавме само ококу 300 милиони вони (300,000 САД долари) кои што ги добивме за старата зграда. Така да, гледајќи реално на состојбата, ние не можевме да превземеме ниту еден чекор водејќи толку многу членови. Но бидејќи бевме сигурни дека не води Бог, марширавме со вера. Една година откако се преселивме, банката повторно го стави на аукција, но ние немавме пари. Банката рече, „Вие, црквата, веќе ја решивте тешката состојба на компанијата која што имаше проблеми со синдикатот; и потрошивте многу пари реновирајќи ја во црква. Но кој мислите дека ќе наддава за ова земјиште?" Тие ни кажаа да го купиме местото кога цената ќе падне цената. Но реалноста беше поинаква. Извесна компанија го купи ова место како дел од нивните шпекулативни планови за недвижен имот. Тие ни рекоа да ја напуштиме зградата. Ние немавме место каде да одиме, ниту можевме да одиме некаде.

На 15 февруари, 1992 година, компанијата која што го купи ова место доведе околу 100 извршители и ги извадија нештата кои и припаѓаа на црквата надвор. Некои од работниците во црквата дури и беа претепани додека се обидуваа да ги запрат. Се разбира, таа компанија поднесе и кривична тужба против нас, велејќи дека сме го прекршиле законот. Низ сето ова, Бог направи нашите членови уште повеќе да ја засакаат црквата и повеќе да се молат. Тој тогаш ги подвижи срцата на оние кои што го купија ова место и тие потпишаа нов договор со нас. Тогаш ние почнавме да ја отплаќаме цената за местото.

Пречки Против Сеулскиот Евангелистички Крстоносен Поход

Од 18 до 21 мај, 1992, 'Сеулскиот Евангелистички Крстоносен Поход' се одржа во нашата црква од страна на 'Комитетот за организирање на Јубилеен крстоносен поход и повторно национално обединување 1995'. Беше одржан од движењето за евангелизам и повторно национално обединување со поддршка од *Кукмин Илбо*, Радиодифузното Друштво на Далечниот Исток, Христијанскиот Радиодифузен систем, *Христијанскиот весник*, *Корејскиот црковен весник*, и Канцеларијата на Полицискиот Капелан. Непријателот ѓаволот повторно стана да го откаже овој состанок.

Но, имаше неколку познати свештеници вклучувајќи го свештеникот Хјеонг-гјоон Шин и Јаечул Хонг кои требаше да бидат говорници. Тие добиваа притисоци да не зборуваат на овој состанок. Повторно тоа беа оние кои што кажуваа дека сум еретик, и дека имам историја на екскомуникација од деноминацијата. Доколку тие зборуваа на овој состанок, ќе мораа да се соочат со неповолните ситуации во иднината. Но овие говорници знаеја дека јас бев свештеникот кој што ја следеше вербата на евангелието со љубовта за Господа Исуса, и тие не подлегнаа на тоа. Состанокот беше одржан успешно по делувањето на Светиот Дух. Исто така од 14 до 17 септември таа година, 'Здружениот Евангелистички крстоносен поход на градот Сеул' беше одржан во нашата црква од страна на Корејското Христијанско Здружение за оживување, а осум свештеници вклучувајќи го и свештеникот Јонгман Ли говореа на овој состанок.

Помирувањето Со Светата Деноминација (Анјанг)

Во февруари 1992 година, Светата Христијанска Црква на Кореја (Анјанг), деноминацијата која што ме осуди, почна да превзема мерки против нашата црква откако нашата црква основа независна деноминација и растеше многу бргу. Свештеникот 'Ј' кој што стана претседателот на таа деноминација, во тоа време многу пати шираше лажни гласини пред Христијанскиот Совет на Кореа и пред печатот. Бидејќи се шираше ваков вид на клеветење тоа не остана само клевета, туку тоа исто така предизвика голема штета на свештенството во проповедањето на Евангелието. Ние најпосле решивме дека претставниците на нашата црква треба да го тужат тој свештеник 'Ј' за клевета.

Свештеникот 'Ј' сега требаше да плати казна и да требаше да оди во затвор. Тој стана очаен и многу пати преку мојот професор од семинаријата Свештеникот Таекгу Шон не молеше да ја повлечеме тужбата. Свештеникот Таекгу Шон настојуваше ние да се повлечеме од случајот и да се смириме бидејќи свештеникот 'Ј' кажал дека нема повторно да се ангажира около црковните здруженија, туку само ќе се концентрира на неговото свештенствување.

Свештеникот 'Ј' беше прилично стар, и ми беше жал за него. Така да, кога јас сакав да го прифатам барањето на Свештеникот Таекгу Шон и да се откажам од тужбата, адвокатот кој што беше задолжен за овој случај се спротивстави многу силно на таа идеја. Тој не советуваше, „Ти сега не треба да се откажеш од тужбата. Јас истражував за нивните претходни активности, и доколку овој проблем не се реши целосно, тие повторно ќе го сторат истото". И покрај несогласувањето на адвокатот, го потпишав документот за заеднички договор и се откажав од случајот.

На 20 април, 1993 година, ние двајцата се сретнавме и го потпишавме договорот. Ние сеуште го имаме писмото. Свештеникот 'Ј' потпиша писмено ветување во кое се вели, „Жалам што дистрибуирав материјали и искажав клевети за Пречесниот Церок Ли и за Манмин Централната Црква. Ќе се обидам најдобро што можам да се воздржам од ваков вид на дејствување во иднина, и ќе се концентрирам само на моето свештенствување“. Ние ја повлековме тужбата и му простивме, но како што ни предвиде адвокатот, наместо да ни се заблагодари, тој продолжи и понатаму да ја напаѓа нашата црква. Наоѓаше оправдание кажувајќи, „Јас не се извинив во името на претседателот на деноминацијата туку само во лично име“.

Ересот Според Библијата

Поради таквиот брз препород, јас станав доста познат, но исто така некои луѓе поради осудата од Светата Христијанска Црква на Кореа почнаа да мислат дека сум еретик. Оние кои што никогаш ме немаат сретнато, никогаш не ги слушнале моите пораки, ниту пак биле во нашата црква можеа да судат за нас само според слушнатото од други луѓе околу нив. Дури и во Библијата, апостолот Павле кој што многу го сакал Исуса Христа и го проповедал евангелието вложувајќи го во тоа сиот негов живот, бил прогонуван и осуден како 'луд', 'вистински штетник' и 'ороводец на сектата на Назаретјаните' (Дела на Светите Апостоли 24:5).

Во овој момент треба да разгледаме што согласно Библијата е дефиницијата за ерес. Во 2 Петар 2:1 се кажува, *„А во народот се појавија и лажни пророци, како што и меѓу вас ќе има лажни учители, кои што тајно ќе внесат* *погубни ереси и, дури одрекувајќи се од Господа Кој што ги откупил, ќе навлечат врз себе си брза погибел"*. Овде, 'Господарот кој што ги откупи' се однесува на Исуса Христа. Поради тоа, пред Исус да биде распнат, воскреснат од мртвите, и да ја заврши Неговата должност како Спасител, нема таков збор како ерес во Библијата. Ова е причината зошто нема збор 'ерес' во Стариот Завет и во Четирите Евангелија, имено, во Матеј, Марко, Лука и Јован.

Во Четирите Евангелија, дури и книжниците, Фарисеите, поповите, и првосвештениците не го употребуваат зборот 'ерес' дури и додека го прогонуваа Исуса. Дури откако Исус воскресна и ја исполни Неговата должност како Христос, оние кои што се одрекуваа од нивниот 'Господарот кој што ги откупи' се појавија, и само во Второто Послание на Петар, Библијата ги предупредува за таквите еретични луѓе. Името Исус значи 'Оној кој што ќе го спаси Неговиот народ од неговите гревови' (Матеј 1:21), а Христос значи 'Помазаниот'. Само откако Исус беше распнат и воскресна, Тој ја исполни Неговата должност како Христос и стана нашиот Спасител.

Поради тоа, кога ги завршуваме нашите молитви, наместо да кажеме, „Се молам во името на Исуса", да кажеме, „Се молам во името на Исуса Христа" што би било посовршено во духовното значење. Во Првото Соборно Послание на Јован Богослов 2:22 се кажува, *„Кој е лажлливец, ако не оној, кој што одрекува дека Исус е Христос? Тој е антихристот, кој што Го одрекува Отецот и Синот"*. Поради тоа, да се одречеш од Светото Тројство (Богот Отецот, Синот Исус Христос, и Светиот Дух) се смета дека е ерес. Поради тоа, не е право пред Бога невнимателно да судиме или осудиме некоја индивидиуа или пак црква кои што веруваат во Богот Отецот и го прифаќаат Исус Христос како нивниот Спасител.

Да се осуди црква каде што делата на Светиот Дух се случуваат во името на Исуса Христа е да исто што и да го осудиш и да застанеш против Светиот Дух, а Библијата не предупредува дека ваквиот грев никогаш не може да биде простен. Светиот Дух е битие на Тројниот Бог, и ако луѓето речат дека овие дела на Светиот Дух се дела на ѓаволот, е исто како да кажуваат дека Бог е ѓаволот и е еретичен, па како може ваквиот вид на луѓе да биде спасен? Од Матеј 12:22 па натаму, Исус излечил човек кој што бил слеп и глув поради демонот. Тогаш Фарисеите го осудиле Исуса кажувајќи, *„Овој човек ги изгонува демоните само со помошта на Велзевул владетелот на демоните“*. Исус одговорил, *„Затоа ви кажувам, секој грев и хула ќе им се прости на луѓето, но хулата против Светиот Дух нема да им се прости. И, ако некој каже збор против Синот Човечки, ќе му се прости; но, ако каже нешто против Светиот Дух, нема да му се прости ни на овој ни на оној свет“* (Матеј 12:31-32).

Кога Фарисеите ги осудија делата на Светиот Дух манифестирани од Исуса преку силата Божја, хулеа на делата на Светиот Дух. Тоа бил таков суштествен грев кој што не можел да биде простен, и тие не можеле да бидат спасени.

Тестот На Искрварувањето До Смрт

Во јуни 1992 година, минувајќи низ многу тешки прашања во црквата за кои не можев да зборувам со секого, поминав многу денови без воопшто да се одморам, и не можев да спијам во текот на многу денови. Нивото на мојата исцрпеност беше вон мојата контрола. Особено кога, некои помошници свештеници и работници престанаа да се молат и продолжија со непочитувањето, па на крајот Господ дозволи да ни се случи искушување. Бидејќи преземав големи оптоварувања врз себе, речиси бев на работ на крварење во мозокот. Кога членовите на црквата беа болни, јас само можев да се молам за нив. Но што ако јас самиот се срушев со крварење во мозокот? Бог работеше на таков начин што пред да дојде до церебралната хеморагија, Тој ми пукна голема вена во мојот нос за да ми овозможи да искрварам.

Беше 13 јуни, 1992 година, сабота. Бидејќи јас имав

богослужба за венчавка, се подготвував да излезам надвор. Одеднаш почна да ми тече крв од носот и замолив друг свештеник да оди на венчавката наместо мене. Крвта истекуваше низ двете ноздри и устата и попладнето крварев околу час и половина. Вечерта повторно крварев повеќе од еден час. Морав да седам со главата надолу. Доколку ја подигнев главата, крвта веднаш ми се слеваше во грлото и ми предизвикуваше гушење.

Во неделата наутро, сакав да се измијам, и тогаш почнав да крварам повторно, и не можев да одам во црквата. Многу крв ми излегуваше од ноздрите и ми се слеваше во вратот исто така. Додека крварев, се прашував од каде ми излегува толку многу крв.

Повеќе од 100 помошници свештеници и работници во црквата ги слушнале новостите и дојдоа кај мене дома. На почетокот, некои луѓе ми помагаа да ја избришам крвта со хартиени марамчиња, потоа со крпи, но бидејќи крварењето не престана туку продолжи, а тие не можеа да се справат со овие нешта, имав мијалник пред мене. Но бидејќи сите знаеја дека со мојата вера јас воопшто не се потпирам на световните методи, никој од присутните не зборуваше за одење во болница.

Одеднаш посакав да слушам црковни песни и им ја кажав желбата на луѓето кои што беа таму. Некој дојде и пееше црковни песни. Како што го слушав, добив мир во срцето и со нетрпение сакав да отидам во Рајот. Полека ја изгубив сета енергија и почнав да ја губам свеста. Но можев да почувствувам дека мојот дух станува се почист и полн со Светиот Дух.

На Крстопатот На Изборот Помеѓу Животот и Смртта

Во тој миг, по јасна инспирација, Бог ми кажа за точната состојба на духот на некои од луѓето кои што се собраа таму. Ги натерав тие луѓе да се откажат од ароганцијата и невистината кои што Бог ги мрази, и им ја кажав последната желба на членовите на моето семејство. Подоцна дознав дека целата конгрегација на црквата почнала да се моли за мене.

Пулсот ми престана, а исто така престанав и да дишам. За миг ја изгубив свеста и можев да почувствувам дека духот ми го напушта телото. Го слушнав Старешината Боаз Ли и другите кои што беа присутни како се молат, „Боже, те молам дозволи нашиот свештеник повторно да оживее!“ со извикување и солзи. Тие ми кажаа дека кога тие го допреле мојот зглоб, немало пулс, и кога ги допреле моите гради, тие биле студени. Во тој миг, Господ дојде кај мене.

„Мој слуго, ќе дојдеш кај Мене, или ќе се вратиш и ќе ја исполниш твојата должност?“

„Господе, сакам да бидам покрај Тебе“.

Во тоа време живеевме во куќа која што ја изнајмувавме, месец за месец. Јас дури и немав куќа или заштеда во банка. Сепак, не се грижев за членовите на моето семејство, туку само сакав да отидам во Рајот. Тогаш, Господ ми покажа две сцени. Откако отидов крај Бога, непријателот ѓаволот ја нападна нашата црква. Светилиштето полека се рушеше а многу верници станаа овци скитници и му се вратија на светот, на патот на смртта. Некои членови одеа кон портата на Рајот со пост и молитви, но повеќето од конгрегацијата го изгуби патот, и почнаа да одат кон светот и по патот на Пеколот. Во тој миг, се освестив.

„Господе, врати ме назад. Сакам да дојдам пред Тебе со членовите на црквата откако ќе го изградиме Големото Светилиште".

Се молев со желбата да живеам. Тогаш, се појави светлина од небесата, и некоја јака сила ме обзеде. Во тој миг седнав и побарав вода. Подоцна, открив дека водата која што ја испив се претворила во крв во моето тело. Станав и отидов во дневната соба. Некои членови кои што не можеа да влезат во мојата соба, тука се молеа и плачеа. Тие беа изненадени но сепак многу среќни. Се ракував со секој од нив и дури и зборував со нив. Моето лице почна да станува црвено. Немаше никаков знак дека сум крварел до смрт. Сепак мојата свест не беше целосно совршена, па така се сеќавам само на она што го слушнав од другите луѓе, и не се сеќавам на сè во детали.

Од тогаш, јас пијам вода доколку крварам. Обично, пијев негазирани пијалаци повеќе од вода, но многу сакав да пијам и доста вода. Бидејќи многу искрварив, би умрел доколку немаше ново снабдување со крв. Но како што Бог ја претвори водата во вино, верував дека водата може да се претвори и во крв преку силата Божја, кога и да пиев вода. Бидејќи знаев дека дури и моето крварење беше Божја промисла, не сакав воопшто да се потпрам на медицината на овој свет. Бидејќи јас потполно му верував и му се доверив на семоќниот Бог, оставив сè во Неговите раце.

Немав ни малку желба да одам во болницата за да го продолжам животот. Доколку Господ сакаше да го земе мојот дух, немаше причина за мене да се обидувам да живеам. Ако тоа е Божјата волја, тогаш јас само би сакал да ја изберам смртта. Знаев за семоќниот Бог повеќе од било кој друг и имав излекувано толку многу болни луѓе преку Божјата сила, така да ако не можев самиот себеси да се излекувам преку верата, тогаш како ќе можев да ја учам конгрегацијата да го прима излекувањето преку верата? Тоа е причината поради која јас подобро би избрал да умрам отколку да се потпрам на болниците. Се соочив со мојата смрт среќен, оставајќи им ја во мир мојата последна желба на членовите на моето семејство, но бидејќи не беше Божјата волја да умрам, Господ ми дозволи во текот на еден момент, повторно да се вратам во живот.

Поминувајќи Го Тестот На Авраам

Откако ми престана крварењето таа вечер, вечерав и отидов на моето место за молитва. Но таа ноќ повторно крварев околу час и половина, а и следното утро, исто така повторно крварев. Не можев да јадам ниту да легнам. Доколку легнев, крвта од моето срце ќе се истуреше надвор, па затоа морав да седам некако накосо, со главата надолу. Во неделата, сеуште бев на моето место за молење. Имав пофална служба со видео касета од беседата „Бог Исцелителот" која што претходно ја имав проповедано. За време на 'Молитвата за Болните', ги положив рацете на мојата глава и ја примив молитвата, и тогаш крварењето целосно ми престана. Преку ова искуство, уште еднаш сфатив и бев изненаден колку е моќна молитвата за болните.

Го пресметав времетраењето на моето крварење. Во

текот на осум дена, во 30 различни прилики, крварев околу дваесет и четири часа. Тоа беше доволно време за да целата количина на крвтта истече од мене и тоа многу пати. Кога крварев, пиев вода, и тогаш таа вода ми се претвораше во крв, и сето ова продолжи да ми се случува во текот на осум дена. Бог ме тестираше во текот на осум дена, но јас никогаш не се пожалив ниту пак бев незадоволен, како Јов. Јас само бев благодарен. Дури и ако требаше да умрам, тоа значеше да одам покрај Господа, и јас среќно би живеел во Рајот, така да немав причина да бидам тажен.

Бидејќи повеќе крварев кога лежев, морав да седам со наведната глава цело време. Размислував за тоа дека на многу начини. Бог ми даде многу сила, но јас не ја водев конгрегацијата на исправен начин кон верата, не успеав на прав начин да ги контролирав работниците во црквата, и сеуште го немавме изградено светилиштето. Како што размислував за тоа, сé повеќе и повеќе жалев пред Бога. Поминав 8 дена без спиење, со покајничко срце пред Бога.

Бидејќи јас благодарно сакав да се откажам од животот кога Бог ми го побара тоа, Бог ме оживеа во текот на 8 дена. Бог подоцна ми кажа дека како што Авраам го помина тестот и го понуди единствениот му син Исак, јас исто така го поминав тестот со тоа што се откажав од мојот живот. Како што го поминав овој вид на тест, Божјата вера кон мене стана сé посилна и посилна, и Тој ме благослови со можноста да покажувам сé помоќни и помоќни дела. Овој инцидент исто така беше нова можност за работниците во црквата и за членовите, повторно да се разбудат, и црквата да биде поставена на цврста основа.

Иако Предупредив За Временски-ограничената Есхатологија

Во 1984 година, по отварањето на нашата црква, проповедав за знаците за крајот на времето, за нештата кои што ги согледав преку инспирацијата дадена од Бога. Објаснив за врската помеѓу Јужна и Северна Кореа, за бројот '666', и обединувањето на Европа во држава, и така натаму, но поврзаноста помеѓу Јужна и Северна Кореа не беше добра, па дури и кредитните картички не беа вообичаени, па така да членовите почувствуваа дека не се доволно запознаени со нештата за кои што зборував.

Исус тагуваше кажувајќи, „*Но Синот Човечки кога ќе дојде, ќе најде ли Тој вера на земјата?*" (Лука 18:8) Така да, се обидов колку што можам да им всадам вера на верниците и да ги направам вистинското житно зрно што ја содржи вистинска вера, во овие последни времиња. Но бидејќи проповедав за знаците за крајот на времињата, бев познат како оној што ги поставува временските граници на крајот на историјата. Моите написи излегуваа во весниците, магазините, а и се емитуваа, така да јас повторно му станав познат на светот.

Некои објавени написи кажуваа нешта кои што јас никогаш не сум ги кажал, и еден свештеник 'Л' тврдеше дека временски-ограничената есхатологија кажува дека јас тврдам исти нешта како него. Најголем дел од печатот пишуваше поволни статии за мене, но една личност Г-нот 'Т', од месечниот магазин ме осуди кажувајќи дека сум рекол какко го знам датумот на Второто Господово Доаѓање. Но бидејќи сé ќе се открие кога ќе дојде времето за тоа, јас не преземав никакви правни дејствија ниту пак давав извинувања.

Сите мои проповеди се снимени, и секогаш биле продавани на јавноста. Од отворањето на црквата, секогаш им кажував на моите од конгрегацијата да бидат будни во нивниот Христијански живот како петте мудри девици претставени во 25тото поглавје на Евангелието по Матеја. Еве некои извадоци од наведената проповед, од почетокот па сé до половината на 1992 година, кои што се примери на моето предавање во врска со ова прашање.

„Денес, некои од вас читаат некои книги или пак чуле од други луѓе, но дали има некој од вас кој што кажува или пак верува дека Господ ќе се врати на 10, или пак на 28 октомври? Вие никогаш не треба да го правите тоа! Дали некогаш сте ме слушнале да зборувам за 1992 година? Не сте ме слушнале. Единствено ве подучував за Словото Божјо, и ве подучував да се откажете од гревовите и да живеете во Светлината и во праведноста, за да наликувате на Господа и да се разубавите себеси како прекрасните Господови невести, преку моите солзи и молитви. Дури и да се случи да Господ дојде утре, ве поучував дека треба денес да го засадиме јаболковото дрво". (Извадок од Неделната Служба на 19 јануари, 1992 година, „Разбуди Се")

„Во Матеј поглавје 24, учениците го прашале Господа во врска со Неговото доаѓање и за знаците од крајот на деновите. Исус ги поучил во врска со знаците кои што ќе се појават околу времето кога Исус повторно ќе дојде. Затоа ги знаеме знаците од крајот на времињата... Гледајќи ги некои луѓе кои што тврдат дека тоа ќе се случи во октомври 1992 година, некои се измамени додека други пак велат дека тие се луди. Што мислите вие? Ако го сакате Бога и ја знаете Неговата волја, не би требало да имате ништо со ваквото тврдење. Не би требало ниту да слушате едно такво тврдење. Ние може да бидеме спасени со верата, а не со знаењето кога, кој ден или кој месец, Господ повторно ќе се врати. Исус е нашиот Спасител и Тој ни ги откупил гревовите, па така ќе може да ни бидат простени гревовите преку верата, стануваjќи чедата Божји, и одејќи во царството Небесно. Но тие велат дека ние не може да бидеме спасени само кога веруваме и тврдат дека треба да знаеме на кој месец или кој ден ќе биде Господовото враќање, и дека не можеме да бидеме спасени ако не правиме така. Колку смешно е тоа! Според Библијата тоа воопшто не е правилно". (Извадок од Неделната Служба на 31 мај, 1992 година, „Што ќе биде Знакот?")

Глава 7

Господ Ги Прошири Границите На Служењето

Отворена Е Вратата За Светскиот Евангелизам

На Светскиот Крстоносен Поход За Евангелизацијата Преку Светиот Дух

Во мај 1992 година, бев повикан на годишниот национален молитвен појадок на кој што присуствуваа претседателот и врвните политичари, и отидов таму со нашиот Ниси Оркестар. Истата година, на 14 и 15 август, учествував во настаните од 'Крстоносниот поход за експлозијата на Светиот Дух низ светот 1992', што беше одржан на Плоштадот Јоидо. Овој Крстоносниот поход за експлозијата на Светиот Дух низ светот, беше одржан под наслов, 'Светот на Светиот Дух' и беше еден огромен собир на кој што присуствуваа повеќе од 1 милион луѓе. Нашата црква учествуваше со хор од 200 члена, Ниси Оркестарот, и со 400 членови на црквата кои што служеа како волонтери за управувањето со сообраќајот и обезбедувањето на местото на настанот.

На тој состанок, се запознав со Свештеникот Гвангсам Рах, кој беше претседател на Клубот на Светиот Дух во Вашингтон Д.Ц. и постојаниот претседавач на Крстоносниот Поход за Покрстување со Светиот Дух. Тој беше мој школски другар од средно училиште и го правеше своето службување во Вашингтон Д.Ц. Јас го немав видено уште од дипломирањето, и дури таму се видовме како свештеници.

Тој ми кажа дека се прашувал од која црква дошле волонтерите, и дека бил изненаден кога открил дека се од мојата црква. Преку овој состанок, почна моето службување и на Американскиот континент.

Здружен Евангелистички Крстоносен Поход Во Вашингтон Д.Ц.

Во 1993 година, Бог широко ја отвори вратата на светската мисија. Добив барање да зборувам на 'Здружениот Евангелистички Крстоносен Поход во Вашингтон Д.Ц.', што се одржуваше од страната на Здружението на Корејски Цркви во Вашингтон Д.Ц., од 6 до 8 август, 1993 година. Имаше многу барања за организирање на состаноци во други земји, но јас не бев во состојба да одговорам на истите. Но бидејќи тоа беше главниот град на Соединетите Држави, почувствував дека има Божјо провидение во тоа и затоа решив да отидам таму.

Организаторите на Здружениот Крстоносен Поход во Вашингтон Д.Ц. кажаа дека го подготвиле состанокот за да всадат вистинска вера во Кореанците што се таму и да им овозможат да ги почувствуваат промените во нивните животи преку делата на Светиот Дух. Состанокот беше одржан во фискултурната сала на Средното Училиште Витон под спонзорство на Унијата од 180 цркви на Североисток влкучувајќи ги и Вашингтон Д.Ц., Њујорк, и Балтимор. Во текот на сите три дена местото беше исполнето со Светиот Дух.

Првиот ден, ја проповедав 'Пораката на крстот', на вториот ден 'Телесната вера и духовната вера', а на третиот ден, 'Благословот на Вечниот Живот'. Учесниците понизно почувствуваа потреба за Словото и ја примија пораката одговарајќи со 'Амин'.

Повикувајќи Ги Луѓето Да Живеат Во Светлината

Кога Вашингтонскиот крстоносен поход успешно се заврши, јас бев повторно повикан како говорник и почесен претседател на 'Крстоносниот поход за евангелизирање во ЛА 1993', што беше одржан од страна на Корејското здружение од Корејскиот Кварт, славејќи го 20от 'Ден на Корејскиот кварт' на 19 септември истата година. Пред овој крстоносен поход, Господ ми овозможи да се подготвам за истиот со многу молитви. Поминав посебно многу време во молитва за овој состанок, Бев на планината за молитва во текот на три недели, и се подготвив, извикувајќи ги молитвите.

Организаторите на 'Крстоносниот поход за евангелизирање во ЛА' ме замолија да ја пренесам пораката за утеха на Кореанците кои што се таму, но јас не го сторив тоа. Она што ним им беше потребно, не беше утеха. Ним им требаше покајание поради тоа што не живеат исправен Христијански живот, и тие требаше на исправен начин да ја зачуваат светоста на Господовиот Ден, и да живеат во светлината.

На 29 април, 1992 година, имаше една толпа на Афро-Американци во регионот на ЛА, и Кореанците таму живееја со длабоки рани и чувство на загрозеност. Сето тоа беше предизвикано од бело-црниот расизам, но толпата почнала неселективно да краде и да подметнува пожари и во голем број од продавниците кои што ги поседуваа Кореанците. Многу Кореански семејства беа материјално и ментално оштетени.

Библијата не учи дека доколку живееме според Словото, и доколку го имаме искреното срце и совршената вера, тогаш нашата душа ќе напредува, и сите нешта добро ќе ни одат и ќе бидеме здрави. Имено, доколку го практикуваме Словото Божје, можеме да бидеме заштитени од сите видови на несреќи или катастрофи. Го употребував пасосот од Делата на Светите Апостоли 4:11-12, со насловот на пораката, „Зошто е Исус нашиот единствен Спасител?“ Ја проповедав пораката на крстот и се обидував да им ја засадам верата во нив. Ги охрабрував да станат вистински Христијани кои што над сé друго, живеат според Словото Божјо.

Исто така бев повикан во црквата во Ирвин и им ја пренесов мојата порака. По сите овие состаноци, на 21 септември, го посетив Градскиот Совет на ЛА. Членовите на Советот престанаа за миг со состанокот и побараа од мене да се помолам за нив, па така јас се помолив за нивниот благослов. Тој ден, ја примив титулата на Почесен Граѓанин на Областа ЛА, и слушнав дека тоа било прв пат да се направи такво нешто. Учествував во 'Парадата со цветни украсени платформи‘, што беше одбележување на Фестивалот на Корејскиот Ден во Лос Анѓелес, и бев качен на платформата. Молитвата која што ја понудив и возењето на платформата беше прикажано и имаше известување на мрежите на КТАН, КАТВ, КТЕ, и во *Хенкок дејли, Јоонг-анг дејли,* и тогаш бев навистина познат во тој регион. Сето беше според милоста Божја.

Проповедите Активно Се Емитуваат

Од март 1990 година, моите проповеди почнаа да се емитуваат во програмата наречена ’Далечна Земја, Радосни Вести‘ на Радиодифузното Друштво од Далечниот Исток. Беа емитувани и во Кина а и во некои делови на Русија. Од тогаш, добивав многу писма на благодарност, од многу Корејски Кинези, а некои од нив и ја посетија нашата црква.

Од август таа година, моите богослужби се емитуваа во областа на Вашингтон Д.Ц. на Кореанско радио. Од декември 1992 година тие се емитуваа на ’Ова Евангелие‘ на Бусан Христијанскиот радиодифузен систем, во ноември 1993 на Ири Христијанскиот Радиодифузен Систем, и почнувајќи од февруари 1994 година Чеонгју Христијанскиот Радиодифузен Систем почна со емитувањето на моите проповеди секоја недела. Секоја година, се зголемуваше целосната должина на моите проповеди кои што се емитуваа, и повеќе од 900 минути на проповеди се емитуваа секоја недела. Морав да ја снимам секоја проповед, и тоа не беше лесна работа. Од 20 до 22 мај, 1994 година, им ја пренесов пораката на состанокот за Корејци во Вашингтов Д.Ц. и Балтимор, одржана во Христијанскиот Радио Систем во

Вашингтон (ХРСВ). По ова, старешината Јеонг-хо Ким, ГИД на ХРСВ ме замоли да станам претседател на одборот на ХРСВ, и јас ја прифатив оваа понуда.

Многу слушатели на ХРСВ изреагираа многу добро на ова, така да станав добро познат во таа област. ГИД, старешината Ким, ми ги испрати реагирањата на многу од луѓето кои што кажуваа дека пораката била навистина чисто евангелие. Тој беше многу среќен што има така добри и позитивни одговори од слушателите.

Верата Е Осигурувањето На Нештата На Кои Што Се Надеваме

Признаена Како Една Од Врвните Педесет Цркви Во Светот

Во февруари 1991 година, кога се преселивме во новото светилиште во Гуро Донг, имавме двонеделен Посебен Оживувачки Состанок. На последниот ден од Оживувачкиот Состанок, на петочната целовечерна служба, бројот на регистрирани членови надмина преку 10,000. Господ ни испрати многу различни луѓе со различно културно, социјално и економско потекло. По шест месеци светилиштето беше полно. По три години, црквата не беше во состојба да смести повеќе луѓе.

На 11 февруари, 1993 година, Кореанските главни дневни весници и Христијанските весници известуваа за прогласувањето на педесет врвни цркви на светот од страна на магазинот ʼХристијански Светʻ од Соединетите

Американски Држави, и нашата црква беше една од тие педесет цркви. Сето тоа се случуваше само малку по 10 годишнината од отварањето, а Господ веќе дозволи развој на нашата црква во црква која што ја има низ целиот свет. Не бев јас, туку беше Бог Оној кој што го стори тоа, а јас само можев да оддадам благодарност и слава на Богот Отецот.

За Што И Да Се Молевме, Се Молевме Со Надеж

Мудрите Соломонови изреки 29:18 кажуваат, „*Без откровение одозгора народот е нескротив, а оној кој што го пази законот блажен е*". Откровение е она што Господ ни кажува да го дознаеме низ Неговите пророштва. Доколку немаме откровенија, ќе немаме ограничувања, имено ќе го игнорираме законот Божји и ќе дејствуваме според нашата сопствена волја, одејќи на тој начин по патот на уништувањето.

Додека постев во текот на 40 дена непосредно пред отварањето на црквата, Бог ми даваше многу соништа и визии. Бог делува на нас и сака да работиме така што Тој ќе биде задоволен од нас. Тој ми даваше сништа и ме водеше. Толку се молев што веднаш штом ја отворив црквата, Тој ми овозможи црквата да стане црква со мисија низ светот, и црква која што е многу сакана од Бога.

За да се изврши светската мисија, прво, морав да подготвам работници за тоа. Морав да поттикнам многу лидери кои што се исправни пред Бога, не само за истите да делуваат на домашни мисии туку исто така да можам да ги пратам како и како мисионери во странство. Се молев да создадам многу одлични свештеници. Кога одев во теолошкиот колеџ, студентите по теологија во тоа време многу често само ги чистеа тоалетите во црквата, ги правеа неделните билтени и ги извршуваа сите други тешки работи како свештеници и членови на црквата. Но вообичаено тие не добиваа никаква пофалба. Доколку направеа некаква грешка, тие би биле прекорени од страна на свештениците и во најлош случај, би биле избркани од црквата. Ми беше многу жал да ги гледам овие студенти од семинаријата во вакви ситуации. Откако ја отворив оваа црква, помагав во школарината и трошоците за живот на студентите по теологија во нашата црква. Сакав да ги поддржам на таков начин што нивното срце не би било обземено од светот, туку само би израснале во моќни свештеници. Господ го подвижи моето срце да создадам многу свештеници. Но бидејќи финансиската состојба на црквата не беше навистина добра, тоа не беше нешто лесно да се исполни. Понекогаш, членовите кои беа задолжени за црковните финансии се жалеа. Јас ги убедував и се обидував им објаснам да разберат и да работат во мир.

Исто така, за да се изврши светската мисија, ми требаа добри пофални тимови, и се молев имајќи сон за тоа. Кога постев во текот на 40 дена, видов некои пофални тимови кои што ја водеа пофалната служба на секој состанок. Секогаш, кога ќе се помолев, „Боже, кога ќе ја отворам црквата, Те молам дај ми одлични пофални тимови". Гледав на тоа со вера. Подоцна, се молев не само за пофалните тимови туку исто така и за оркестар, за да го славиме Бога. Во Првата Книга Паралипоменон 23:5 се кажува, „И 4, 000 беа вратари а 4, 000 беа оние што ќе Го слават ГОСПОДА со свирки направени од Давида за прославување на Господа". Ние можеме да видиме дека таму имало четири илјади луѓе кои што свиреле на инструменти во Божјиот Храм. Псалм 150 ни кажува да славиме со труба, лира, и харфа, со жичани инструменти и флејта, со гласни цимбали, и со удирачки цимбали!

Како што се молев за Оркестар, многу години чекав за Божјото водство. Господ повика професионални музичари на различни инструменти. Господ им дозволи да растат земајќи го Словото на животот, и подвижувајќи ги нивните срца да имаат сон. Обично, музичарите имаат нивни сопствени посебни карактери, и не беше лесно за нив да се откажат од самите себе и од нивното музичко знаење само за да го исполнат служувањето да му се одаде славта на Бога. Сепак, имаше професионални музичари кои што само сакаа да го слават Бога со нивните благодарности за милоста Божја, и го формираа Оркестарот. Тоа е Ниси Оркестарот. На 1 март, 1992 година, имавме основачка служба, и од тогаш, тие беа многу активни во црковните здруженија. Тие свиреа на Јубилејниот Крстоносен поход одржан на Плоштадот Јоидо и на другите концерти одржани од црквите, и на други добротворни концерти во и надвор од Кореа.

Исто така, Бог ни даде прекрасни хорови. Сега, има повеќе од дваесет пофални тимови, и тие го слават Бога со нивните пофалби не само во Кореа туку исто така во многу други земји.

Фали Го Него Со Дајре И Танц

Сонот да се исполни светската мисија доведе до основање не само на пофалните тимови, туку исто така и на тимовите за танцување. Јас медитирав над Библијата за тоа каков вид на однеување најповеќе му се допаѓа на нашиот Отец кога Го славиме. Го имав одговорот преку она што го напиша Давид.. Давид танцуваше со толку многу радост кога БОЖЈИОТ Ковчег се врати кај него (2 Книга Царства 6:12-23). Но неговата жена Мелхола го презираше во нејзиното срце и го критикуваше. Тогаш, Давид кажа, „*Пред ГОСПОДА ќе играм; и благословен е ГОСПОД, Кој ме претпостави пред татко ти твој и пред целиот дом негов, поставувајќи ме за водач на народот ГОСПОДОВ, Израилот; пред ГОСПОДА ќе свирам и ќе играм*“ (2 Книга Царства 6:21). Мелхола, која го презираше Царот Давид кој танцуваше пред Бога, беше проколната и стана неплодна жена. Подобро е за нас да го исполнуваме Словото Божје и да го задоволуваме Него отколку да се плашиме од она што другите луѓе ќе го кажат.

Тие Изведуваат Волшебнички Танц!

Во март 1986 година беше основан 'Тимот за Светиот Танц' за да го слави Бога со прекрасен и инспирирачки танц што се изведува на пофалните песни. Сето тоа е за да им се овозможи на гледачите да имаат надеж за Рајот. Името на 'Тимот за Светиот Танц' беше сменето во 'Тим за Уметничка Мисија'.

Денес, танцувањето во Христијанската култура е многу вообичаено со помошта на развојот на медиумите, но во тоа време, тоа беше нешто навистина ретко. Нашата црква воспостави 'Пофалбен Комитет' и 'Комитет за Изведба на Уметничката Мисија'. Подоцна двата комитета се споија во еден; 'Комитет за Изведба на Уметности'. Тие организираа различни настани и создаваа професионални пеачи, танчери и свирачи. Но како што нашата црква брзо растеше, некои беа љубоморни на тоа и ширеа лажни озборувања и лаги. Потоа, започнаа гласините, „Тие изведуваат волшебнички танци при секоја пофална служба!" Неколку пати годишно подготвувавме посебни танцови изведби за посебни настани или Библиски веселби, а тимовите ги изведуваа пред конгрегацијата. Но некои гласини кои што беа раширени велеа дека ние сме опседнати од злите духови и дека танцуваме на секоја служба.

И покрај овие лажни гласини, нашиот 'Тим за Светиот Танц' беше поканет на Алилуја Крстоносниот Поход во Советскиот Сојуз 1991 од страна на Свештеникот Хјеонгјоон Шин. Тоа беше нивниот прв интернационален настап со кој му се оддаваше слава на Бога со нивниот танц. Од тогаш, тие стекнаа љубов и наклоност од многу луѓе поради нивните изведби во Кореа и другите земји. Тие сеуште ја изведуваат нивната свештеничка служба за славење на Бога.

Препознаени По Нивниот Талент

Моментално има многу изведувачки уметнички тимови во црквата. Тие ги имаат развиено нивните таленти во Бога и се активни во нивното свештенство. На 1 јуни, 1991 година, еден од нашите црковни тимови учествуваше на '10то Национално Натпреварување во Госпел Музика' одржано од Радиодифузното Друштво на Далечниот Исток, и нашиот тим тогаш ја освои Големата Награда. На 17 јуни, 1995 година, на 14то натпреварување, 'Звукот на Светлите Хорови' тимот од нашата црква исто така ја освои Големата

Награда. 'Звукот на Светлите Хорови' беше составен од три члена во тоа време, а една од нив беше мојата трета и најмлада ќерка Соојин. Господ веќе ја нарече Негов слуга кога таа беше само дете, таа го заврши теолошкиот курс и сега служеше во црквата како претседател на Здружението на Свештеници.

На 17 април, 1993 година, имаше концерт на Христијанска музика во Салата Хваетбол (Факел), за децата кои што беа глава на нивните семејства, и нашиот Оркестар Ниси беше повикан и свиреше таму. Истата година, Оркестарот Ниси беше повикан заедно со 'Тимот за Уметничка Мисија' и некои други пофални тимови. Тие настапуваа во 'Посебната Пофална Служба за Евангелизацијата на Тужителите', која што беше одржана во конференциската сала на Канцеларијата на Врховниот Јавен Тужител. На 6 ноември, 1993 година, 'Кристалните Пејачи' од нашата црква учествуваа на 4то Натпреварување во Компонирањето на Госпел Музика организирано од страна на Христијанскиот Радио Систем, и ја освоија Златната Награда.

Соработка Во Службите На Црковните Здруженија

Службата од сѐ срце

Бидејќи членовите на нашата црква учествуваа и извршуваа волонтерски работи за многу Христијански настани, различни организации сакаа да ми доделат некои високи позиции. Но, бидејќи имаше многу свештеници кои што беа мои старешини и исто така бидејќи сакав да им помагам од позадина, не сакав да ги заземам позициите кои што ми ги нудеа. Одбивав многу пати, но бидејќи исто така мислев дека тие може да почувствуваат дека сум непристоен бидејќи одбивам толку многу барања, барав пониска позиција за едно ниво и ги прифаќав нивните предлози. При настаните, доколку моето име беше испишано на некое седиште, јас морав таму да седнам, но доколку седиштата не беа означени, секогаш седнував на седиштата на крајот на редот. Се чувствував засрамено да седам во центарот додека

Светски Експлозивен Крстоносен Поход на Светиот Дух во 1992 г.

На Обединетиот Крстоносен Поход за Евангелизација во Даегу

Крстоносен Поход за Евангелизација на Обвинителите

Концерт кај затворениците 'Служба за посветување и евангелизација'

Проповедањето на Состанокот на Молитвата со пост, одржан за нацијата и својот народ

Алелуја Обединет Крстоносен Поход во Сеул (во Манмин Централната Црква)

Јубилеен Крстоносен Поход одржан во 1995 година за повторното обединување на Јужна и Северна Кореја (во Јоидо)

таму имаше многу свештеници кои што беа мои старешини. Најудобно се чувствував на седиштата на крајот од редот. Исто така, дури и сега повеќе сакам да размислувам и да се концентрирам на Словото Божјо и молитвите отколку да извршувам некои надворешни активности. Така, во многу пригоди моите помошници свештеници или старешините на црквата учествуваа на настаните во мое име. Бидејќи јас не се социјализирав со премногу радост, не присуствував на многу од состаноците, и малку се дружев со другите свештеници, можеби некои луѓе од страна кои што не ме познаваа добро, ќе помислеа дека сум арогантен човек. Но кога и да имаше барање да се соработува за некој настан на црковно здружение, се трудев најдобро што можам да помогнам за да го направиме настанот успешен.

На 21 јуни, 1993 година, имав посебна молитва за 'Кампањата со велосипеди низ целата земја и големиот Крстоносен поход Имјигак за повторно обединување на нацијата'. Оркестарот Ниси, нашиот хор, и волонтерите исто така учествуваа на овој настан. Од 18 до 21 октомври истата година во нашата црква се одржа Евангелистичкиот крстоносен поход во Областа на Сеул, како подготовка за Јубилејниот Голем Крстоносен поход за повторно обединување на нацијата. Четирите доста познати свештеника од Кореа, кои што тогаш говореа, го нагласуваа фактот дека ние со евангелието, повторно ја обединивме поделената земја. На 24 ноември таа година, бев повикан како говорник на Состанокот за Молитва за Повторно обединување на нацијата одржано на Планината за Молитва Ханеолсан. Тогаш ја проповедав пораката и се молев за учесниците, и тогаш се случија многу излекувачки дела.

Исто така се интересирав за Мисијата за Усовршување за

оние кои што се во затвор и за оние кои што скоро излегле од затвор. На 28 февруари, 1994 година, вториот „Национален комитет за подучување на Корејскиот христијански крстоносен поход при Министерството за правда беше одржан во Мјунг Сунг Презвитерската Црква, од страна на Националниот Комитет за подучување на Христијанските здруженија, со наслов, „Слово, Љубов, и Подучување". Јас бев еден од заедничките претседатели на Здружението, и тогаш ги читав деловите од Библијата. Пофалните тимови од нашата црква и Оркестарот Ниси, како и танчерските тимови одржуваа претстави при крстоносниот поход за славата на Бога.. На 24 март истата година, на комеморацијата на Христијанскиот Радио Систем (ХРС) 40та Годишнина, '11та Фестивал на Мисијата на Хорот' се одржа во главната сала на Сејонг Центарот. Хорот на нашата црква и Оркестарот Ниси настапуваа на овој фестивал. На 20 јуни, 1994 година се одржа 'Големиот крстоносен поход Имјингак за Повторно обединување на нацијата' од страна на Светскиот Евангелиски Централен Совет, чиј претседател во тоа време беше Свештеникот Хјеон-гјоон Шин, и јас таму изведов репрезентативна молитва.

Претседателот Свештеникот Хјеон-гјоон Шин проповедаше под наслов 'Патот на Повторното обединување на нацијата преку Евангелие', барајќи сите цркви да бидат обединети како една без разлика на деноминациите. Стотици членови од нашата црква волонтираа како хор, оркестар, редари, и управувачи со сообраќајот. Од 20 до 22 јуни, Големиот крстоносен поход во областа на Сеул на Светскиот евангелистички централен совет за повторно обединување на нацијата се одржа во нашата црква, со говорникот Свештеникот Хомун Ли.

Посета На Претседателската Палата Чеонг Ва Дае И Јубилејниот Крстоносен Поход

На 29 јули, 1995 година, бидејќи бев постојан претседател на Здружението за Повторно Обединување на нацијата & Евангелистичкото Движење, имав посебна молитва на 'Состанокот со Молитва со постење за Нацијата и Луѓето'. Исто така, на 12 август, 1995 година, десет свештеници кои што беа водачи на 'Јубилејниот Крстоносен поход за мирно повторно обединувањее' во чест на 50 годишнината од денот на независноста на Кореја, беа повикани во претседателската палата Чеонд Ва Дае. Ми беше кажано дека ќе имаме еден час да зборуваме со претседателот и да даваме предлози. Претходниот ден, му се молев на Бога прашувајќи го Него што треба да му кажам на претседателот, следниот ден. Но немаше одговор. Се молев за овој состанок, но не добив никакви зборови од Светиот Дух. Беше многу необично што не добив никаков глас од Светиот Дух.

На 12 август, во 11 часот претпладне, имавме состанок во Чеонг Ва Дае, и сфатив зошто немаше одговор на моите молитви за овој состанок. Имавме состанок со претседателот Јоунгсам Ким, но не ни беше дадено време да зборуваме или да даваме предлози. Претседателот само зборуваше, и состанокот заврши. Ние само требаше да се молиме и да се вратиме назад.

Отидовме на Плоштадот Јоидо за да присуствуваме на Јубилејниот Крстоносен поход за мирното повторно обединување што почнуваше во 2 часот попладне. Можев да ги видам членовите на нашата црква како извршуваат волонтерски работи, како што е управувањето со сообраќајот, паркирање, редари на платформата, и другите кои што свиреа во Оркестарот Ниси.

Која Е тајната На Растот На Црквата?

Надежта И Визијата На Свештеникот Хјеон-гјоон Шин

На 5 декември, 1994 година, бев повикан во 'Центарот за обука на верски учители' на Здружението на Националното Евангелистичко Движење и ја пренесов мојата порака, а на 8 декември, 4,500то специјално отворено емитување на ЦБС програмата 'Обнови ме', во чест на 40та Годишнина на ЦБС, се одржа во нашата црква. Ја пренесов пораката под наслов 'Вистински Глас', настојувајќи радио станицата да ја исполни својата должност како проповедник за да се постигне правда и мир преку емитувањето на пораката. Свештеникот Хјеон-гјоон Шин ја сакаше нашата Црква. Сега тој е починат, но за Свештеникот Хјеон-гјоон Шин се вели дека беше Големиот татко на верските учители во Кореа и голема ѕвезда на Корејското Христијанство повеќе од 40 години. Тој многу ме сакаше мене и нашата црква. Тој покажа надеж и визија за Корејските цркви во неговите пораки, нагласувајќи го Светиот Дух, и Повторното обединување на Кореа, и имаше одлична смисла за хумор. Беше сакан од многумина без разлика на деноминациите. Откако дозна дека бев жртва на злоупотребата на деноминацискаta власт, ја посети нашата црква на службата по повод годишнината во октомври 1992 година, и изврши Благословување. Од тогаш, доаѓаше за различни настани и состаноци и не охрабруваше со моќни пораки.

Која Е Тајната На Развојот На Црквата?

Многу свештеници, не само од Кореа, туку и од другите земји, се многу импресионирани и трогнати од светлите и благодатни појави на членовите на црквата, и обично ме прашуваа за тајната на развојот на црквата. Често бев прашуван, „Свештенику, не гледам некоја посебна организација или обука во твојата црква, и која е твојата тајна за развојот на црквата? Како може членовите да волонтираат со толкава леснотија?" Јас навистина не ги учам ништо. Тие сами остваруваа сé преку Божјата милост.

Може да има различни мислења за развојот на црквата. Некои свештеници кажуваат, „Господ ни даде само волку членови", или „Оваа бројка е доволна за мојата црква". Библијата ни кажува дека првите цркви, со кои што Бог бил задоволен, имале бројка на оние кои биле спасени која што секојдневно се зголемувала. Бидејќи Божјата волја е сите да примат спасение (1 Тимотеј 2:4), првите цркви кои што се однесувале според Божјата волја, секој ден имале зголемен број на верници (Дела на Светите Апостоли 2:47). Ако слушнев дека некоја црква расте, бев многу среќен. Бидејќи секоја црква е воспоставена на крвта на Господа, се молев за таа црква и за свештеникот.

На 23 февруари, 1995 година, Здружението за Молитва на Кореанските Свештеници ја одржа 149та Национална Конференција на Свештеници во нашата црква. Присуствуваа околу 1,000 свепштеници. Проповедав за тајната на развојот на црквата. Исто така во 1996 на конференцијата на свештеници од Хаваи и конференцијата на свештеници од Аргентина, проповедав за некои од клучните елементи за развојот на црквата.

Прво, Свештеникот И Црквата Треба Да Ја Добиваат Љубовтта Од Бога.

Во Мудрите Соломонови изреки 8:17 се кажува, *„Ги сакам оние што мене ме сакаат, и оние кои што вредно Ме бараат, ќе Ме најдат"*. Да се љуби Бог е, како што е запишано во 1 Јован 5:3, *„[да] ги пазиме заповедите Негови"*. Исус исто така рекол, *„Кој ги има заповедите Мои и ги пази, тој е оној што ме љуби; а кој Ме љуби Мене, возљубен ќе биде од Мојот Отец, и Јас ќе го возљубам и ќе Му се јавам Сам"* (Јован 14:21).

Второ, Ние Мора Да Се Молиме.

За да се води успешна свештенствување, мора низ молитвата да ја спроведеме Божјата моќ. Патријарсите на верата кои што ја исполнувале Божјата волја сите биле воини на молитвите. Апостолите во првите цркви велеле, *„но ние ќе се оддаваме самите себеси постојано на молитва и на служењето на Словото"* (Дела на Светите Апостоли 6:4). Тие им ги препуштиле сите административни работи околу црквата на ѓаконите, и се концентрирале само на Словото Божје и на молитвите. Кога се молиме, ние мора да извикаме со сета наша сила и волја (Јеремија 33:3). Во Битие 3:17, Бог му кажува на Адама, кој што згреши, *„Со мака ќе се храниш од неа сé до крајот на својот живот"*. Исто како што луѓето може да ја жнеат жетвата само со напорна работа со пот, дури во духот, ние можеме да добиеме одговор само кога се молиме со целото наше срце и пот на нашето чело. Денес, илјадници членови на нашата црквата доаѓаат во црквата и секоја ноќ се молат. Истото се случува во поголем број од локалните светилишта, подрачните цркви и индивудуалните домови низ светот.

Трето, Ние Мора Да Имаме Духовна Вера.

Верата тука се однесува на верата дадена од горе со која што можеме вистински да веруваме од сé срце. Вера е да се создаваат нешта надвор од состојбата на ништожноста, и вера е кога ништо не е невозможно. Не можеме да го имаме овој вид на вера само со знаењето на Библијата како знаење или само со тоа што сме Христијанин веќе долго време. Може да биде дадено од Бога, од горе, само на оние кои што го спроведуваат Словото Божјо. Библијата ни кажува дека верата без дела е мртва вера. Само кога ќе се молиме со ваквиот вид на духовна вера, ќе можеме да го добиеме одговорот на секоја молитва, како што е и кажано во Матеј 21:22, *„И се што и да* *побарате во молитва се вера, ќе добиете "*. Ние тогаш ќе го добиеме одговорот за растот на црквата исто така.

Четврто, Ние Мораме Да Го Слушнеме Гласот И Да Примаме Водство Од Светиот Дух.

Светиот Дух живее во срцето на оние Божји чеда кои што се спасени, и Светиот Дух не води во волјата на Бога. Ако јасно го слушнеме гласот и го примиме водството на Светиот Дух, ќе бидеме во состојба да го видиме јасниот пат за развојот на црквата. Со цел да се слушне гласот на Светиот Дух, прво над, сѐ, самиот свештеник мора да се бори против гревовите до точката на пролевање на крв и отфрлањето на злите природи на срцето. Ова е патот низ кој тој мора да ги скрши сите грешни мисли на телото и менталните рамки кои што се против и што се непријателски настроени кон Бога. Дури и ако Словото Божјо не се согласува со нешто што ние мислиме и веруваме, ние мора да бидеме во состојба да го испочитуваме Словото Божјо.

Петто, Ние Мора Да Го Следиме Примерот На Првите Цркви.

Во Делата на Светите Апостоли, првите цркви сведочеа за пораката на крстот. Тие го применуваа Словото и презентираа многу знаци и чуда. Бидејќи многу моќни Божји дела се извршија преку апостолите, многу луѓе дојдоа да го примат евангелието гледајќи ги овие чуда, и црквата растеше многу бргу.

Домашни И Странски Мисии Во Полн обем

Почеток На Мисијата Во Африка

Во јануари 1994 година, Свештеникот Чарлс Маком од Танзаниската Пентекостална Црква ја посети нашата црква. Тој беше трогнат од пораката, и кога се врати во неговата земја, тој зборувал за мене. Од 4 до 6 јули, 1994 година зборував на 'Конференцијата на Африканските Црковни Лидери' организирана од Здружението на Пентекосталната Црква во Танзанија, во Дар Ел Салам, главниот град на Танзанија. Многу ми беше скршено срцето кога видов толку многу луѓе во Африка кои страдаа од сиромаштија и разни болести вклучувајќи и СИДА, бидејќи знаев дека секој може да биде ослободен од сите видови на проклетство и да живее здрав живот и духовно и физички, доколку живее по Словото Божјо.

Во текот на оваа конференција, Господ ни покажа многу

чуда. Кога нашиот тим пристигна во Танзанија, локалните свештеници кажуваа, „Свештенику, многу е чудно. Обично немавме воопшто дожд во ова време од годината, но врнеше малку пред вие да дојдете, и сега, времето е многу чисто без воопшто да има прашина. Гледаме дека Господ ги контролира временските услови, исто така“. Од денот кога нашиот тим пристигна на аеродромот додека ја напуштивме таа земја, каде и да одевме, Господ не покриваше со облаци во текот на врелите сончеви денови, и ни даваше дожд ноќе па така да ние можевме да имаме многу угодно време. Со цел црковните лидери да имаат вистинска верба, ја проповедав 'Пораката на Крстот'. Тие го разбраа Словото Божјо и почувствуваа живот во него, и одговараа со нивната единствена мелодија, плескајќи и танцувајќи. Можев да го видам нивното невино детско однесување. Многу од нив признаа дека нивната вера беше обновена и стекнаа сигурност и вера како свештеници.

По конференцијата, го посетивме племето Масаи во Танзанија. Поглаварот на племето и многуте домородци ни посакаа добредојде. Тие служеа крв од крава кога имаа многу посебни гости. Но, бидејќи знаеја дека пиењето на крв е

Во селото на племето Масаи

забрането од Бога, и дека ние нема да го пиеме, наместо тоа не послужија со сок.

Со цел да засадам вера во нив, го дадов моето сопствено сведочење за запознавање на Бога. Потоа истото беше преведено на англиски, свахили и на масаи јазикот. Пречесниот Д-р Мјонгхо Чеонг преведуваше на англиски. Пред свештенството тој беше професор по Англиска Литература на Хосео Универзитетот во Кореа. Подоцна, имаше желба за мисија во Африка, и воспостави центар за мисии во Најроби, Кенија. Денес, Пречесниот Д-р Мјонгхо Чеонг го проповеда Петтоделото Евнгелие на Светоста во 54 Афрички земји за да ги разбуди Африканските души.

Јапонија, Неплодна Земја За Евангелието

Во ова исто време, почна да се отвара портата на евангелизмот и во Јапонија. Од 5 до 8 ноември 1993 година, беше одржан 'Собир на Мисијата за оживување во Гошиен' на стадионот за безбол во Гошиен, кој беше најголемиот стадион за безбол во Јапонија, а 'Тимот за уметничка мисија' од нашата црква беше претставен многу грациозно за да ги допре Корејските Јапонци во публиката. 'Тимот на уметничката мисија' беше повикан од Свештеникот Хјеон-гјоон Шин да настапи на 'Молитвениот состанок за повторното обединување на Баегду планината & Крстоносниот поход во Кина' во јули истата година.

Од јули 1994 година, Свештеникот Сеунг-гил Рју беше испратен во Јапонија како мисионер, и тоа беше почетокот на нашата мисија во Јапонија. Од 22 до 23 ноември, 1994 година, имавме крстоносен поход во Ганае Центарот за

Култура во Ида, Јапонија, со околу 1,000 учесници, под наслов, 'Истурете го Огнот на Светиот Дух'. Беше одржан од страна на Ида Црквата (под водство на Јошикава Нобору) и поддржан од неколку цркви во Ида. Јас ја пренесов пораката под наслов, 'Историските Докази за Воскреснувањето', и настојував учениците да бидат сигурни во воскреснувањето на Исуса и да водат Христијански живот со надеж за воскреснување. На вториот ден, проповедав за тоа како да се запознае живиот Бог. По пораката, се помолив за болните, и тогаш многу знаци зедоа место преку огнените работи на Светиот Дух. Јас само можев да му се заблагодарам на Бога. Свештеникот Јошикава Нобору кој претседаваше со овој крстоносен поход рече, „Многу Јапонски верници беа трогнати од длабоките духовни пораки на Пречесниот Д-р Церок Ли, а тоа е многу необично во Јапонија. Многу Јапонски верници мислеа дека оздравувачките работи се случувале само во времето на Исус. Слушајќи ги пораките со небесна власт на Пречесниот Д-р Церок Ли, многумина беа излекувани и го запознаа Бога".

Се сеќавам на еден пациент кој што беше излекуван во овој крстоносен поход. Неговото име е Јошизава Мотохиса. Тој имал операција на грбот додека работел како инженер за печатење. Но поради подоцнежните последици од истата тој имал отежнато движење, и присуствуваше на овој крстоносен поход со големи болки. Првиот ден, тој се здоби со малку вера откако ја слушна пораката. Следниот ден, тој дојде во мојот хотел да ја прими молитвата. Јас искрено се помолив за него, и кога тој се врати назад по примањето на таа молитва, неговата болка исчезна и неговиот подгрбавен грб беше исправен.

Неплодните Двојки Примија Одговор На Молитвите

Во февруари 1991 година, имавме комеморативен оживувачки состанок за преселување во ново светилиште, со наслов 'Како што Твојата Душа ќе напредува'. Пренесов 15 пораки во текот на две недели, а исто така ги водев и посебните состаноци за болните луѓе.

Почнавме да одржуваме Двонеделен Посебен Оживувачки Состанок во 1993 година. Првиот Двенеделен Посебен Оживувачки Состанок беше одржан во мај, со наслов 'Грев, Праведност и Судење' (Јован 16:8). Слушајќи ги пораките два пати на ден, една наутро а друга навечер, за тоа што е грев, праведност и судење, учесниците сфатија какви ѕидови на грев имале пред Бога. Тие погледнаа позади себе и се покајаа со нивните растечени носови и солзи, со спуштен поглед. Тие ги урнаа ѕидовите на гревот пред Бога и ги искусија изобилните дејствија на излекувањето.

Тие дури и не знаеја што е вера, но како што ја слушаа секоја порака, тие го почувствуваа Светиот Дух, го разбраа Словото и се помолија, и се обидуваа да живеат според Словото Божјо. Присуствуваа многу луѓе од многу цркви низ земјата без разлика на деноминацијата. Верниците кои што ја примија милост и беа излечени на оживувачкиот состанок, дојдоа за да бидат исполнети со Светиот Дух и уште повредно почнаа да служат во нивните цркви. Имаше луѓе кои што беа излекувани од тумор на матката и стомак, преку Огнот на Светиот Дух. Имаше многу сведоштва вклучувајќи ги и оние кои што ги повратија нивните способности за слушање и ги фрлија нивните помагала за слушање, оние кои го повратија добриот очен вид и ги фрлија нивните очила, и оние кои беа неплодни дојдоа да можат да зачнат бебиња.

Особено, имаше многу брачни двојки кои што не можеа да зачнат бебе, а беа повеќе од пет години во брак, и многу од нив го примија благословот на зачнувањето. Бидејќи многу неплодни двојки заедно ме замолија да се молам за нив, во вечерната сесија на 5 мај, 1993 година на Состанокот за закрепнување во верата, кога се молев за болните, се молев, „Оние кои се неплодни, примете го благословот на зачнувањето“. Откога заврши оживувачкиот состанок, слушнав дека многу двојки родиле деченьа следната година. Токму сега, има многу деченьа кои што се родени во тоа време и завршиле во Градинката Манмин, истата година.

Требаше Да Живеам Живот На Инвалид Но

Имавме втор Двонеделен Посебен Оживувачки Состанок во мај 1994 година, под наслов, „Ќе го сторам Тоа“ (Јован 14:13). Силните дела на Светиот Дух исто така заседоа место и на овој состанок. Многу од учесниците на овој оживувачки состанок доживеаја божествени исцелувања. Би сакал да зборувам за Џоана Парк, која што беше во болница во тоа време по една голема сообраќајна незгода.

Џоана Парк, кога се враќала дома од работа на 27 мај 1993 година била вовлечена во судар во кој што настрадале задните делови на четири возила. Таа паднала во кома и била однесена во болница. Нејзината вилица била испукана, и местото каде што се спојувала со брадата, исто и било искршено. Нејзините црева и беа оштетени. Всушност таа била прекриена со рани по целото нејзино тело. Поради изместувањеттува на Двонеделниот Посебен Оживувачки Состанок. Таа дојде со штаки, но кога од олтарот се помолив

Џоана Парк ќе мора да живее со попреченост до крајот на нејзиниот живот
Џоана Парк потполно излекувана и оди на состанокотот за излекување заедно со Пречесниот Џерок Ли
Џоана Парк со здраво тело сега службува како мисионерка

за целата конгрегација, се случија исцелувачките дела. Нејзината крива нога и беше исправена. Таа не беше во состојба да се прозева или да ја отвори нејзината уста, но таа не почувствувала болка ниту додека многу пати се обидувала да се прозева. Кога лично се помолив за неа, таа го почувствува огнот на Светиот Дух, и почна самата да оди, без штаките. Членовите на црквата кои што ја гледаа оваа сцена на чудо, беа многу весели и го славеа Бога со огромен аплауз. По 2 недели, и беше поставена дијагноза во Ханјанг Универзитетската Болница. Нејзината десна нога се издолжила за 5см и двете нозе сега и беа еднакви во должина.

Во една прилика, едно бебе кое што изгледаше дека нема никаква можност за преживување, мистериозно си го поврати својот живот. Ѓаконицата Сооним Ким предвремено се породи, а новороденчето тежеше само 1.2 кг. Бебето беше ставено во инкубатор, но вените до срцето му беа оштетени, таа имаше мозочно крварење и го губеше видот. Докторите рекоа дека церебралната хеморагија кај новороденото не може да се третира. Исто така, таа во потполност би го изгубила ако не и биде направена операција, но дури и со успешна операција таа би имала само третина од видот на обичен човек.

На 7 мај, 1994 година, докторите им рекле на родителите да го земат бебето дома, бидејќи не биле во можност да сторат ништо повеќе. За среќа, во тоа време се одржуваше Оживувачки Состанок. Ѓаконицата Сооним Ким го донесе бебето во црквата. Состојбата на бебето беше многу сериозна. По третирањето со толку многу медикаменти и инјекции таа не тежеше дури ни еден килограм. Се чинеше дека и нема надеж за преживување. Таткото веќе се беше откажал од неа.

На 8 мај, кога јас искрено се помолив за бебето, и Бог почна да делува кај неа. Зениците, кои што и беа матни, почнаа да добиваат црна боја, и таа си доби нормален вид. Таа дури и доби сила да цица од шишенце. Од тогаш наваму таа земаше сѐ повеќе и повеќе храна и израсна како здрава личност. Нејзиното име е 'Хана', и сега таа е ученик во средно училиште, дете кое што прекрасно расте во Бога.

Личност Со Церебрална Апоплексија

Во 1995 година, 3от Двонеделен Посебен Оживувачки Состанок беше одржан под насловот, 'Праведните треба да Живеат со Вера'. На последниот ден од оживувачкиот состанок, додека се изведуваше посебната молитва за болните, на влезот во светилиштето се стори метеж, и некој беше внесен на носилка. Се чинеше дека беше донесен со брза помош. Тој беше во критична состојба. Подоцна, дознав дека тоа беше Старешината Моонки Ким, кој што бил погоден од церебрална апоплексија. Крвен сад пукнал во неговиот мозок.

Неговата жена беше свештеник. Таа служеше во ново отворена црква, и обично доаѓаше во нашата црква од време на време за да го слуша Словото Божјо. Кога овој човек беше пренесен во болница, докторите и кажале дека има многу мали можности да преживее. Така да, бидејќи оваа свештеничка знаела дека овој оживувачки состанок се одвива во нашата црква, го донела сопругот во црквата со брза помош за да може да прими излекување со верата.

Се молев за овој пациент кој што беше во бесознание, и веднаш штом заврши молитвата, тој стана и се исправи во седечка положба. Беше како на филм. Сите оние кои што ја гледаа сцената почнаа да ракоплескаат и да го слават Бога.

Примањето На Излекување Малку Пред Рацете Да Бидат Ампутирани

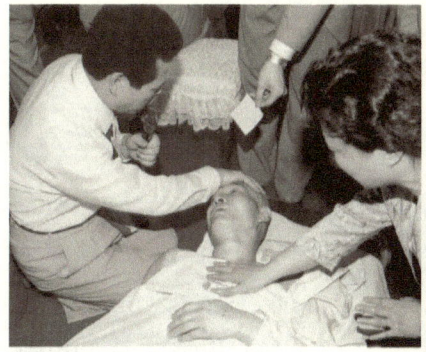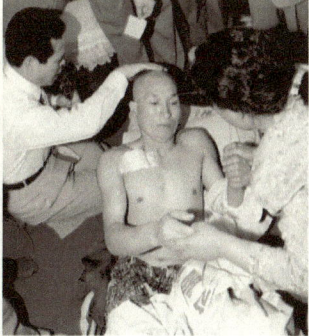

Пациент со церебрална апоплексија се исправа по молитвата

На овој состанок присуствуваше Ѓаконицата Санг-ји Ли која што имаше осум прсти кои што и гниеја, но по молитвата таа прими излекување и си ги поврати прстите. Зимата 1985 година, таа настрадала од промрзлини. Примила многу видови на третмани вклучувајќи дури и акупунктура. Ништо не и помнало. Таа исто така имаше артритис по целото тело. Во 1990 година, кога беше во Сеул, беше упатувана и доаѓаше во нашата црква. Откако дојде неколку пати, потоа се врати во нејзиниот роден град. Откако се врати таму, стоеше настрана од Бога и беше мрзлива во нејзиниот живот во верата.

Во 1993 година, нејзиното тело почнало да се смалува и нејзиниот врат и бил вкочанет. И бил дијагностициран ревматичен артритис низ целото тело, и почнале да и се јавуваат симптомите како што состојбата и се влошувала. Таа била хоспитализирана во Корејската Универзитетска Болница Гуро, но 2 месеца подоцна, нејзините осум прсти

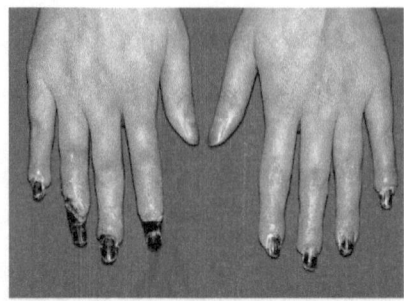

На Санг-ји Ли и се излекувани нејзините разгниени прсти

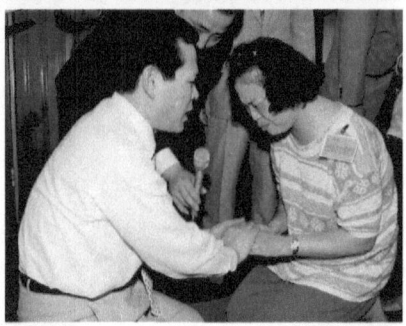

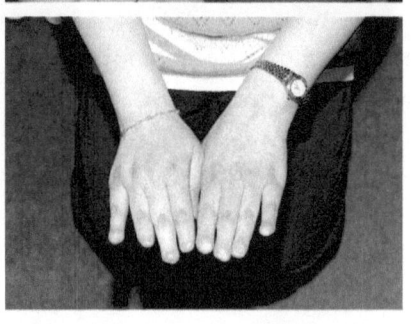

почнале да гнијат, но не и палците. Нејзините раце станале црни сé до зглобовите. Не само ноктите, туку и коските на прстите почнале да и гнијат. Докторот рекол дека нејзините раце мора да се ампутираат до зглобовите за да се запре напредувањето на гниењето на рацете, и датумот веќе бил договорен. Поради болките, Ѓаконицата Санг-ји Ли морала да зема голема доза на аналгетици. Во мај 1994 година, само еден ден пред датумот на операцијата, таа присуствуваше на Двонеделен Посебен Оживувачки Состанок. Таа конечно ја прими молитвата од мене, и призна дека, во истиот момент, нејзините раце станале топли, а нејзините неподносливи болки и исчезнале. Од тогаш, нејзината состојба многу се подобри, а и докторот и рекол дека повеќе не и е потребна операција и дека може да си оди дома.

Гниењето и престана, и изгниениот дел, кој беше како кора на старо дрво, и падна и ново месо почна и да расте. Дури и ноктите и беа обновени. Следната година, во мај 1995, таа повторно присуствуваше на Двенеделниот Посебен Оживувачки Состанок. На посебниот состанок за молитва за болните на вториот ден од оживувачкиот состанок, таа повторно ја прими мојата молитва По молитвата, почувствувала леснотија по целото тело, и болките предизвикани од ревматичниот артритис исто така и исчезнале. Таа беше чиста и потполна, не само прстите кои што и гниеја, туку и целото нејзино тело и беше ослободено од болеста и болката.

Да Се Биде Заштитен При Срушувањето На Стоковната Куќа Во Сампоонг

Во нашата црква имаме организација за мисија наречена 'Лесна и Солена Мисија' која што е наменета за оние кои што работат во рестораните и бизнисите со дистрибуција. Откако е основана во октомври 1985 година, групата имала богослужби и молитвени состаноци во различни области. Тие работат за евангелизација во рамките на дистрибутивната и ресторантската индустрија. Бидејќи членовите на 'Лесна и Солена Мисија' работат во неделите, тие присуствуваа на службата, откако ќе завршеа со работата во 9 навечер и 11 часот навечер во недела.

На 29 јуни, 1995 година, околу 6 часот попладне, се случи голема катастрофа. Се урна зградата која што беше Стоковна куќа во Сампоонг. Околу 10 члена од нашата црква работеа

Паѓањето на Стоковната куќа Сампоонг

таму, и Бог им обезбеди различни патишта за тие да побегнат. Во оваа ужасна состојба ние бевме во можност да доживееме чудо со самото тоа што сите тие беа спасени.

Сестрата Џинсоок Хонг, која што работеше во Стоковната куќа Сампоонг, беше заробена под бетонски блокови на третиот подрумски кат заедно со нејзините колеги и со чудо беше спасена. Таа работеше во кафеанчето за вработените на под-нивото три во подрумот. Кога нејзиното работно време завршило, таа отишла во диспанзерот малку да се одмори. Зградата паднала додека таа се уште била таму, и таа била заробена заедно со медицинската сестра во диспанзерот. При рушењето на зградата, главата на медицинската сестра и била повредена а коските на стапалото и биле скршени. Бидејќи тие не можеле дури ни да се видат една со друга во целосната темнина, тие не можеле ни да претпоставaт како да најдат пат за надвор. Тие понекогаш во далечината можеле да ги слушнат другите луѓе како врескаат за помош.

„Цинсоок, јас крварам од главата. Кога ми проповедаше евангелие, не ми се допадна, и само те избегнав. Жал ми е. Господе! Жал ми е, јас ќе верувам во тебе од сега!“ Медицинската сестра плачеше и врескаше. Сестрата Цинсоок Хонг се молеше за неа држејќи и ги рацете и тешејќи ја со Словото Божјо. Правта од цементот во воздухот влегуваше во нејзиното грло. Сестрата Хонг се молеше, „Господе, испрати ни спасители не само на мене, туку исто така и на сите овие луѓе, направи зградата да не се руши повеќе, и исто така дај ни свеж воздух“.

Господ им одговорил на овие молитви. Три часа откако тие биле заробени, околу 9 часот навечер, тие можеле да видат светилка и некој како кажал, „Има ли некој таму?“ Тие вреснале, „Тука!“ и дошле двајца спасители откако ги слушнале нивните гласови. Овој диспанзер беше блиску до излезот за итни случаи, и за среќа излезот за итни случаи и скалилата не беа урнати. Тогаш, кога спасителите дошле по овие скалила, тие ги слушнале молитвите и звукот на пофалбата на Бога. Медицинската сестра со брза помош била однесена во болница, но сестрата Цинсоок Хонг воопшто не била повредена. Ова беше објавено во главните весници следниот ден, во кои што пишуваше дека спасителите го слушнале звукот на пеењето и затоа ги нашле луѓето.

Кој би пеел во таква итна и живото-загрозувачка состојба? Звукот бил звук од молитвата и пофалбата кон Бога, и Господ ги подвижил срцата на спасителите да одат на местото каде што Неговите луѓе беа заробени. Цинсоок Хонг секогаш доаѓаше на вечерните неделни служби и даваше соодветни десетоци. Кога го држиме Божјиот Ден исправно и даваме соодветни десетоци, Бог не штити од незгоди и болести.

Л. А. 1995

Црквата Што Само Што Не Се Растури

Пред да се одржи Кампањата на Мисијата, од 27 до 29 април, имаше низа на обединети крстоносни походи на повеќе од 40 цркви во различни области, и јас имав крстоносен поход во [X] Презвитерската црква на свештеникот [О] кој беше претседавач на организацискиот комитет. Пред да отидам во Лос Анѓелес, членовите на нашата црква ми обезбедија сума пари кои што би ги користел на ова мисионерско патување. Пред да заминам, им реков на некои од работниците во црквата, „Бог ми даде убава сума од прилозите за мисијта овој пат, и верувам дека е дефинитивно потребно за некоја цел". Гореспоменатата Презвитериска црква каде што имав крстоносен поход во текот на три дена беше мала црква. Свештеникот, кој имаше повеќе од шеесет години, вредно работеше самиот без никој

Благословувањето на Градскиот Совет во ЛА

Добивањето на почесното жителство на ЛА

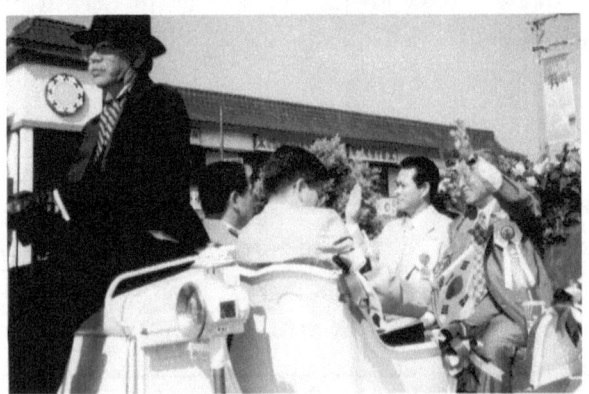

На парадата на „Денот на Кореја" во ЛА

да му помага. Тоа беше мал состанок каде само околу 100 луѓе се собраа за три дена, но сепак јас се трудев најдобро што можам околу проповедањето. Многу свештеници кои што служеа во поголемите цркви рекоа дека сакаат да ме добијат како говорник, и тие се извинуваа бидејќи ме промашиле. Верував дека имаше Божји причини да го водам крстоносниот поход во таа црква во текот на три дена.

На 29 април, на последниот состанок, свештеникот од црквата се молеше за црквата, и плачеше во текот на молитвата, велејќи, „Господе, реши го овој финансиски проблем на нашата црква. Оваа црква ќе биде предадена на светот". Јас веќе имав страдано од многу непријатни состојби дури и како говорник во тоа време, но слушајќи ја таа молитва, моето срце беше повознемирено. Бог го водеше моето срце во тоа време.

„Помогни и на оваа црква. Не е ли добра сумата од прилозите за мисијата за една ваква пригода? Помогни и на оваа црква".

Како што го слушнав овој глас, реков во пораката, „Не знам колкав долг има оваа црква, но Божјата црква не треба да страда од световните луѓе. Ќе обезбедам мала помош, па ајде, сите членови, учествувајте заедно тука", и ветив 20,000 САД долари како прилог.

Можев да сватам дека Бог ме ипрати во таа црква бидејќи бев во можност да ги согледам и да им ги решам непријатните состојби. Не сакав да бидам сметан како говорник, но моето срце беше исполнето со желбата да му помогнам на свештеникот и да му понудам утеха во срцето. Се обидов најдобро што можам свештеникот да не почувствува некаква непријатност, и неговото време да не биде изгубено поради мене. Во текот на крстоносниот поход, пофалниот тим од мојата црква ги водеше пофалбите. Тие исто така се обидоа да дадат што е можно повеќе милост и исполнетост со Духот на членовите.

Следниот ден, во неделата на 30 април, свештеникот дојде кај мене со намуртено лице кажувајќи, „Свештенику, до вчера, членовите од другите цркви кои што те познаваа, доаѓаа на овој состанок, но од денеска, сигурен сум дека сите наши членови ќе си заминат. Не треба дури ни да одиш во црквата да видиш". Бев изненаден што слушам што зборува и прашав што се случи. Тој ми кажа дека помошникот свештеник од таа црква не го положил испитот за ракоположување за свештеник, и дека имал поплаки против овој свештеник. Тој ја напуштил црквата, и имаше старешини на црквата кои што исто така се спротивставиле на овој свештеник и тие исто така беа поделени. Црквата им беше во хаос. Понатака, црквата имаше финансиски проблеми поради долговите, и членовите на црквата ја изгубија силата да ја оживуваат.

Но кога јас отидов во црквата, откривме дека членовите не ја напуштиле црквата, туку наместо тоа црквата беше преполна. Дури и местата на хорот беа исполнети, и нивните лица блескаа. Бог ја знаеше состојбата на оваа црква, и за да ја спаси, Тој ме испрати таму да го проповедам Словото Божјо и финансиски да му помогнам на свештеникот.

Кампања На Мисијата Во ЛА '95-та

На 30 април 1995 година, 'ЛА Кампањата за Светската

Повикан како Почесен Претседавач на 22^{от} Ден на Кореја во ЛА и учеството во Културниот Центар

Мисија 1995' се одржа во Конгресниот Центар од страна на Светскиот Евангелиски Комитет и Корејско-Американскиот Комитет за Христијанско Духовно Движење, а јас бев поканет како главен говорник. 'Кампањата за Светската Мисија' беше одржана успешно според милоста Божја. Неколку дена подоцна, читав Американски Христијански Весник. Во истиот се кажуваше,

„На 30 април, околу педесет верски учители и повеќе од 8,000 верници се собраа заедно и одржаа оживувачки состанок за обединување на многуте раси. Пречесниот Церок Ли, главниот говорник проповедаше под насловот, 'Ајде да бидеме како Еден', и ги повика присутните кажувајќи, 'Ние сите сме браќа во верата, без разлика на местото на живеење, расата, и културата, и со оваа обединета вера дозволете да ги поставиме темелите на светската евангелизација'. Звукот на гласното извикување на толпата на мотото на оваа кампања, 'Проповедај го евангелието до крајот на земјата; направи го овој град, градот на ангелите; победата е наша!' одѕвонуваше во целата конференциска сала“.

Исто така учествував на молитвениот појадок каде што присуствуваа околу 300 лидери на метрополитенската област на градот Лос Анѓелес. Тие ги ценеа изведбите на пофалните тимови од нашата црква и тимовите за танцување, а некои од нив леја солзи бидејќи беа трогнати од нивната изведба.

Фестивалот На Денот На Кореја

Во септември 1995 година, присуствував на 22от

'Фестивал на Денот на Кореја' во Корејскиот кварт на Лос Анѓелес, како почесен претседавач. Одржав репрезентативна молитва за основањето на движењето и понудив молитва за отварањето на настанот 'Корејска Ноќ'. Исто така учествував на свечениот дел на целиот овој настан, Фестивалската парада која што се одвиваше со платформи украсени со цвеќиња. Имаше четири коња за една посебна платформа, и тоа беше за многу посебен гостин. Не ми беше пријатно да настапам пред толку многу луѓе, сепак со самосвесноста на срцето, бев назначен и се возев на платформата. Другите возила и платформи следеа позади таа платформа на парадата.

Имаше некои вознемирувања и попречувања со намера да ме сопрат да учествувам на овој настан како почесен претседавач. Корејското Здружение во Лос Анѓелес беше запознаено со ова и издаде приговор против ова попречување, во кој што се кажуваше дека доколку било кој биде откриен како шири лажни гласини за мене, почесниот претседавач, тие ќе преземат правни дејствија против тие луѓе. Делата на Сатаната беа поразени од луѓето на кои Бог им подготви неочекувано место.

- Крај на книгата 1 -
Продолжува (Книга 2)

Автор:
Д-р Церок Ли

Д-р Церок Ли е роден во Муан, Покраина Јеоннам, Република Кореа, во 1943 година. Кога имал дваесет години, Д-р Ли почнал да страда од разни неизлечиви болести и седум години ја исчекувал смртта без надеж за оздравување. Сепак, еден ден пролетта 1974 година, сестра му го однела во црква и кога клекнал долу да се моли, Живиот Бог веднаш го излекувал од сите негови болести.

Од моментот кога Д-р Ли го запознал Живиот Бог преку тоа прекрасно искуство, го засакал Бога со сето негово срце и искреност, и во 1978 година бил повикан да биде слуга Божји. Предано се молел за да може јасно да ја разбере волјата Божја, потполно да ја исполни и да ги почитува сите Слова Божји. Во 1982 година, ја основа Манмин Централната Црква во Сеул, Кореа, и безбројните Божји дела, вклучувајќи ги чудотворните излекувања и чуда, почнале да се случуваат во неговата црква.

Во 1986, Д-р Ли беше ракоположен за свештеник на Годишното Собрание на Исусовата Сунгкјул Црква во Кореа, и четири години подоцна во 1990 година, неговите проповеди започнале да се емитуваат во Австралија, Русија, Филипините, и во многу други земји преку Радиодифузното друштво на Далечниот Исток, Азиската Станица за радиоемитување и Христијанскиот Радио Систем. во Вашингтон

Три години подоцна во 1993, Манмин Централната Црква беше избрана како една од „50 Надобри Цркви во Светот" од страна на магазинот *Христијански Свет* (САД), а тој се здоби со Почесен Докторат за Богословија од Колеџот Христијанска Верба, во Флорида, САД и во 1996 со докторат по Свештеничка Служба од Кингсвеј Теолошката Семинарија, Ајова, САД.

Од 1993 година, Д-р Ли го презеде водството на светската мисија на многу крстоносни походи во странство, вклучувајќи ги Танзанија, Аргентина, Л.А., Градот Балтимор, Хаваи, Градот Њујорк во САД, Уганда, Јапонија, Пакистан, Кенија, Филипините, Хондурас, Индија, Русија, Германија, Перу, Демократска Република Конго и Израел.

Неговиот крстоносен поход во Уганда бил емитуван на Си-Ен-Ен, а на Израелскиот крстоносен поход одржан во Меѓународниот Конвенциски Центар во Ерусалим, тој го прогласи Исус Христос за Месија. Во 2002 година беше наречен „свештеникот на светот" од главните Христијански весници во Кореа за неговата работа во различните Големи Обединети Крстоносни походи во странство.

Така во мај 2013 година, Манмин Централната Црква има конгрегација од повеќе од 120,000 члена. Има 10,000 локални и подрачни цркви во странство на целата земјина топка вклучувајќи 54 домашни црквени филијали во поголемите градови на Кореа, а досега се воспоставени повеќе од 129 Мисии во 23 земји, вклучувајќи ги Соединетите Држави, Русија, Германија, Канада, Јапонија, Кина, Франција, Индија, Кенија, и многу други.

До денот на ова издание, Д-р Ли има напишано 85 книги, вклучувајќи ги и бестселерите *Вкусување на Вечниот Живот пред Смртта, Мојот Живот, Мојата Вера I & II, Пораката на Крстот, Мерката на Верата, Рај I & II, Пекол, и Силата на Бога*. Неговите дела се преведени на повеќе од 75 јазици.

Неговите Христијански колумни се појавија во весниците *Ханкук Илбо, ЈоонгАнг Дејли, Донг-А Илбо, Мунхва Илбо, Сеул Шинмун, КјунгХуанг Шинмун, Кореја Економик Дејли, Кореја Хералд, Шиса Њуз* и *Христијан Прес*.

Д-р Ли во моментов е водач на многу мисионерски организации и здруженија: вклучувајќи го и тоа дека е Претседавач, Обединетите Свети Цркви на Исус Христос; Претседател, Манмин Светска Мисија; Постојан Претседател, Здружение на Мисијата за Христијански препород во светот; Основач, Основач & Претседател на Одборот, Глобална Христијанска Мрежа (ГХМ); Основач & Претседател на Одборот, Светска Христијанска Мрежа на Доктори (СХМД); и Основач & Претседател на Одборот, Манмин Интернационалната Семинарија (МИС).

Рај I & II

Детален нацрт на прекрасната животна средина во која живеат жителите на рајот и прекрасни описи на различните нивоа на небесните царства

Пораката на Крстот

Моќна освестувачка порака за будење на сите луѓе кои што се духовно заспани! Во оваа книга ќе прочитате за причината зошто Исус е единствениот Спасител и за вистинската љубов на Бога.

Пекол

Искрена порака до целото човештво од Бога, Кој што посакува ниту една душа да не падне во длабочините на Пеколот! Ќе откриете никогаш порано –откриено прикажување на суровата реалност на Долниот Ад и Пеколот.

Мојот Живот, Мојата Вера (II)

Трогателно прикажување на искрената вера која што ги надминува сите видови на искушенија и приказ на огнените дела на Светиот Дух кои што се случуваат во црквата проследени со вистинска вера

Мерката на Верата

Какво живеалиште, круна и награди се подготвени за вас во Рајот? Оваа книга обилува со мудрост и водство за вас да ја измерите вашата вера и да ја култивирате најдобрата и зрела вера.

www.ingramcontent.com/pod-product-compliance
Lightning Source LLC
Chambersburg PA
CBHW030355130626
46549CB00004B/1508